本书系江苏高校哲学社会科学研究一般项目"基于神经网络嵌入的科学知识网络社区结构演化模式研究"（2022SJYB0253）、江苏省高等学校基础科学（自然科学）研究面上项目"学科领域知识增长中的研究主题扩张与收敛模式研究"（22KJB630011）和国家社会科学基金项目"多模态数据赋能的失真健康信息识别及传播干预研究"（23CTQ013）的阶段性研究成果之一。

社交媒体与健康信息
理论、实践与发展规律

岳丽欣◎著

U0642774

科学技术文献出版社
SCIENTIFIC AND TECHNICAL DOCUMENTATION PRESS

·北京·

图书在版编目（CIP）数据

社交媒体与健康信息：理论、实践与发展规律 / 岳丽欣著. --北京：科学技术文献出版社，2024.11.
ISBN 978-7-5235-2200-4

Ⅰ. G206.2；R194.3

中国国家版本馆 CIP 数据核字第 2024DJ8413 号

社交媒体与健康信息：理论、实践与发展规律

策划编辑：梅　玲　责任编辑：李晓晨　公　雪　责任校对：宋红梅　责任出版：张志平

出　版　者	科学技术文献出版社	
地　　　址	北京市复兴路15号　　邮编　100038	
出　版　部	（010）58882943，58882087（传真）	
发　行　部	（010）58882868，58882870（传真）	
邮　购　部	（010）58882873	
官 方 网 址	www.stdp.com.cn	
发　行　者	科学技术文献出版社发行　全国各地新华书店经销	
印　刷　者	北京厚诚则铭印刷科技有限公司	
版　　　次	2024 年 11 月第 1 版　2024 年 11 月第 1 次印刷	
开　　　本	710×1000　1/16	
字　　　数	210千	
印　　　张	13.75　彩插4面	
书　　　号	ISBN 978-7-5235-2200-4	
定　　　价	56.00元	

序 言

PREFACE

21 世纪以来，人们生活水平不断提高，世界各国越来越重视健康问题，健康信息数量和规模也大幅增长，特别是计算机互联网技术的进步和社交媒体的兴起，为健康信息的传播与管理带来了新的机遇与挑战。社交媒体平台以其广泛的用户基础、实时的信息传播和高度的用户互动性，成为健康信息传播的重要渠道。然而，如何确保社交媒体上的健康信息真实可靠、如何有效引导公众关注并理解这些信息、如何利用社交媒体平台提高公众的健康素养，都是当前亟待解决的问题。在此背景下，如何对海量健康信息进行有效管理并利用，成为研究人员关注的重要研究问题。随着学科交叉、学科融合的不断深入，逐渐形成医学领域、生命科学领域、计算机领域和健康信息领域融合的发展趋势，这种趋势为健康信息相关研究带来了新的视角和方法，极大地促进了健康信息领域相关研究的拓展与深化。

《社交媒体与健康信息：理论、实践与发展规律》正是顺应这一发展趋势，旨在通过对期刊论文的深入量化分析，揭示在全球互联、社交媒体快速发展这一背景下健康信息领域的理论、实践与发展规律。本书的出版不仅可以有效梳理、总结健康信息领域的发展脉络，而且能够丰富健康传播学的研究视野，将为政府、医疗机构、社会组织及广大公众提供有益的参考，助力构建一个更加健康、理性的社交媒体信息环境，希望本书能为社交媒体健康信息传播研究与实践的发展贡献一份力量。

目前，健康信息领域处于快速发展阶段，涌现了许多新的研究成果，研究主题在几十年内发生了深刻变化，虽然目前健康信息领域的研究成果比较多，但研究成果多集中于某一具体领域，针对整个领域进行的宏观研究相对缺乏，不便于研究者把握整个领域的热点和重点、演变过程和发展趋势。随着计算机技术的快速发展，能够实现研究主题识别与演化分析的方法和工具层出不穷，基于这些优秀的研究工具与方法，针对健康信息领域的研究主题识别及演化进行深入研究，有利于把握健康信息领域的理论、实践和发展规律。

本书首先阐述了社交媒体、健康信息、研究主题、主题演化和知识网络等相关概念，并对研究涉及的方法、工具等进行梳理，探讨了研究所需的时间序列分析理论、生命周期理论和引文分析理论等理论基础，对健康信息、主题演化等相关领域的研究现状进行了梳理总结。其次，为揭示健康信息领域的理论、实践和发展规律，本书对健康信息领域的研究主题展开探索研究，以健康信息领域期刊论文的研究主题为研究对象，对期刊论文中的健康相关研究主题进行识别和发现；定量化、可视化地测度、揭示健康信息领域研究主题扩张与收敛的客观演变现象，并综合内部文本和外部引文进行健康信息领域研究主题扩张与收敛模型构建，以此为基础，对研究主题扩张与收敛变化特征进行分析；在研究主题扩张与收敛特征分析结果基础上，对健康信息领域的研究主题进行时间序列演变分析，总结归纳健康信息领域研究主题的动态演化规律，以有效分析健康信息领域的理论、实践和发展规律。

具体来说，首先说明本书研究所需要的健康信息领域研究数据的收集和获取步骤，包括健康信息领域文本数据的获取、处理，以及健康信息领域引文数据的抓取和处理。后续研究内容主要包括：健康信息领域研究主题扩张与收敛程度计算研究；健康信息领域研究主题扩张与收敛模型构建及特征研究；健康信息领域研究主题动态演化规律研究。根据研究框架中的方法步骤，从内部文本和外部引文两个维度进行健康信息领域研究主题扩张与收敛程度计算。在 LDA（latent Dirichlet allocation）主题识别结果基础上，基于语义组块抽取提升研究主题语义信息价值，然后综合研究主题相关文档数量及主题词分布概率，从内部文本测度研究主题扩张与收敛程度；在健康信息领域引文网络构建结果的基础上，利用 Node2vec 算法模型对各个时期引文网络进行特征提取并表示为高维向量，然后通过 t-SNE 算法将引文网络节点向量进行降维并根据欧氏距离测度同一研究主题内部引文网络节点最远距离，进而实现从外部引文维度进行研究主题扩张与收敛程度计算。通过上述研究，得到基于内部文本和外部引文两个维度的健康信息领域研究主题扩张与收敛程度计算结果。

根据上述计算结果，利用科学、严谨的数学模型对研究主题扩张与收敛时序变化数据进行跟踪建模，结合模型构建结果总结、归纳健康信息领域研究主题扩张与收敛时序演变特征。对不同类型的研究主题内容进行分析，根据生命周期理论，结合模型构建结果，将健康信息领域研究主题发展变化过程归纳为萌芽阶段、探索阶段、加速发展阶段、稳定发展阶段、衰落阶段等阶段（目前发展到第 3 个阶段），依据健康信息领域研究主题内容分析和研究主题演化阶段划分及分析结果，对健康信息领域几十年来研究主题的动态演化规律进行总结归纳。研究发现，健康信息领域研究主题的发展演变过程呈现出以下动态演化规律：健康信息素养呈现从对健康信息的认可到利用再到评价的变化趋势，健康信息需求呈现从专业集中性、单一被动性到多主体性、多层次性的变化趋势，健康信息行为呈现从搜寻性到传播性再到评价性的变化趋势，健康信息服务呈现从"图书馆＋医疗机构"到"图书馆＋多平台"的变化趋势，健康信息系统呈现从框架设计到平台设计的变化趋势。

本书提出了新的研究方法流程，对健康信息领域研究主题扩张与收敛特征及动态演化规律进行了深入探索研究。本书的出版凝聚了众多师长与朋友的智慧，特别感谢周晓英教授在本书撰写过程中给予的悉心指导和修改。感谢刘自强老师、白如江教授、许海云教授的帮助与指导，在此向他们表示诚挚的谢意！同时，本书参考了许多相关的中外文文献，在引用过程中难免会有所遗漏，在此对所有文献作者表示衷心感谢，同时欢迎广大同行和读者就相关内容进行交流和讨论。

岳丽欣

2024 年 8 月 15 日

目　录

CONTENTS

1 绪 论

1.1 研究背景与问题

1.1.1 研究背景

全球工业化的蓬勃发展带动了全球经济持续稳定提升，人们的物质生活得到极大的满足与改善，健康意识不断提升。自 20 世纪 50 年代开始，有关"健康"的研究便相继开展，国家层面也逐渐发布相关政策鼓励与推动开展健康信息领域的研究。中华人民共和国成立后经济快速发展，尤其是改革开放以来经济繁荣，优越的衣食住行条件使人们开始追求更高品质的生活状态，健康生活的意识逐渐觉醒并潜移默化地影响着人们的生活方式，人们对健康信息的需求日益迫切。在数字化时代，社交媒体用户在互联网用户中占比不断上升，已经超过 90%。社交媒体平台不断涌现，各种类型和特色的社交媒体平台受到用户的青睐，从文字、图片、视频到直播、虚拟现实等新型社交媒体形态，都在不断发展和创新。而且社交媒体与现实生活深度融合，已经成为人们日常生活的重要组成部分，人们在社交媒体上分享生活、交流情感、获取信息、参与社会活动等，社交媒体已然为我们编织了一个庞大的虚拟社区。社交媒体也从人际交往的工具发展成为具有信息传播能力的媒介，运用场景也不断拓展，近年来社交媒体逐渐成为健康信息传播的主要媒介之一。

随着工业化、老龄化进程的加快，中国加快了卫生健康事业的发展并取得了长足进步，尤其是相关政策的发布与实施，更加推动了国内健康信息领域的发展。2016 年，中共中央、国务院发布《"健康中国 2030"规划纲要》，纲要明确提出，"把健康摆在优先发展的战略地位"[①]；2017 年，

---

① 中华人民共和国中央人民政府 . 中共中央　国务院印发《"健康中国 2030"规划纲要》[EB/OL]. [2019-02-01]. http://www.gov.cn/xinwen/2016-10/25/content_5124174.htm.

习近平总书记在党的十九大报告中指出，"实施健康中国战略，要完善国民健康政策，为人民群众提供全方位全周期健康服务"[①]；同年，国务院印发《"十三五"卫生与健康规划》，规划指出将卫生与健康事业发展摆在经济社会发展全局的重要位置[②]；2019 年 7 月，国务院印发《国务院关于实施健康中国行动的意见》，指出在"国家层面成立健康中国行动推进委员会"[③]，并且制定和印发《健康中国行动（2019—2030 年）》[④]；2019 年，国务院办公厅印发《健康中国行动组织实施和考核方案》，提出"建立健全组织架构，依托全国爱国卫生运动委员会，国家层面成立健康中国行动推进委员会"[⑤]。

基于上述背景，健康信息领域的研究广泛开展，促使健康管理、健康信息等概念得到广泛重视，健康信息领域相关的研究进一步拓展深化。目前，健康信息领域处于快速发展阶段，涌现了许多新的研究成果，该领域的研究主题在几十年内发生了深刻变化，为探索该领域研究主题的变化，从宏观与微观角度对该领域进行整体研究具有十分重要的研究意义。因此，本书对健康信息领域研究主题的系统结构时序变化（扩张与收敛）特征进行探索、归纳，有助于揭示健康信息领域的理论、实践发展过程与特征并归纳分析其发展规律。

1.1.2　问题的提出

目前，对健康信息领域的研究多集中于某一具体领域，针对整个领域进行的宏观研究相对缺乏，难以把握整个领域的研究热点和重点、演变过程和

① 共产党员网 . 习近平：提高保障和改善民生水平，加强和创新社会治理 [EB/OL]. [2019-02-01]. http://www.12371.cn/2017/10/18/ARTI1508297844870827.shtml.

② 国务院 .《"十三五"卫生与健康规划》印发 [EB/OL]. [2019-10-09]. http://www.gov.cn/xinwen/2017-01/11/content_5158674.htm.

③ 国务院 . 国务院关于实施健康中国行动的意见 [EB/OL]. [2019-10-09]. http://www.gov.cn/zhengce/content/2019-07/15/content_5409492.htm.

④ 国务院 . 健康中国行动（2019—2030 年）[EB/OL]. [2019-10-09]. http://www.gov.cn/xinwen/2019-07/15/content_5409694.htm.

⑤ 国务院 . 国务院办公厅印发《健康中国行动组织实施和考核方案》[EB/OL]. [2019-09-09]. http://www.gov.cn/xinwen/2019-07/15/content_5409585.htm.

发展趋势。此外，领域研究主题识别及其时序演化的研究大都针对单一引文或文本内容特征，并且侧重主题识别及其演化路径识别的实践工作，缺少对领域研究主题演化机理与基本规律的深入揭示，难以全面把握知识增长过程中的研究主题时序演化特征，影响了健康信息领域研究主题识别及其演化分析的准确性。

因此，本书拟通过综合分析内部文本和外部引文两个维度揭示研究主题的时序变化现象，分析健康信息领域研究主题扩张与收敛特征，揭示健康信息领域的理论、实践发展过程与特征并归纳分析其发展规律，归纳健康信息领域研究主题动态演化规律。

概括来讲，研究问题具体可以细分为两个子问题。

①健康信息领域研究主题扩张与收敛特征。如何从内部文本和外部引文两个维度有效地测度健康信息领域研究主题扩张与收敛现象，归纳扩张与收敛特征，并利用合适的数理模型对其特征进行分析。

②健康信息领域研究主题的动态演化规律。如何在健康信息领域主题扩张与收敛特征分析结果的基础上，归纳、总结出健康信息领域研究主题的动态演化规律。

1.2 研究目标与意义

1.2.1 研究目标

研究拟分析健康信息领域研究主题规模、结构等的扩张与收敛时序变化过程、特征，总结、归纳健康信息领域的理论、实践及发展规律，具体包括以下目标。

①基于内部文本和外部引文两个维度测度健康信息领域研究主题扩张与收敛程度，获取健康信息领域研究主题扩张与收敛时序变化情况。

②构建健康信息领域研究主题扩张与收敛的数学模型，并以之为基础，分析健康信息领域研究主题演化过程中的扩张与收敛特征。

③根据所构建的健康信息领域研究主题扩张与收敛模型，对领域研究主题内容的发展变化进行系统分析，并揭示不同演化阶段研究主题产生变化的

原因，总结健康信息领域动态演化规律。

1.2.2 研究意义

（1）理论意义

首先从研究内容方面来讲，对整个健康信息领域进行主题识别及演化规律研究，可以更全面、客观地揭示健康信息领域研究主题创新的发展规律与演化特征，掌握领域在一段时期内的研究重点与热点，进而揭示健康信息领域在较长一段时间内研究主题的变化，可以更好地对领域知识及发展规律进行总结，在一定程度上能够对该领域理论进行补充和完善，从而推动该领域的理论发展。其次从研究方法层面来讲，能够从单一文献单元拓展、延伸至研究主题单元，深入揭示知识增长过程中的研究主题要素的流动和扩散规律，从而丰富知识增长、扩散等相关理论。

（2）实践意义

首先，本书的研究成果能够帮助相关人员系统、全面地了解健康信息领域研究主题发展变化现状并明确其动态演化规律，为研究者进行健康信息领域相关实践研究提供一定的参考、借鉴。其次，本书围绕研究问题所设计的研究方法流程可以实现学科领域研究主题扩张与收敛时序变化的定量化、自动化及可视化识别与测度，能够较好地提升相关情报分析结果的科学性和准确性，对于研究主题识别、引文网络分析和研究主题演化分析等多种情报分析工作实践具有一定的实践指导意义。

1.3 研究内容与思路

1.3.1 研究内容

本书基于健康信息领域期刊论文的内部文本和外部引文，利用数理统计、复杂网络、自然语言处理和可视化等技术方法测度研究主题规模、结构等的扩张与收敛时序变化，在此基础上构建数理模型以总结、归纳研究主题扩张与收敛特征，并以之为基础，总结、归纳健康信息领域的研究主题动态演化规律。

具体研究内容分为 4 个部分：理论研究；定量化、可视化测度、揭示领域研究主题扩张与收敛的客观演变现象；综合内部文本和外部引文构建研究主题扩张与收敛模型，提炼领域研究主题扩张与收敛特征；在研究主题扩张与收敛特征分析结果基础上，总结、归纳健康信息领域的理论、实践及发展规律。

（1）理论研究

该部分是整个研究的基础部分，首先对国内外健康信息领域的研究情况进行了介绍；其次在综述研究主题识别、主题演化等相关研究的国内外研究进展基础上，梳理总结研究主题、主题演化等相关概念和理论基础，界定本书的研究对象、基本概念、范畴与原理等理论基础，在理论上论证本书的合理性、必要性，进而总领、指导后续研究。

（2）健康信息领域研究主题扩张与收敛程度计算研究

基于健康信息领域期刊论文内部文本和外部引文进行领域研究主题的识别及其演化分析，通过表征、测度研究主题扩张与收敛现象，构建数理模型以总结研究主题扩张与收敛基本特征，并重点研究以下内容。

①基于内部文本和外部引文进行研究主题及其演化识别；②研究探索从内部文本和外部引文两个维度对研究主题扩张与收敛进行表征与测度。

（3）健康信息领域研究主题扩张与收敛模型构建及特征分析研究

在健康信息领域研究主题扩张与收敛特征计算研究的基础上，综合内部文本和外部引文两个维度，分析健康信息领域研究主题扩张与收敛特征，并重点研究以下内容。

①基于数理模型的研究主题扩张与收敛分析，在上一步研究主题扩张与收敛测度结果的基础上，探索利用严谨的数理模型对研究主题扩张与收敛时序变化数据进行跟踪建模；②对比在内外两个层面下，健康信息领域研究主题扩张与收敛时序变化特征的联系与区别，总结健康信息领域研究主题扩张与收敛的时序演变特征。

（4）健康信息领域研究主题动态演化规律研究

在健康信息领域研究主题扩张与收敛模型构建及特征分析研究结果的基础上，研究、探索研究主题扩张与收敛模型，并对健康信息领域研究主题的发展演化过程进行分析，从而总结、归纳健康信息领域研究主题的动态演化规律，重点研究以下内容。

①健康信息领域研究主题内容分析；②健康信息领域研究主题演化阶段及其特点、阶段变迁原因；③健康信息领域研究主题动态演化规律的总结、归纳。

1.3.2　研究思路

提出了研究主题扩张与收敛程度计算方法。该方法可以从内部文本和外部引文两个维度有效地测度研究主题扩张与收敛程度时序变化情况，不仅深入文献文本内容，基于语义组块抽取提升研究主题语义信息价值，而且综合内、外部维度实现研究主题扩张与收敛程度的定量化、可视化测度；能够深入分析研究主题演化过程中的结构性、系统性时序变化，弥补当前研究主题演化分析方法侧重于表象观测（研究主题演化路径识别及其可视化等）的不足，拓展、深化了现有研究主题演化分析方法。

提出了研究主题扩张与收敛模型构建及特征分析方法。该方法基于研究主题扩张与收敛时间序列数据，对研究主题扩张与收敛的客观过程进行数学模型推导，从更加科学、深入的角度来揭示研究主题扩张与收敛时序变化特征，从而有助于总结领域研究主题的动态演化规律，将领域研究主题演化的发展过程与规律分析得更为深入。将研究主题识别、研究主题演化等相关研究，由侧重研究主题表象观测的研究视角拓展到研究主题演化特征、规律的科学研究视角，即将研究主题演化现象研究拓展到研究主题演化规律研究。

对健康信息领域研究主题内容的发展变化进行系统分析，并揭示不同演化阶段研究主题产生变化的原因，总结了健康信息领域动态演化规律。目前，健康信息领域处于快速发展阶段，但该领域的研究内容较为分散，现有的研究多集中于某一具体方面，缺乏在宏观的层面对整个领域进行系统的梳理归纳。领域内的研究主题演化在一定程度上能够反映领域研究内容的变化，尤其是研究主题扩张与收敛特征更能体现这种变化。因此，利用本书提出的方法流程，构建了健康信息领域研究主题扩张与收敛模型，对该领域的研究主题扩张与收敛特征进行分析，在此基础上，对健康信息领域研究内容的变化及其变化原因进行分析揭示，最后总结归纳出健康信息领域研究主题的动态演化规律。

1.4 研究方法与研究工具

1.4.1 研究方法

为完成本书的研究目标，首先，需要对涉及健康信息领域、主题演化等相关研究的文献进行调研，并对已有相关研究的主要内容、研究方法和研究思路等进行归纳总结；其次，由于本书涉及大量数据处理与实验操作，因此在研究前需做好充分的数据准备并搭建可靠的实验环境对相关理论及相关方法进行验证，并对实验结果进行分析，寻求研究方法的改善与创新；最后，依据实验结果对健康信息领域进行宏观描述，并构建可行的数据模型归纳该领域的研究主题扩张与收敛特征，总结归纳该领域的动态演化规律。因此，本书涉及的研究方法主要包括文献研究方法、网络调研方法、对比分析方法、时间序列分析方法、自然语言处理方法、数理统计方法、可视化研究方法，下面将对所涉及的研究方法进行具体介绍。

（1）文献研究方法

对涉及"健康信息""主题演化""主题扩张/扩散""主题收敛""知识网络""社区网络演化"等相关内容的国内外期刊论文、会议论文、会议报告、学位论文、专著等进行调研，进行深度的归纳与总结，以厘清"健康信息"和"主题演化"所涉及的相关概念，并明确目前健康信息领域、主题演化及二者所涉及的相关研究的基本理论、基础方法，对相关研究现状和不足之处加以归纳总结。

（2）网络调研方法

查找网络中涉及"健康信息""主题演化""主题扩张/扩散""主题收敛""知识网络""社区网络演化"等的相关资源，调研国内外健康信息领域及主题演化等方面的研究现状，明确国内外研究存在的差异，尤其是健康信息领域所存在的缺点与不足，总结国外健康信息领域研究的优势与经验，为国内健康信息领域建设提供借鉴与参考。

（3）对比分析方法

国内健康信息领域起步较晚，尽管近年来呈现快速发展的态势，但在各方面相较国外而言相对薄弱，因此需要对比分析并借鉴国外优秀成果的经验，总结相关概念、理论、方法等，为国内研究的发展注入新的研究内容，为宏观呈现健康信息领域发展演变动态提供研究思路。

（4）时间序列分析方法

本书涉及对期刊论文研究主题随时间变化而变化的研究，主要讨论研究主题在不同时期和阶段的发展与变化特征，可以发现挖掘研究主题在时间序列中的动态演化特征及规律，并可以依据规律对未来研究主题的发展趋势进行预测分析。

（5）自然语言处理方法

本书涉及的自然语言处理方法包括隐含狄利克雷分布（latent Dirichlet allocation，LDA）主题识别、主题相似度计算等，主要通过 LDA 主题模型识别期刊论文研究主题，并利用相似度计算方法对主题在不同时期的相似度进行计算分析，从而识别主题之间的关联关系并构建主题的演化路径。利用演化路径分析可以得出主题的扩张与收敛特征，以及动态发展演化规律。

（6）数理统计方法

运用网络表示学习方法（network representation learning，NRL）（又称图嵌入法）和回归分析等数理模型对研究结果进行综合数理分析和数理统计。以深度学习技术获取研究主题引文网络结构，并进行计算，计算结果通过回归分析构建数学模型来反映研究主题扩张与收敛特征。

（7）可视化研究方法

研究主题的时序变化、动态发展，以及研究主题识别、研究主题聚类、研究主题演化路径都依赖于可视化呈现。可视化为研究主题的动态发展变化提供了有效的方式，能够更直观、清晰地反映健康信息领域研究主题动态发展变化的特征。

1.4.2　研究工具

本书涉及较多的数据处理，以及自然语言处理、数理统计等研究方法，因此涉及一系列的计算机程序语言、数据处理分析工具等。自然语言处理及数理统计的相关研究工具有很多，且各有优劣，如图1-1所示。本书根据实际研究情况，所涉及的研究工具主要包括 Python、R、KNIME、Origin、D3、Gephi 等，下面将对这些研究工具进行具体介绍。

语言类别	工具名称	功能用处	优点	缺点
Python	Igraph、NetworkX、Matplotlib、Seaborn等	可视化；数理统计；自然语言处理等	灵活性、拓展性高；适合技术性数据分析师及数据科学家；可以和Python处理的数据无缝衔接	技术门槛高，需要Python语言基础；需要代码控制图谱色彩；布局等不够灵活
R	Plotly、ggplot2、Igraph、rCharts等	可视化；数理统计；自然语言处理等	灵活性、拓展性高；适合技术性数据分析师及数据科学家；可以和R处理的数据无缝衔接	技术门槛高，需要R语言基础；需要代码控制图谱色彩；布局等不够灵活
JavaScript	D3、Echart、Highchart等	可视化	灵活性、拓展性很高；适合前端开发设计工程师；具有动态、交互效果；能够处理海量数据	技术门槛高，需要JavaScript、HTML、CSS网站建设等计算机基础；不提供统一数据处理功能，需要提供底层数据
Business Intelligence	SPSS、EViews等	可视化；数据挖掘；数理统计	灵活性、拓展性低；适合商业智能分析；简单易用；官方技术支持度较高；经常更新功能	可拓展性较低，只能使用工具提供的功能类型；可处理数据量相对较少
Java	Gephi、KNIME	可视化；数理统计；自然语言处理等	各种功能实现模块化，可以通过连接模块构建数据处理流程	规则相对僵硬，必须按照软件要求的规则构建数据处理流程

图1-1 相关研究工具优缺点

（1）Python

Python 由于其程序编写快速、应用简便、语言易读、可扩展等优势成为当下最受欢迎的计算机编程语言之一。Python 自带许多工具包，涉及机器学习、自然语言处理、可视化等领域，调用简单快捷高效，逐渐成为帮助科研工作的有效工具，被社会各界广泛接受和使用。本书基于 Python 编写相关程序并调用 Python 部分工具包进行数据处理、期刊论文研究主题识别及部分可视化分析工作。

（2）R

R 是一种集自由软件和可编程语言为一体的系统，通过编程语言既可以实现数据处理、统计分析，也可以实现图形绘制、可视化呈现，其编程语言具有通俗易懂的优势，因此更容易上手和熟练掌握。本书利用 R 进行部分简单的图谱绘制和可视化呈现。

（3）KNIME

KNIME 是一款比较常用的数据挖掘软件，其具有开源特性、功能强大，能够兼容文本、图像、数据库等多种格式，由于其开源特性，KNIME 能够与其他开源软件集成，如 Python 和 R，数据处理更加高效快捷。本书主要利用 KNIME 进行数据处理、计算期刊论文研究主题相似度。

（4）Origin

Origin（函数绘图软件）是一款功能强大的制图与数据分析软件，主要用来进行数据统计、数理分析、函数拟合等。此外，Origin 能够兼容多种数据格式，支持 Excel、数据库等多种数据格式导入，同时支持多种图像格式导出，如 JPG、JPEG、GIF 等。本书主要利用 Origin 进行基于最小二乘法的数学函数拟合，并导出图像结果。

（5）D3

D3（data-driven documents）是数据驱动的文档，也可以指基于数据驱动进行高效操作的文档，集成实现了 HTML、SVG 和 CSS 等 Web 标准，是一个具有强大数据可视化功能的函数库，支持多种数据格式，包括 txt、xls、csv 等，其具有良好的数据兼容性、算法灵活，支持大数据集、动态行为交互和动画功能，可以实现各类动态交互式图表的绘制。本书基于 D3 进行健康信息领域研究主题扩张与收敛，以及部分动态演化可视化图谱的绘制与呈现。

（6）Gephi

Gephi 是一款开源复杂网络分析软件，主要用来实现复杂网络的动态可视化、交互可视化等功能。本书基于 Gephi 进行健康信息领域研究主题动态可视化图谱的绘制与呈现。

1.5　组织结构及逻辑关系

本书组织架构如图 1-2 所示。

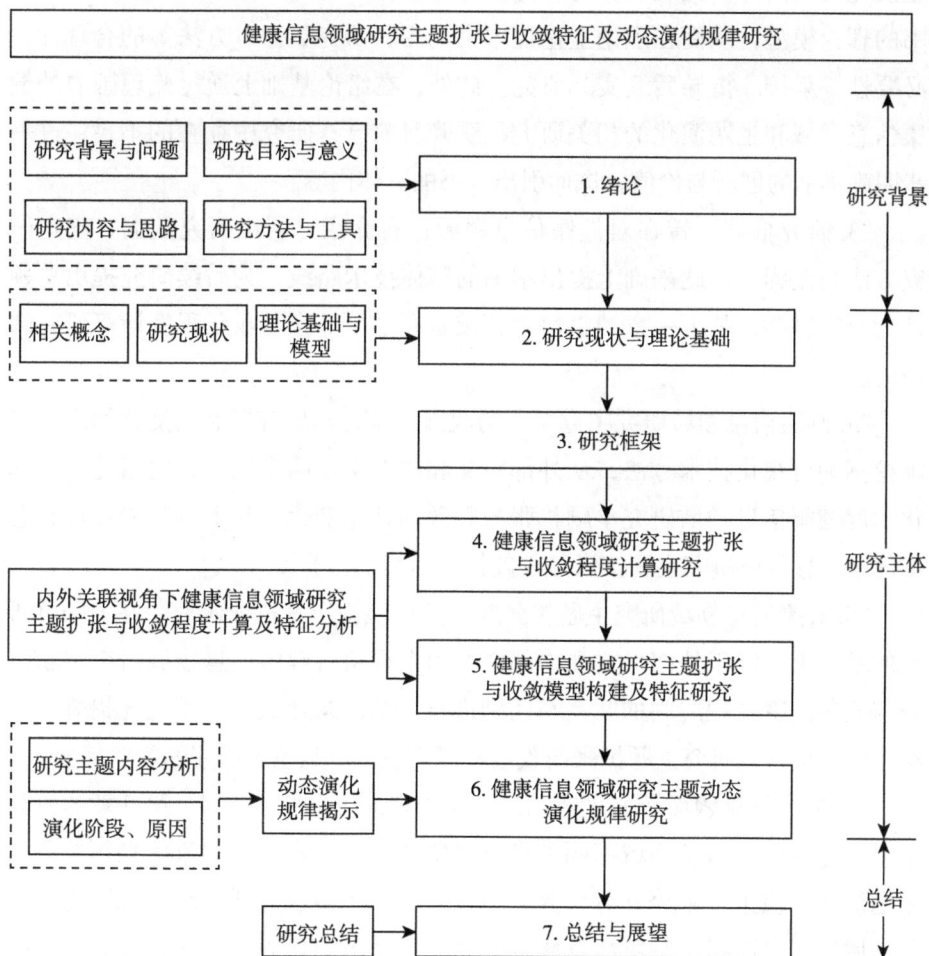

图 1-2　本书组织架构

"1. 绪论"旨在明确选题的价值与意义，明确研究思路，选取合适的数据和方法，明确各章节的主要内容及逻辑安排等，并介绍本书在选题、数据获取、方法应用上的创新性，以及明确本书的基本写作思路，以便概览、统领全书。

"2.研究现状与理论基础"通过梳理、界定健康信息领域及主题演化的相关概念，明确本书的研究对象、范畴、内涵与外延等，对健康信息领域和主题演化的国内外研究现状进行评述，并且在梳理现有理论的基础上，提出本书的理论模型，从而在理论上论证本书内容、研究数据、方法等的合理性、必要性，承接、指导后续实际研究。此外，在绪论基础上通过梳理国内外健康信息领域和主题演化的相关研究，明确目前已有研究中存在的不足，进一步明确本书的创新与价值，进而引出本书的具体内容。

"3.研究框架"旨在对健康信息领域进行介绍，明确研究数据，确定研究方法与流程，在此基础上提出本书的整体技术路线，为后续研究提出总领性的研究思路，是下一章健康信息领域研究主题扩张与收敛程度计算研究的前提。

"4.健康信息领域研究主题扩张与收敛程度计算研究"利用复杂网络、文本挖掘和可视化技术方法，从外部引文和内部文本两个层面，定量化、可视化测度健康信息领域研究主题扩张与收敛的动态变化，是下一章中提炼、总结健康信息领域研究主题扩张与收敛特征的基础和前提。

"5.健康信息领域研究主题扩张与收敛模型构建及特征研究"在上一章研究的基础上，基于外部引文和内部文本两个视角对健康信息领域研究主题扩张与收敛演变过程之间的联系与区别进行总结，构建数学模型进而提炼、归纳健康信息领域研究主题扩张与收敛特征，该章节是整个研究的重要部分。

"6.健康信息领域研究主题动态演化规律研究"综合第4、第5章的研究结果，分析健康信息领域不同模型类别研究主题内容，对健康信息领域研究主题演化阶段进行划分并分析其内容变化、演化阶段变迁（研究主题内容变化）原因，进而揭示健康信息领域研究主题动态演化规律，该章节是本书的核心、主体部分。

"7.总结与展望"首先对本书所进行的一系列研究工作进行了总结，包括对概念的界定、相关研究述评，以及对健康信息领域的介绍，如何结合内部文本和外部引文总结健康信息领域动态演化规律；然后分析目前研究中单一内部文本分析及外部引文分析存在的不足，并提出了后续的研究方向。

1.6　本章小结

　　本章首先介绍了本书的研究背景，提出了本书的研究问题；其次提出了本书的研究目标，对研究意义进行了介绍，根据研究目标提出了本书的主要内容，对创新点进行了简单介绍，并对本书的研究方法和研究工具进行了介绍；最后根据研究内容提出了文章的组织架构和逻辑关系。

2 研究现状与理论基础

本章围绕研究对象、研究问题及研究目标对国内外健康信息领域的发展现状、主题演化的相关研究，以及研究涉及的理论基础进行归纳总结，并对涉及的重点概念及问题进行梳理与界定，指出目前社交媒体与健康信息领域研究及主题演化研究中所存在的问题，并针对问题总结归纳可借鉴的经验，为下一步研究打下基础。

2.1 相关概念及其界定

2.1.1 社交媒体与健康信息

"社交媒体"一词自 2008 年便开始受到社会极大关注，目前关于社交媒体概念的表述不一，一般会强调信息量巨大、参与人数多、传播速度快等特点。社交媒体是指以互动、用户生成的内容和在线社区为基础的网络平台，它允许人们撰写、分享、评价、讨论和相互沟通。社交媒体不仅改变了人们获取和交流信息的方式，还成为现代社会中重要的信息传播工具，对个人和社会产生了深远的影响。社交媒体具有互动性、社区性、用户内容生成等基本特征，此外基于信息科技的不断发展，数据量呈指数级增长，用户数量短时间内持续增长，社交媒体涉及的信息量呈井喷之势，传播速度、广度、深度等都呈现出巨大变化，其中比较具有代表性的就是健康信息。社交媒体的不断发展对健康信息领域具有深远影响，尤其自 2019 年底全球新冠疫情暴发以来，社交媒体对健康信息生成和传播、用户心理、用户行为等都产生了一定影响。

"健康信息"是指与个体或群体健康状况、健康行为、健康服务及健康相关因素有关的数据、知识和消息。它涵盖的领域广泛，包括疾病预防、营养饮食、运动健身、心理健康等方面。健康信息的传播和获取对于提高公众健康意识、促进健康行为、改善健康状况具有重要意义。通过获取准确的健康信息，人们可以更好地了解自己的健康状况，采取适当的健康行为，并做出明智的健康决策。社交媒体与健康信息是两个相互关联但又具有不同内涵的概念。社交媒体为健康信息的传播提供了广泛的平台和渠道，而健康信息则是社交媒体上重要的信息传播内容之一。合理利用社交媒体平台，可以有效地传播健康信息，提高公众的健康意识和健康水平。

2.1.2 主题和研究主题

"主题"（topic）的概念目前尚未有公认的定义，2009 年国家发布《文献主题标引规则》，其中对"主题"的含义进行了界定，描述如下："主题是一组具有共性事物的总称，用以表达文献所论述的和研究的具体对象和问题，即文献的中心内容。"[1] 该定义所描述的主题的概念是能够概括和揭示文献内容的主要对象和核心问题。

在图情领域关于"主题"的概念也尚未有权威的定义，概括来说目前有两类观点：一类观点认为"主题是研究对象和研究观点的总称"；另一类观点认为"主题是论述的研究问题、现象或事物"。基于上述分析，本书对"主题"的概念界定如下：主题是指能够反映科技文献主要研究内容、代表作者核心观点的内容。

目前，"研究主题"（research topic）的概念同样尚未有统一的定义，部分学者对研究主题的概念做出如下描述：张发亮等将研究主题定义为某一研究领域内的主要研究内容，能够反映某一具体领域科研人员及研究机构在一段时期内研究工作的热点和重点[2]；周兰芳提出研究主题是指研究者在著述中通过分析、论证和概括加以阐明的研究对象[3]。具体研究中，众多研究者以若干具有联系的关键词、主题词来揭示（或表达）研究主题，即计量分析的对象

---

[1] 王莉亚 . 基于离群数据的主题演化规律分析 [J]. 情报杂志，2013，32（6）：59-63.

[2] 张发亮，谭宗颖，王燕萍 . 科研机构研究主题的测度：以我国情报学领域为例 [J]. 图书情报工作，2014，58（8）：85-90.

[3] 周兰芳 . 英国教育人类学期刊《民族志与教育》2006 年至 2015 年研究主题的述评与分析 [J]. 民族教育研究，2017，28（5）：97-104.

主要是学术论文的关键词。但是，关键词并不能很好地揭示（或表达）学术论文的主题与语义内容，单纯地以关键词、主题词来定义研究主题存在一定的不足。

针对不足，本书对"研究主题"概念（广义）的界定如下：研究主题是指某一领域内的主要研究内容，在领域中每篇期刊论文都对应着一个或多个研究主题，相似研究内容的期刊论文的聚集可以共同反映某个研究主题，而若干研究主题共同支撑起了整个领域。

在具体研究中，将"研究主题"概念（狭义）界定为：由反映期刊论文主要内容的语义短语（语义组块）、期刊论文和期刊论文引用关系组成的系统有机整体，即将研究分析的对象由"关键词、主题词"拓展为期刊论文—期刊论文语义短语—期刊论文引用关系构成的整体，其中期刊论文为核心，语义短语（语义组块）、期刊论文引用关系分别为内部维度和外部维度，基本关系如图 2-1 所示。

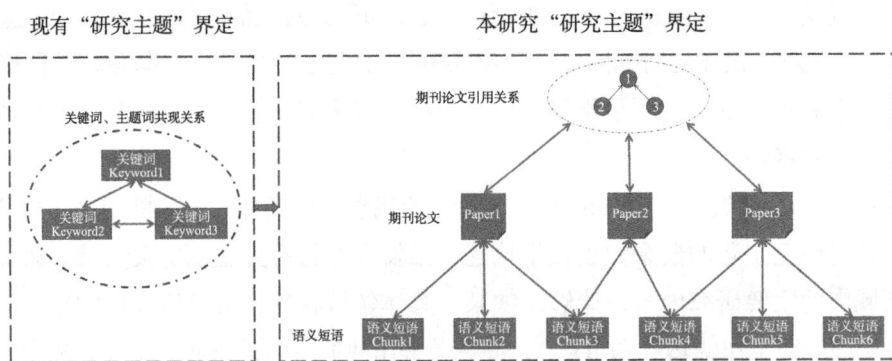

图 2-1　研究主题界定示意

由图 2-1 可知，本书中"研究主题"概念的界定是在现有研究基础上的拓展，本书将具有相似研究内容的期刊论文集合界定为研究主题，其中，内部维度为这些期刊论文中的语义短语（语义组块），外部维度为这些期刊论文的引用关系。

根据概念界定可知，相似的研究内容是本书界定的"研究主题"的关键，所以在后续研究中，本书将首先依据内部文本内容进行研究主题的识别（初始），然后综合利用文本挖掘、语义分析和引文网络分析等技术方法，将初始研究主题的内部和外部维度进行挖掘、表示，从而得到本书界定的研究主题：由反映期刊论文主要内容的语义短语（语义组块）、期刊论文和期刊论文引用关系组成的系统有机整体，进行健康信息领域研究主题扩张与收敛特征及动态演化规律研究。

主题与研究主题在一定程度上有一定的相似之处，但究其范围研究主题比主题更窄。研究主题指的是在研究过程中所涉及的主题，基于上述不同，本书的研究对象是健康信息领域中的研究主题。

2.1.3　主题演化

由于关于研究主题扩张与收敛概念的研究较少，因此首先对与研究主题扩张与收敛相近的概念进行论述，分别是主题演化和主题扩散。研究主题扩张与收敛本质上就是主题演化的一种形式，只是在研究范围或研究方式中略有差别，此外主题演化中涉及主题扩散的概念，因此本书将对主题演化的概念进行梳理总结，并总结出研究主题扩张与收敛的概念。

关于主题演化，"演化"（evolution）的概念最早来源于生物学，是指在种群内由基因决定的遗传性状在代际中不断发生变化，当基因发生突变时，遗传性状随之发生改变，造成个体之间种群内发生遗传变异[①]。随着科学交流的不断深化发展，学科交叉与跨学科现象愈加频繁，学科间的交流促使概念、定义、理论等不断交叉融合，产生了许多新的概念和内容。情报学作为一门交叉学科，在学科融合的过程中吸收了"演化"的概念，形成了具有情报学领域特色的"主题演化"，并在信息技术的加持下迅速催生了众多关于"主题演化"的研究，"主题演化研究"逐渐成为情报学领域的重点与热点内容。

图情领域中的"主题演化"是指基于科技文献之间的引用、耦合等关系对科技文献进行集合分析，通过主题识别等方法识别出研究主题并基于时

---

① 百度百科. 演化 [EB/OL]. [2020-01-12]. https://baike.baidu.com/item/ 演化 /262291.

间序列窗口进行阶段划分，对研究主题在时序上的变化现象进行分析，进而对整个学科领域的研究内容、研究现状、研究热点及研究趋势进行分析概括[1][2]。

目前，关于"主题演化"概念界定的专门研究不多，多是在进行主题演化分析时进行简单界定，但是涉及"主题演化"的表述较多，众多研究者对"主题演化"这一概念从不同角度做出了不同的界定，主要有以下几个表述方式。

从现象角度描述，主题演化是一种主题变化的现象，是随着时间推移不断发展变化的，但是主题是需要从海量的数据信息中挖掘出来并对其价值进行判断分析，及时掌握主题的发展变化的[3]。

从本质角度描述，主题演化是指基于文献特征构建关联关系，对领域内部的文献资源进行整合，继而发现研究主题，通过对研究主题在不同时期发生的变化进行归纳总结，以此发现领域的研究热点及研究趋势[4][5]。

从过程角度描述，主题演化是随着时间变化发展的学科主题的新陈代谢过程，学科主题的表达主要基于科技文献中的词语，识别研究主题首先要基于词语进行表征[6]。

从结果角度描述，主题演化需要对各个时期的研究主题进行分析，掌握研究主题的发展变化过程，进而总结客观规律，预测未来的发展趋势及发展

① 王莉亚.主题演化研究进展 [J].情报探索，2014（4）：29-32.

② 岳丽欣，周晓英，陈旖旎.基于 ARIMA 模型的信息构建研究主题趋势预测研究 [J].图书情报知识，2019（5）：54-63，72.

③ 王中勤.基于维基语义聚类的微博舆情主题演化模型研究 [D].武汉：武汉大学，2017.

④ 刘自强，王效岳，白如江.多维主题演化分析模型构建与实证研究 [J].情报理论与实践，2017，40（3）：92-98.

⑤ 王春秀，冉美丽.学科主题演化定量分析的理论基础探析 [J].现代情报，2008（6）：48-50.

⑥ 隗玲，许海云，胡正银，等.学科主题演化路径的多模式识别与预测：一个情报学学科主题演化案例 [J].图书情报工作，2016，60（13）：71-81.

方向，提供客观的决策支持[1][2]。

综上所述，关于"主题演化"的概念主要包括两个方面：第一是研究主题的识别，在海量科技文献中识别出文献所蕴含的研究主题，此过程涉及关联科技文献的特征，从特征入手进行研究主题的识别；第二是研究主题的变化，研究主题随时间的变化而变化，它的变化不单是自身的变化，同时会带动与其相关的研究内容等发生变化，因此研究主题的演化能够反映学科领域的研究现状，发现研究热点与重点。

此外，主题演化过程会涉及主题的扩张与收敛，主题在形成和发展演变过程中，部分主题彼此间会相互融合也会逐渐分裂析出，从而生成新的主题。如果将主题看作一张网状结构，伴随着主题演化，这张网会不断分裂、融合、再分裂、再融合，在分裂和融合的过程中会伴随着网状结构的扩大与缩小，因此便形成了主题的扩张与收敛。

基于上述主题演化的概念及主题扩张与收敛的分析，本书对研究主题扩张与收敛的概念定义如下：研究主题扩张与收敛是指知识增长过程中研究主题的规模、结构等特征的变化，具体表现为某研究主题相关期刊论文数量的变化，相关期刊论文引用网络节点数量与引用关系密度上的变化，相关期刊论文文本词汇（主题词）内容上的变化等。

2.1.4 知识网络

知识网络（knowledge network，KN）兴起于 20 世纪末期，尤其是 20 世纪 90 年代新技术革命进一步加快了知识网络研究的发展。知识网络研究与知识管理密不可分，前者是在后者的不断发展和深化过程中逐渐受到广泛关注，得到长足发展。一般而言，知识管理的发展有两个主要方向：第一是主观因素，侧重于对人的研究，包括行为、感受、思维方式等；第二是客观因素，主要依赖于技术的发展，从技术角度出发研究知识的编码化、格式化，

---

[1] 叶春蕾，冷伏海.基于共词分析的学科主题演化方法改进研究 [J]. 情报理论与实践，2012，35（3）：79-82.

[2] 祝清松，冷伏海.基于引文主路径文献共被引的主题演化分析 [J]. 情报学报，2014，33（5）：498-506.

并通过对知识的分析提供合理可行的信息处理方式[①②]。而知识网络便是在知识管理这两个主要发展过程中依赖于人和信息技术所形成的新的研究主题，知识由人传入社会网络，并借助技术广泛传播。

现代社会一个重要的特征是知识作为独立的要素在社会中流动，从事知识生产的个体在社会中一般呈点状分布，通过知识在节点间的流动进而形成知识网络[③]。关于知识网络的研究最早可追溯到 20 世纪 50 年代，但知识网络的概念作为专业术语并受到广泛关注源于 1995 年。知识网络的具体含义包括知识和网络两个部分，知识是指人们基于生活经验和生产实际从事实、数据中凝练出的有价值的信息，一般分为显性知识和隐性知识；而网络的概念更加广泛，包括生产、生活的诸多方面，一般是指由于各种资源之间相互发生某种特定联系而聚集在一起形成的网状结构。知识网络从不同的角度出发具有不同的含义：基于过程角度，Beckmann[④] 将知识网络定义为为了进行知识生产和传播而由相关机构和单位组成的网络，并且基于经济领域相关知识的知识网络模型，从特征和知识网络活动角度阐述知识网络的定义。基于社会网络角度，周晓英[⑤] 认为知识网络是由多个知识个体和知识单元通过一定的相关关系所构成的具有网状结构形态的知识集合；刘向等[⑥] 基于复杂网络的方法建立了知识的演化模型，揭示了知识演化的马太效应中潜隐的时间因素的作用，在一定程度上平抑了马太效应的负面影响。基于知识创新角度，

---

① SWAN J，NEWELL S，SCARBROUGH H，et al. Knowledge management and innovation：networks and networking[J]. Journal of knowledge management，1999，3（4）：262-275.

② 郝云宏，李文博 . 国外知识网络的研究及其新进展 [J]. 浙江工商大学学报，2007（6）：70-75.

③ 王铮，马翠芳，王露，等 . 知识网络动态与政策控制（I）：模型的建立 [J]. 科研管理，2001，22（3）：126-133.

④ BECKMANN M J. Economic models of knowledge networks[M]. Berlin：Springer，1995：159-174.

⑤ 周晓英 . 情报学进展系列论文之五：知识网络、知识链接和知识服务研究 [J]. 情报资料工作，2010（2）：5-10.

⑥ 刘向，马费成 . 科学知识网络的演化与动力：基于科学引证网络的分析 [J]. 管理科学学报，2012，15（1）：87-94.

Brennecke 等[①]认为知识网络是个网状结构，该网络将知识单元或知识社区的要素进行了集合及组织。知识网络也就是将知识单元按照特定的联系进行组织架构而形成的特定的网络结构。

2.2　研究现状

2.2.1　社交媒体与健康信息研究现状

（1）社交媒体用户健康信息传播与分享行为

数字化时代，社交媒体已成为人们获取信息、交流和互动的重要平台。健康信息在社交媒体上的传播与分享尤为引人关注，尤其自新冠疫情暴发以来，社交媒体在疫情信息统计、药品和家用医疗设备资源互助、防疫物资共享等方面起到了不可忽视的作用。此外，用户可以通过社交媒体分享和获取各种健康知识、养生方法和医疗资讯，这种行为不仅影响着个人的健康观念和生活方式，还可能对公众的健康认知产生深远影响。社交媒体用户健康信息传播与分享行为的相关研究成果如下。

Stewart 等[②]针对专业医疗从业人员的分享行为进行研究，具体基于统计及社交网络分析方法评估社区成员的沟通模式，并通过在线论坛调查社区的知识共享动态。宁婧怡[③]阐述了社交媒体健康信息传播的涵义，介绍了社会认知理论，分析了不同社交媒体的健康信息传播概况及传播趋向与特点，探讨

① BRENNECKE J，RAMK O N. The interplay between formal project memberships and informational advice seeking in knowledge-intensive firms：a multilevel network approach[J]. Social networks，2016，44（1）：307-318.

② STEWART S A，ABIDI S S. Applying social network analysis to understand the knowledge sharing behaviour of practitioners in a clinical online discussion forum[J]. Journal of medical internet research，2012，14（6）：e170.

③ 宁婧怡. 社会认知理论视角下的社交媒体健康信息传播研究 [J]. 新西部（理论版），2016（19）：83-84，117.

了社会认知理论下受众对健康信息接受与反馈的行为特性。Lin 等 [1] 运用理性行为理论和社会角色理论研究了人们在社交网站背景下对信息共享决策的性别差异，开发了跨性别信息共享决策过程的比较模型，研究发现性别显著调节了人们对信息共享的看法与其共享信息的意图之间的关系。Zhang 等 [2] 基于微信用户社会健康行为的观察，整合了细化可能性模型、媒体丰富性理论、信任理论和监管焦点理论，构建了假设和研究模型，重点研究了健康信息对情绪的调节作用，明确了个体动机和健康信息丰富性对健康信息共享有积极影响，健康信息源的信任和健康信息接收者的信任都对健康信息共享有积极影响。安静等 [3] 结合技术接受模型、计划行为理论和 WSR 系统方法论，构建理论模型并运用结构方程模型（SEM）实证分析社交媒体时代老年人网络健康信息分享行为的影响因素。

社交媒体用户健康信息传播与分享行为具有多样性、互动性和即时性等特点。用户可以通过文字、图片、视频等多种形式分享健康信息，与其他用户进行实时互动，快速传播有用的健康知识。整体而言，现有研究多集中于结合相关理论构建社交媒体用户的传播及分享行为模型，总结用户行为的差异性原因及行为特点。

（2）社交媒体健康信息采纳与搜寻行为

随着经济与科技的不断发展，用户健康素养的不断增强，其对健康信息需求日益增多，而社交媒体平台因其便利性成为获取健康信息的有效途径，用户通过社交媒体平台积极搜寻并采纳各种健康信息，这些行为不仅关乎个人健康管理，还反映了当代社会群众对健康知识的需求和追求。部分相关研究如下。

① LIN X, WANG X. Examining gender differences in people's information-sharing decisions on social networking sites[J]. International journal of information management，2020，50（2）：45-56.
② ZHANG M，LIN W，MA Z，et al. Users' health information sharing intention in strong ties social media：context of emerging markets[J]. Library Hi Tech，2021，39（3）：412-427.
③ 安静，周芝君，万可欣，等 . 社交媒体背景下老年人网络健康信息分享研究 [J]. 江苏科技信息，2024，41（10）：124-130.

Zhou 等[①]探讨了影响中国社交媒体用户寻求和分享转基因生物/转基因食品（GMO/GMF）信息的意图和行为的关键因素，通过模型构建探讨社交媒体用户寻求和分享该类型健康信息的感知利益和风险。覃子珍等[②]基于社交媒体的用户健康信息搜寻行为展开研究，在整合价值采纳模型与期望确认模型的基础上权衡用户在持续健康信息搜索中对收益、付出的博弈，构建社交媒体情境下的健康信息持续搜索意愿模型并进行验证。许孝君等[③]研究了社交媒体用户健康信息采纳和持续搜寻行为的影响因素及二者之间的转化问题，基于信息采纳模型及期望确认模型构建健康信息采纳－持续搜寻行为转化理论模型并进行实证分析，探讨社交媒体用户健康信息采纳和持续搜寻行为的影响因素。Anurangi 等[④]评估使用社交媒体平台获取与口腔相关健康信息的行为模式和相关因素，特别强调需提高健康意识，通过统计分析发现社交媒体健康信息的持续搜索行为有利于改善健康、提升健康素养。

社交媒体上的健康信息采纳行为，是用户在海量信息中筛选、评估和接受有用信息的过程。这一行为受到信息质量、用户个人特征、社交环境等多重因素的影响。用户在采纳信息时，会综合考虑信息的来源、准确性、实用性及自身健康状况，从而做出明智的决策。用户倾向于通过社交媒体快速查找相关资料和建议，这种搜寻行为不仅体现了用户对健康知识的渴望，也展示了社交媒体在信息传播中的便捷性和实时性。目前，针对社交媒体健康信息采纳与搜寻行为的相关研究多集中于总结用户对于健康信息的搜寻及采纳

① ZHOU R, WANG D, SIDDIQUEI A N, et al. GMO/GMF on social media in China: jagged landscape of information seeking and sharing behavior through a valence view[J]. International journal of environmental research and public health, 2019, 16（23）: 4838.

② 覃子珍，霍朝光. 社交媒体情境下的健康信息持续搜索意愿研究：基于收支博弈视角[J]. 现代情报，2020，40（5）: 66-77.

③ 许孝君，王露. 社交媒体用户健康信息采纳和持续搜寻行为研究[J]. 情报科学，2022，40（8）: 152-159.

④ ANURANGI Y J, KAZEEM K K, MANORI R J, et al. Assessment of patterns and related factors in using social media platforms to access health and oral health information among Sri Lankan adults, with special emphasis on promoting oral health awareness[J]. BMC public health, 2024, 24（1）: 1-18.

的影响因素，也对健康信息质量、健康信息素养进行了探讨。

（3）社交媒体失真健康信息识别与纠正

健康信息的重要性在当今社会已不言而喻，大数据时代背景下自媒体的发展也达到了空前高度，用户能够更加方便快捷地获取相关健康信息，但由于网络健康信息质量良莠不齐，虚假健康信息、失真健康信息和健康谣言的鉴别需要一定的专业知识，而目前互联网用户的健康信息素养普遍不高，一旦接收无法识别真伪的错误信息则带来的损失会异常惨重。因此，相关部门在引导用户鉴别健康信息真伪、提升用户健康素养的同时，相关研究也陆续展开。部分研究如下。

为揭示当前的证据并更好地理解错误信息传播的机制，Wang 等[①] 对与健康相关的错误信息的性质和潜在驱动因素的相关研究进行系统综述，主要采用了心理学和网络科学的理论框架，借鉴不同的学科范式，揭示了社交媒体错误信息传播机制。Singh 等[②] 指出高质量的健康信息网络、低质量的错误信息网络和新闻信息网络都具有良好的联系，并且具有清晰的社区结构，但与新闻来源之间的联系更为普遍，这凸显了新闻来源在这个信息生态系统中扮演的核心中介角色。张帅[③] 利用程序化编码抽取社交媒体虚假健康信息的关键特征，运用卡方检验和方差分析揭示社交媒体虚假健康信息的显著特征，并构建社交媒体虚假健康信息特征清单。喻梅等[④] 整合第三人效果、保护动机理论和启发系统式模型，使用结构方程模型和模糊集定性比较分析（fsQCA），探究医护人员虚假健康信息纠正意图的认知动因及其构型。宋士杰等[⑤] 回顾了

① WANG Y X，MCKEE M，TORBICA A，et al. Systematic literature review on the spread of health-related misinformation on social media[J]. Social science and medicine，2019，240（12）：1-12.

② SINGH L，BODE L，BUDAK C，et al. Understanding high-and low-quality URL sharing on COVID-19 Twitter streams[J]. Journal of computational social science，2020，3（2）：343-366.

③ 张帅 . 社交媒体虚假健康信息特征识别 [J]. 图书情报工作，2021，65（9）：70-78.

④ 喻梅，余诗雅，刘蕤 . 医护人员的社交媒体虚假健康信息纠正意图研究：基于 SEM 与 fsQCA 方法 [J]. 信息资源管理学报，2024，14（3）：104-120.

⑤ 宋士杰，赵宇翔，朱庆华 . 补偏救弊：社交媒体中失真健康信息的传播、识别与纠偏研究 [J]. 情报杂志，2023，42（6）：162-169.

社交媒体失真健康信息纠偏的概念内涵、传播特征、识别方法。

综上所述,目前社交媒体失真健康信息识别与纠正的相关研究多集中于对失真健康信息的传播机制及识别方法研究,部分研究针对特定人群展开。未来研究也将更多集中于失真信息的识别、传播及治理,尤其是失真信息的治理,涉及政府、社会、个人等多个层面,研究意义与价值也将更加重大。

(4)社交媒体健康信息的可信度与用户信任

社交媒体已成为健康信息传播的重要渠道,但其可信度与用户信任问题日益凸显。一方面,社交媒体通过跨越地理和文化的界限,促进了健康信息的快速传播和全球连接,提高了透明度,有助于用户获取即时信息并构建信任感。同时,专业人士和机构进驻社交媒体平台,提供了更权威的健康信息,进一步增强了信息的可信度。另一方面,社交媒体上健康信息的可信度也面临诸多挑战。在信息爆炸时代,大量不真实、不可信的内容充斥平台,用户难以辨别真伪,容易受到虚假健康信息的影响。此外,自媒体门槛低、部分媒体追求时效性,也加剧了健康信息的误导性。虚假信息和诈骗行为在社交媒体上的迅速传播,严重破坏了用户之间的信任。基于上述背景,部分相关研究如下。

Eysenbach 等[1]建立了一个关于如何在实践中评估网络质量的方法学框架,确定结果和结论的异质性,对健康信息的质量进行评价。李月琳等[2]通过3轮真伪健康信息的辨别,将样本分为真、伪健康信息,进而基于信息质量评价框架,使用 NVivo 质性数据分析工具,通过开放编码分析真、伪信息的特征,并通过卡方检验,验证真伪健康信息特征的差异,尤其是伪健康信息的显著特征,研究发现真、伪健康信息的转发行为受转发者的性别、职业的影

---

[1] EYSENBACH G,POWELL J,KUSS O,et al. Empirical studies assessing the quality of health information for consumers on the world wide web:a systematic review[J]. JAMA,2002,287(20):2691-2700.

[2] 李月琳,张秀,王姗姗. 社交媒体健康信息质量研究:基于真伪健康信息特征的分析 [J]. 情报学报,2018,37(3):294-304.

响。孙晓阳等[①]借鉴精细加工可能性模型和Hilligoss提出的整合信息可信度评估框架，基于用户感知视角，结合社会诚信现状引入社会背景维度构建健康信息可信度的研究模型，以微信为例采用问卷调查法和结构方程模型法进行实证研究。王孝盼等[②]基于双路径模型，以社交媒体网站干预措施中的事实核查为研究对象，探究了来源评级和内容评级两种事实核查手段对用户感知信息可信度和后续信息参与行为的影响，并考虑了个体先验知识在其中的调节作用。

健康信息质量是保障公众健康的重要基础，通过加强监管、加强教育与推广及建立惩罚机制等措施可以在一定程度上有效提升健康信息的质量，为公众提供科学、准确、可靠的健康信息支持。目前，社交媒体健康信息的可信度与用户信任的相关研究多集中于对健康信息质量的讨论，以及对健康信息可信度的评估，由此可见健康信息质量在社交媒体健康信息研究领域中已得到普遍关注。

2.2.2 国内外健康信息领域研究现状

随着经济的发展和生活水平的不断提高，信息时代的到来促使公众的生活发生了巨大变化，人们对健康的关注度也越来越高，关于健康的讨论也一直是与公众密切相关的重要问题，因此对于健康信息领域的研究也逐渐展开。目前的研究多集中于健康信息管理与服务、健康信息素养与教育、健康信息保护与信息技术影响、健康信息交流与传播等方面，下面将对这些研究进行具体介绍。

（1）健康信息管理与服务

1）信息时代背景下健康信息数量大幅增长，如何对海量健康信息进行有效管理并利用成为研究人员的重要研究方向，健康信息管理是健康信息能够充分发挥重要作用的保障，是健康信息赖以存在的媒介。部分侧重介绍健康

---

① 孙晓阳，李丹钰.移动社交媒体中健康信息可信度的影响因素研究：以微信为例 [J].情报探索，2020（6）：1-12.
② 王孝盼，张淼，吴懿，等.社交媒体中健康信息可信度的影响因素研究：先验知识的调节作用 [J].信息资源管理学报，2024，14（1）：55-67.

信息管理系统的研究成果如下。

Wang 等[①]基于 Web 开发了用于个人健康信息管理的系统，进而实现对个人健康信息的存储，能够方便快捷地实现健康信息管理与获取，有效实现信息的利用；熊昕[②]针对居民对健康信息的需求，利用 Visual Studio. NET 平台、Access 数据库建立了面向居民的健康信息管理系统；Piras 等[③]提出要将涉及个人健康信息的纸质信息系统转化为电子信息系统，以方便人们对于健康信息的及时获取，并提出电子信息系统的设计方案；刘帅等[④]对我国目前个人健康信息管理方式进行了归纳，并在技术、方法等方面提出改善和发展建议；朱庆华等[⑤]通过对"平台 -PHIM- 健康目标"模式进行介绍和研究，提出促进个人健康信息管理水平的合理建议；向前等[⑥]基于个人健康档案的特征，创新性地将区块链技术应用于个人电子健康信息管理中，实现健康信息的共享，为医疗机构和行业的健康信息管理提供新的思路。

健康信息管理的相关研究一般分为两类：一类是实践类，即电子健康信息系统的构建探索，尝试利用相关的信息技术对电子健康信息管理系统的模式设计、服务设计进行不断的更新；另一类是理论类，对于目前健康信息管理研究的缺陷、存在的问题进行归纳分析，并依据问题提出可行性改善建议。无论是实践类研究还是理论类研究，国内对于健康信息管理的研究发展都起步较晚，但随着国内对健康信息逐渐重视，互联网技术的不断深化，国

---

① WANG M，LAU C，MATSEN III A F，et al. Personal health information management system and its application in referral management[J]. IEEE transactions on information technology in biomedicine，2004，8（3）：287-297.

② 熊昕 . 面向社区的健康信息管理与服务系统研究 [D]. 广州：华南理工大学，2010.

③ PIRAS E M，ZANUTTO A. Emotions and personal health information management：some implications for design[J]. Studies in health technology and informatics，2011，169：63-67.

④ 刘帅，谢笑，谢阳群，等 . 个人健康信息管理研究初探 [J]. 现代情报，2014，34（9）：43-50.

⑤ 杨梦晴，朱庆华 . 在线健康社区用户个人健康信息管理行为特征研究 [J]. 图书情报工作，2020，64（1）：105-112.

⑥ 向前，钟世彬，徐海华，等 . 区块链技术在个人电子健康信息管理中的应用 [J]. 产业科技创新，2020，2（6）：38-40.

内对健康信息管理的研究呈现出快速发展的趋势，相关研究数量和质量也迅速增长和提高。

2）健康信息服务与健康信息管理密不可分，健康信息管理的最终目的是实现有效优质的信息服务，尤其在健康信息管理系统或平台建设中服务占据着重要的地位，是评价系统或平台的重要指标。此外，健康信息服务的提供者中，除各类健康信息管理系统外，图书馆也承担了信息服务的重要职能。部分侧重介绍健康信息服务的研究成果如下。

Antonio等[①]将VEMMI技术搭建远程信息处理环境，提供高交互性和多媒体数据的健康信息服务；Marschollek 等 [②]认为虽然健康信息在互联网上随处可见，并在许多方面改变了人们处理健康问题的方式，但检索相关信息仍然存在较大问题，特别是对老年人而言，在此背景下讨论了过去和现在提供健康信息服务的主动性问题，并提出了未来可持续服务设计的策略，尤其针对老年人提供和定制健康信息服务；程坤等[③]选取了国外几个比较典型的健康信息管理系统，对其提供的健康信息服务模式、重点、发展趋势及服务标准进行了介绍，并总结了相关经验，提出国内健康信息系统服务的发展建议；沈丽宁[④]对健康信息服务的定义进行了概括归纳，调研了美国等国家的健康信息服务情况，并对我国的实际发展情况进行了介绍，针对国内实际提出了政府介入、全民参与、加强平台建设和服务完善等相关建议；肖永英等[⑤]针对国外公共图书馆开展健康信息服务的内容进行概括、归纳、总结，介绍其主要研

① ALCOLEA A，GÓMEZ J E，POZO D F，et al. Health information services using VEMMI technology[J]. Studies in health technology and informatics，1996，34：700-704.

② MARSCHOLLEK M，MIX S，WOLF K H，et al. ICT-based health information services for elderly people：past experiences，current trends，and future strategies[J]. Medical informatics and the internet in medicine，2007，32（4）：251-261.

③ 程坤，兰小筠．国外网络用户健康信息服务研究进展及启示 [J]. 中华医学图书情报杂志，2009，18（1）：59-62，70.

④ 沈丽宁．国外健康信息服务现状扫描及启示 [J]. 医学信息学杂志，2010，31（6）：38-40，51.

⑤ 肖永英，何兰满．国外公共图书馆健康信息服务研究进展 [J]. 图书馆建设，2012（2）：54-58，61.

究内容并总结未来研究方向，归纳其发展建设的经验，调研国内研究现状并提出建设意见；陈旭等[①]针对我国的政府网站、图书馆、健康网站、社交媒体等健康信息服务现状进行调研，提出基于用户体验的健康信息服务模式，并针对目前存在的问题提出相应的解决方案；苏慧红[②]对国内外针对老年人的健康信息服务进行调研，基于老年人用户需求探索图书馆能开展的健康信息服务，并针对老年人用户的信息需求对图书馆服务提出新的要求；Haruna等[③]对坦桑尼亚健康科学图书馆展开调研，包括健康图书馆的现状、影响，以及图书馆用户对图书馆的认知，为坦桑尼亚健康科学图书馆的发展提供建议；刘咏梅等[④]针对老年人的在线健康信息服务使用价值展开研究，设计价值研究方案论证在线健康信息服务对老年人的影响。

综上可以看出，围绕公共图书馆开展健康信息服务的研究占比较高，总体来说，目前公共图书馆的健康信息服务已经能够基本实现提供分层分级的健康信息资源，针对不同的用户群体，针对不同的健康信息需求提供不同的资源，保障不同群体最大可能地获取所需的健康信息。随着科学技术的不断发展，信息技术与健康信息服务的关系日益密切，社会化媒体成为公众获取健康信息最便捷的途径，但由于信息质量参差不齐，用户对信息的鉴别能力也有待提高，为了保障健康信息的有效获取，亟须专业人才的介入指导，在此背景下公共图书馆也逐渐开展移动电子健康信息服务。此外，老年人对于移动终端的接受程度普遍较低，但又是健康信息需求较高的一个特殊群体，技术和观念障碍导致他们无法享受到快捷高效的健康信息服务，针对这种类似的问题还需要进一步讨论。

---

① 陈旭，卢珊，向菲.基于用户体验的健康信息服务 [J].中华医学图书情报杂志，2013，22（10）：23-27.

② 苏慧红.图书馆为老年读者提供健康信息服务的策略探索 [J].牡丹江教育学院学报，2014（1）：126-127.

③ HARUNA H，MTOROKI M，GERENDASY D D，et al. Health libraries and information services in Tanzania：a strategic assessment[J]. Annals of global health，2016，82（5）：912.

④ 刘咏梅，李梦宇，谢阳群.MEC理论视角下老年用户在线医疗健康信息服务使用价值研究 [J].图书情报工作，2020，64（19）：71-79.

（2）健康信息素养与教育

1）随着网络技术的发展，对于公众而言丰富的网络资源使得健康信息的获取已不是难事，但是在海量数据中如何识别信息的准确性与价值性对用户而言是个急需解决的重要问题。健康信息与一般的信息不同，健康信息对质量要求更加严格，一旦质量无法保证，轻则无法有效获取自身所需的健康信息，重则极易基于错误信息导致决策失误延误病情，这就要求用户具有较高的健康信息素养以甄别健康信息的质量，因此针对健康信息素养展开了广泛研究。

①关于健康信息素养的定义与概念：Mccray[1] 对健康信息素养的定义、内容及影响因素进行了系统性回顾，针对健康信息素养的概念和内涵进行界定，明确健康信息素养涉及的主要内容，并对影响健康信息素养的因素进行归纳总结；付少雄等[2] 对国外健康信息素养研究进行评述，尤其针对图情领域涉及健康信息素养的研究进行了归纳总结。

②基于健康信息素养的平台构建及健康信息评价：Moorsel[3] 对 Mini-Med School（MMS）系统进行介绍，他认为 MMS 在促进公众健康意识和素养方面具有重要作用；Stvilia 等[4] 针对用户健康信息素养进行调查研究，依据用户差异化特征构建了在线用户健康信息质量模型，以方便用户对健康信息质量的判断。

---

[1] MCCRAY A T. Promoting health literacy[J]. American journal of nursing，2001，101（2）：152-163.

[2] 付少雄，邓胜利，陈晓宇. 国外健康信息素养研究现状与发展动态述评 [J]. 信息资源管理学报，2016，6（3）：5-14，33.

[3] MOORSEL G V. Do you Mini-Med school? Leveraging library resources to improve internet consumer health information literacy[J]. Medical reference services quarterly，2001，20（4）：27-37.

[4] STVILIA B，MON L，YI Y J. A model for online consumer health information quality[J]. Journal of the American Society for Information Science and Technology，2009，60（9）：1781-1791.

③健康信息素养的评价：Ivanitskaya 等 [1] 对医学院校的医学生展开健康信息素养评价研究，基于以高等教育信息素养能力标准为基础依据的 RRSA 来衡量医学生素养水平，从获取健康信息、评价健康信息质量和理解能力等方面进行评价；Pleasant 等 [2] 提出了健康信息素养的关键要素，制定了一种新的、全面的方法来衡量健康信息素养；王辅之等 [3] 构建了健康信息素养的评价体系，采用文献调研确定评价指标，通过层次分析和专家意见确定指标权重，利用 AHP-RBF 神经网络构建模型并进行具体实证研究，评价公众健康信息素养水平；姚志珍等 [4] 对国内外健康信息素养评价工具进行系统综述，并结合国外测评工具对国内工具提出改善建议。

④健康信息素养培养：Leasure [5] 同样对医学生健康信息素养提出要求，认为需要将健康信息素养技能培养纳入整个课程体系，使学生具备检索、评估和将信息应用于临床实践所需的技能，进入工作后承担起培养普通公众健康信息素养的责任；邓胜利等 [6] 提出现代图书馆除承担传统阅读功能外，还应向公众提供健康信息素养的培养，对公共图书馆开展健康信息素养教育的可行性进行论证，论述了公共图书馆在培养公众健康信息素养方面的重要价值和地位。

① IVANITSKAYA L, O'BOYLE I, CASEY A M. Health information literacy and competencies of information age students: results from the interactive online research readiness self-assessment（RRSA）[J]. Journal of medical internet research, 2006, 8（2）: e6.
② PLEASANT A, MCKINNEY J, RIKARD R V. Health literacy measurement: a proposed research agenda[J]. Journal of health communication, 2011, 163（1）: 11-21.
③ 王辅之, 罗爱静, 孙伟伟, 等. 基于 AHP-RBF 神经网络的居民健康信息素养评价模型研究 [J]. 医学信息学杂志, 2013, 34（7）: 14-18.
④ 姚志珍, 周兰姝. 健康信息素养测评工具的研究进展 [J]. 中国全科医学, 2018, 21（4）: 491-496.
⑤ LEASURE R A, DELISE D, CLIFTON C S, et al. Health information literacy: hardwiring behavior through multilevels of instruction and application[J]. Dimensions of critical care nursing, 2009, 28（6）: 276-282.
⑥ 邓胜利, 付少雄. 公众健康信息素养促进中的图书馆参与: 驱动因素、国外实践及思考 [J]. 图书情报知识, 2018（2）: 5-13.

综上所述，可以看出目前对健康信息素养的相关研究主要有：对其相关的概念、内涵的定义，对所涉及的研究内容进行论证，实现健康信息素养评价的方式，以及能够影响评价质量好坏的因素等。健康信息素养评价工具主要是各类系统及评价模型，系统依托信息技术，评价模型一般依据维度或层次建立相关评价指标并确定指标权重进行构建。健康信息素养的影响因素总体来看主要分为两个方面，一方面是个人因素；另一方面是社会环境因素。基于此能够发现未来关于健康信息素养的研究将是热点。依据健康信息素养的影响因素，面向不同的用户群体构建有效的信息评价指标体系，进而为健康信息教育提供有益借鉴。

2）健康信息教育是健康信息素养提升的重要保证，上文提到用户要在海量信息中获取有效信息需具备较高的健康信息素养，而较高的健康信息素养不是与生俱来的，且具有十分明显的个体差异性，为尽量消除该差异性，健康信息教育是效果最明显的方式之一。

Haines等[1]将健康信息素养与高等教育相结合开展健康信息教育活动，以实践为主要教育形式分别针对本科、专科生和研究生群体开展与信息单位相结合的合作模式，培养学生的健康信息素养和获取健康信息的能力；朱玉兰等[2]提出为了提高大学生的健康信息素养需对其提供健康信息教育，提出开展健康信息教育的重要性和必要性，并对高校提供健康信息教育的优势进行具体阐述；李琳等[3]通过对医学院校学生健康信息的需求、获取、评价和利用等方面进行评估，提出医学院校开设健康信息教育课程的必要性与紧迫性，并提出开展健康信息教育的方式；李晶[4]对美国图情领域开展的健康信息教育展

① HAINES M, HORROCKS G. Health information literacy and higher education：the King's College London approach[J]. Library review，2004，55（1）：8-19.

② 朱玉兰，唐伦刚 . 大学生健康信息素养教育刍议 [J]. 医学信息学杂志，2013，34（7）：93-95.

③ 李琳，李雪琴，刘红丽，等 . 论大数据时代医学院校学生健康信息素养的内涵及培养策略 [J]. 中国中医药图书情报杂志，2017，41（4）：4-7.

④ 李晶 . 美国图书情报学院开展健康信息教育的现状、特色与启示 [J]. 现代情报，2018，38（9）：108-112.

开研究，对其基本教育情况进行概述，并对我国的健康信息教育情况进行调研，通过对比国内外健康信息教育发展现状提出改善建议；Chang 等[①]对健康信息教育的影响进行研究，通过信息动机行为技能模型，以行为理论为基础对老年人参与健康信息教育课程前后的电子健康素养进行评价；魏来等[②]对健康信息教育的概念内涵进行评述，对国内外健康信息教育的现状进行归纳总结并对比分析，提出我国需向社会公众开展健康信息教育的理论框架；周谦豪等[③]认为图书馆是健康信息教育的重要角色，通过对比总结国内外图书馆健康信息教育的案例，提出图书馆健康信息教育体系的框架，明确图书馆内部职责，并通过推进外部合作实现面向公众的健康信息教育。

综上所述，健康信息教育主要包括两个方面：一方面是接受健康信息教育的受众；另一方面是健康信息教育的提供者。其中，专业医护（医学生）既是健康信息教育的受众又是健康信息教育的提供者，专业医护（医学生）所接受的健康信息素养教育应当是系统的、完善的，在自身具备较高健康信息素养之后需要与健康信息素养较低的患者进行沟通，并进行健康信息教育。大学生群体作为思维最活跃、创造力最丰富、接受新知识较快的群体，在高校开展健康信息教育的成果应当最为显著，因此高校要着力将健康信息教育的课程纳入课程体系，将普通公众中创造力最强的大学生群体打造成高信息素质的群体，"以点带面"推动整个社会群体健康信息素养的提升。此外，面向普通公众能够提供健康信息教育的还有机构，尤其是各类图书馆，包括专业医学图书馆、公共图书馆和高校图书馆，图书馆所提供的健康信息教育具有很强的用户针对性，相对而言能够提供更有效的健康信息教育。而目前无论是健康信息教育的受众研究还是健康信息教育提供者的研究都存在一定的问题，需进一步加以完善。

---

① CHANG S J，YANG E J，LEE K E，et al. Internet health information education for older adults：a pilot study[J]. Geriatric nursing，2020，10（2）：99-104.

② 魏来，姬玉. 面向社会公众的健康信息素养教育内容框架构建 [J]. 数字图书馆论坛，2020（5）：23-29.

③ 周谦豪，姚占雷，许鑫. 图书馆健康信息素养教育的调研与分析 [J]. 图书馆学研究，2020（10）：77-86.

（3）健康信息保护与信息技术影响

①随着网络技术的发展，健康信息的泛滥必然导致一定的信息安全问题，健康信息不单包括身份信息，还包括个人保健、疾病等身体健康状态，相比其他信息而言更具隐私性，健康信息的泄露有可能导致较大的社会问题，因此健康信息的保护就显得尤为重要。

Cheong[①]认为有效的隐私保护是电子健康信息研究的一个难题，提出澳大利亚标准医疗信息系统中的个人隐私保护基础概念模型涉及基于国际公认原则的实用隐私解决方案和技术，因此需要善加利用，有效解决隐私保护问题；Plater 等[②]对比了加拿大和美国的健康信息隐私保护问题，两国保护健康信息隐私的方式正在趋同，都是政府针对健康信息发布相关政策和立法，私营部门必须受到法律政策规范；Li 等[③]研究了数据挖掘中健康信息隐私保护的相关问题，对健康信息隐私保护进行了定义，开发了数据过滤、离散化和随机化等有效的隐私保护技术；Hye-Jeong 等[④]认为个人健康信息侵权保护的当务之急是制定个人健康信息保护法，就韩国保护个人健康信息隐私的法律问题和立法进展进行了探讨，认为健康信息披露和使用的法律应注重个人可控性与公共利益的协调与平衡，以适应 u-health（ubiquitous healthcare，无处不在的医疗护理）时代的发展；张静等[⑤]认为个人健康信息在收集、整合、存储及利用过程中极易造成信息泄露，从而对个人产生巨大影响，进而对整

① CHEONG I R. Protection of privacy of personal health information：the Australian standard approach[J]. Topics in health information management，1996，16（4）：49-55.

② PLATER S，SEELEY E，DIXON L A. Two routes to privacy protection：a comparison of health information legislation in Canada and the United States[J]. Journal of women health，1998，7（6）：665-672.

③ LI J Q，SHAW J M. Shaw. Protection of health information in data mining[J]. International journal of healthcare technology and management，2004，6（2）：210-222.

④ HYE J，JEONG，NAM H，et al. A study on the institution of a personal health information protection law-with the focus on the personal information control right[J]. Korean journal of medicine and law，2008，16（2）：99-121.

⑤ 张静，李宇阳. 中国个人健康信息保护现状及相关权利归属的探讨 [J]. 卫生软科学，2014，28（9）：577-580.

体医疗卫生服务事业造成重大影响，因此张静等对个人健康信息保护现状进行了调研并提出了相关解决办法，并对个人健康信息的归属权进行了论述；Tzanis[①] 对大数据及数据挖掘在生物医学领域的重要作用进行总结，提出了数据泛滥可能带来的问题并提出相应的改善建议；Song 等[②] 尝试重新编制健康资讯保护意识量表，并评估其构念效度与信度，有助于评估患者的健康信息保护意识；Hamid[③] 等对医疗大数据中涉及的隐私问题进行了研究，并设计了个人健康信息保护模型；周梦颖等[④] 针对国内外个人健康信息保护标准进行论述，通过对比国际、欧盟、英国、美国等标准，总结标准的指导作用，并提出完善我国健康信息安全的保护标准；刘帅[⑤] 认为个人健康信息具有极高的商业价值和公共价值，但由于公众对健康信息保护的意识不强，所以在使用在线医疗工具时极易造成信息泄露，基于此他提出从用户和工具主体两个角度出发加强法律规范和技术保障；童峰等[⑥] 建议加快对个人信息保护的立法，综合考虑和论证个人健康信息的特殊性，结合时代特色出台相关法律法规，以及维护大数据的健康有序发展等。

　　健康信息保护的研究主要包括定义和含义概述、重要性和必要性论述、法律法规和技术规范的设立，以及加强公众健康信息保护意识等方面，总体来看，健康信息保护主要还是依赖于政府部门监管、相关机构遵守制度并主

[①]　TZANIS G. Biological and medical big data mining[J]. International journal of knowledge discovery in bioinformatics，2014，4（1）：42-56.

[②]　SONG Y S，LEE M Y，JUN Y H，et al. Revision of the measurement tool for patients' health information[J]. Protection awareness，2016，22（3）：206-216.

[③]　HAMID H A A，RAHMAN S M M，HOSSAIN M S，et al. A security model for preserving the privacy of medical big data in a healthcare cloud using a fog computing facility with pairing-based cryptography[J]. IEEE access，2017，5：22313-22328.

[④]　周梦颖，金涛，何延哲.个人健康信息保护标准综述 [J].信息技术与标准化，2017（3）：50-54.

[⑤]　刘帅 . 在线医疗工具用户个人健康信息保护机制构建 [J]. 中国市场，2020（1）：194，196.

[⑥]　童峰，张小红，刘金华.大数据时代个人健康医疗信息的立法保护 [J].情报资料工作，2020，41（3）：105-112.

动保护用户的健康信息安全、提高公众健康信息保护意识。部分研究开展对个人健康信息归属权的讨论，由于个人、机构及相关政府部门都有可能持有个人健康信息，这部分信息的确权问题目前尚未解决，将是未来的重要研究方向之一。此外，个人健康信息保护和加密技术在信息技术发展如此快速的现代社会已经不是难点问题，需进一步展开研究。

②信息技术的发展促使健康信息领域产生了新的研究内容，尤其是在计算机技术、移动互联网、区块链技术、物联网等迅速发展的背景下，电子健康档案、电子健康平台及"互联网＋医疗健康"的研究层出不穷，下面将进行具体介绍。

Robins等[1]提出电子健康档案可以利用有限的资源最大限度地服务患者以满足患者的健康需要，可以提供全面的健康需求数据，监测护理有效性，是区域卫生信息集成的基础；Krishna等[2]认为尽管信息技术在卫生保健中的作用越来越大，但其使用率仍然落后于其他部门，造成这种情况的因素包括复杂的医疗环境和政治因素，但信息技术的接入有利于解决目前医疗卫生领域的诸多问题，应积极推动信息技术的应用；Orfanidis[3]讨论了与电子健康信息相关的数据质量问题，探讨了智能接口、结构化数据输入和移动计算对数据质量的影响程度并构建了健康信息质量框架模型；吕孟涛等[4]从概念、发展现状、研究展望3个方面对电子健康档案的发展历程进行归纳总结，总结了目前电子健康档案发展所存在的问题，并提出改善建议；董建成等[5]针对电子健

① ROBINS S C，RIGBY M J. Electronic health records as a key to objective health care needs assessment beyond the hospital boundary[J]. Medinfo，1995，8（1）：285-289.

② KRISHNA S，BALAS A E，BOREN A S，et al. Building support for health information technologies[J]. Studies in health technology and informatics，2003，92：103-108.

③ ORFANIDIS L. Data quality issues in electronic health records：an adaptation framework for the Greek health system[J]. Health informatics journal，2004，10（1）：23-36.

④ 吕孟涛，李道苹，吴静，等.电子健康档案现状分析与展望[J].医学与社会，2006（7）：60-61，65.

⑤ 董建成，周董，胡新平，等.电子健康档案的标准体系框架研究[J].中华医院管理杂志，2007（8）：555-558.

康档案建设标准体系进行研究，提出基于研究对象、研究内容、研究级别为导向的三维结构模型，有效解决管理混乱、数据重复等问题；陈敏等[①]认为电子健康档案目前离散在各个医疗卫生机构中，缺乏相关的共享机制，导致电子健康信息杂乱、利用率低，因此提出建设以区域为中心的管理系统，集成管理个人电子健康档案；Stokes-Buzzelli[②]等探讨健康信息技术和电子病历的有效使用是否能够对急诊科患者的救治产生积极影响，以此来探讨如何引入信息技术来进行医疗卫生领域的健康信息管理；傅波等[③]基于区域卫生信息化现状提出建立区域卫生信息化平台，将居民电子健康档案与区域卫生信息平台"合二为一"实现信息共享；袁成菊等[④]提出我国"互联网＋医疗研究"主要集中在新模式推广及关键技术的使用，在体制机制健全、法律法规完善、利益分配和风险共担机制等方面的研究有待进一步深化；戴瑞文[⑤]从我国健康信息数据质量、互联互通、信息安全三点入手，分析"互联网＋医疗健康"发展的现状、问题、改善方向及未来前景。

总体而言，电子健康档案是信息技术下健康信息管理的典型应用，从电子健康档案的产生、发展到如今的广泛使用确实解决了信息共享的问题，但同样带来了健康信息安全的问题，需要进一步研究解决。此外，在区域卫生信息化背景下电子健康信息系统和平台的不同导致健康信息结构化、完整性等数据质量问题频出，如何实现健康信息的评价以确保用户能够得到高质量的健康信息也是需要进一步研究的问题。网络技术的兴起使得"互联网＋"

① 陈敏，李道苹.如何构建以区域为中心的电子健康档案 [J].中国医院院长，2008（11）：50-53.

② STOKES-BUZZELLI S，PELTZER-JONES J M，MARTIN G B，et al. Use of health information technology to manage frequently presenting emergency department patients[J]. The western journal of emergency medicine，2010，11（4）：348-353.

③ 傅波，唐婧.基于居民电子健康档案的区域卫生信息平台的研究 [J].计算机光盘软件与应用，2012（1）：11-12.

④ 袁成菊，余昌胤，张年，等.我国互联网＋医疗研究热点的文献计量学分析 [J].中国卫生信息管理杂志，2020，17（2）：237-241.

⑤ 戴瑞文.我国"互联网＋医疗健康"发展存在的问题与建议 [J].计算机产品与流通，2020（7）：139.

与健康信息领域研究紧密结合，但是在相关研究中不难发现，大多数研究只停留在表面，所探讨的问题依然是政策、法律、信息质量等老问题，部分发展建议对某些地区或机构来讲实现难度较大，如何真正将技术与实际问题相结合，提出能够落地的发展建议，并对健康信息管理工作产生实实在在的促进与提升将是下一步研究的重点内容。

（4）健康信息交流与传播

健康信息交流与传播是健康信息利用的重要形式，交流与传播方式可以分为两种，一种是医患之间的健康信息交流，无论是通过线下的当面交流还是线上的健康社区，这种传播方式都是最有效的健康信息传播方式；另一种是普通公众之间的交流共享，可能是某些疾病的患者，也可能是一般人群，这类人群一般都没有专业医学背景，主要通过线上的健康社区进行信息交流和分享。健康信息交流伴随着健康信息传播，在中文中健康信息交流与健康信息传播所涉及的概念和内容不完全相同，但在外文中由于翻译类似，健康信息交流、健康信息共享、健康信息传播的概念类似，因此这部分内容将放在一起介绍。

①关于健康信息交流或共享系统的构建：如 Longo[1] 构建了一个全面、完整的概念模型，帮助医疗服务提供者、患者、公众及有研究需求的研究人员更好地了解健康信息交流和共享；Shapiro 等[2] 认为区域卫生信息组织之间的信息交流对医学的实践能够产生重要影响，使信息共享更加方便快捷；Marc 等[3] 分析了美国部分健康社区数据，这些社区积极推进健康信息交流，创建区

---

① LONGO D R. Understanding health information, communication, and information seeking of patients and consumers: a comprehensive and integrated model[J]. Health expectations, 2005, 8（3）: 189-194.

② SHAPIRO J S, KANNRY J, LIPTON M, et al.Approaches to patient health information exchange and their impact on emergency medicine[J]. Annals of emergency medicine, 2006, 48（4）: 426-432.

③ MARC O J, LORI E, JANET M. Communities' readiness for health information exchange: the national landscape in 2004[J]. Journal of the American Medical Informatics Association, 2006（2）: 107-112.

域健康信息交流系统，提高医疗效率、质量和安全性；Edberg 等[①]探索复杂组织间系统理论构建健康信息交流系统，通过 IT 专业人员的技术手段对健康信息交流活动进行规划。

②关于健康信息交流或传播存在的问题及健康信息质量的研究：如胡晓云[②]对突发公共卫生事件背景下的健康信息传播进行了研究；Mboera 等[③]探讨坦桑尼亚各级卫生服务系统在知识和信息交流方面的差距，通过文献回顾、深入访谈和小组讨论获取不同健康社区健康信息和知识的交流情况，并确定坦桑尼亚健康信息交流存在问题的原因；刘瑛等[④]对健康信息传播的劝服性展开研究，认为交互功能和即时反应是劝服性的重要标志；徐彪[⑤]对互助式健康信息交流行为展开研究，基于国内外健康信息交流行为的对比分析总结国内健康信息交流行为研究存在的不足，从健康信息查询、网络互助健康信息交流等角度出发对健康信息交流行为的影响因素进行总结；兰富强等[⑥]对虚拟社区患者的健康信息交流展开研究，首先对其概念和内涵进行界定，然后介绍健康信息交流活动中的要素，构建健康信息交流活动的基本模式；宋立荣等[⑦]对网络健康信息传播过程中如何保证健康信息质量的方式进行了介绍；周晓

---

① 　EDBERG D，O'MARA L，WENDEL J. Finding value while planning a statewide health information exchange[C]// Hawaii International Conference on System Sciences. IEEE：2014，3：2778-2887.

② 　胡晓云 . 突发公共卫生事件与健康信息传播 [C]// 第一届中国健康传播大会论文集 . 北京：清华大学国际传播研究中心，2006，5：193-197.

③ 　MBOERA L E G，RUMISHA S F，SENKORO K P，et al. Knowledge and health information communication in Tanzania[J]. East Afr J Public Health，2007，4（1）：33-39.

④ 　刘瑛，何爱珊 . QQ 群健康信息传播的劝服过程研究 [J]. 新闻大学，2011（3）：84-89.

⑤ 　徐彪 . 网络环境下互助式健康信息交流行为及其影响因素研究 [D]. 武汉：华中科技大学，2016.

⑥ 　兰富强，杨雪梅，沈丽宁，等 . 虚拟社区患者健康信息交流基本要素和模式探讨 [J]. 医学与社会，2016，29（12）：8-10，13.

⑦ 　宋立荣，齐娜，张群 . 网络健康信息传播的信息质量问题思考 [J]. 医学信息学杂志，2014，35（10）：8-12.

英等[①]介绍了健康素养与健康信息传播具有直接相关关系；Cross 等[②]利用半结构化访谈方法分析公众对于健康信息交流活动需付费的意见，研究付费对于健康信息交流活动会产生什么影响，以及付费是否会阻碍公众的健康信息需求；金晓玲等[③]对微信朋友圈中的健康信息传播现象进行研究，她认为这种健康信息传播行为基于用户意愿，从用户视角对健康信息传播行为进行了研究；Barrón 等[④]探讨健康信息交流对门诊质量的影响情况，通过跟踪调查分析长效信息交流沟通对患者恢复情况的影响；Mello 等[⑤]研究基于用户意愿构建健康信息交流系统存在的障碍，促进电子健康信息交流系统的构建。

关于健康信息交流的研究主要包括国内外健康信息交流行为的对比分析、健康信息交流的影响因素、健康信息交流行为的优势及线上电子健康信息交流系统的构建。随着技术的发展，健康信息交流的方式也逐渐发生改变，信息交流系统也越发完善，健康信息交流活动对保证公众健康、实现社会卫生事业发展起到了积极的促进作用。此外随着社会的进步与发展，以人为本的观念将更广泛地影响健康信息交流系统的构建，因此基于用户意愿的健康信息交流活动会如何发展变化将逐渐成为新的研究重点。

而关于健康信息传播的研究大多涉及用户健康信息素养、用户意愿或健康信息传播过程中的劝服行为等，此外还有关于健康信息传播过程中信息质量的研究。一般而言，健康信息传播有利于健康信息素养的提升，在健康信

① 周晓英，宋丹，张秀梅.健康素养与健康信息传播利用的国家战略研究 [J].图书与情报，2015（4）：2-10.

② CROSS D A, LIN S C, JULIA A M. Assessing payer perspectives on health information exchange[J]. Journal of the American medical informatics, 2016（2）：297-303.

③ 金晓玲，冯慧慧，周中允.微信朋友圈中健康信息传播行为研究 [J].管理科学，2017，30（1）：73-82.

④ BARRÓN Y, DHOPESHWARKAR R V, KAUSHAL R, et al. Health information exchange and ambulatory quality of care[J]. Applied clinical informatics, 2017, 3（2）：197-203.

⑤ MELLO M M, ADLER-MILSTEIN J, DING K L, et al. Legal barriers to the growth of health information exchange：boulders or pebbles?[J]. Milbank quarterly, 2018, 96（1）：110-143.

息的传播交流过程中无论是专业医护人员提供的专业医学建议还是在与其他患者或普通公众交流的过程中获得的健康信息都有利于健康信息素养的提升；而用户意愿具有较强的主观性，但外部环境因素能够产生较强的影响，这就涉及健康信息传播过程中的劝服行为。无论是网络中广泛存在的健康信息还是医疗机构等记录的公众个人健康信息，在传播过程中都极易影响健康信息的质量，如何对这些健康信息的质量进行控制也是比较重要的研究问题，因为健康信息的质量直接关系到公众的身体健康，若处理不好健康信息质量问题就极易诱发一系列社会问题，对公共卫生健康造成巨大冲击，因此未来健康信息传播过程中的健康信息质量控制问题还需继续研究深化。

综上所述，目前国内外健康信息领域的研究多集中于某一具体方面，缺乏对整个领域宏观层面的研究，本书将从宏观视角出发，对整个领域的研究进展、研究现状进行归纳总结，并探索领域发展的规律模型。

2.2.3 知识增长、知识扩散与知识网络演化

（1）知识增长

知识增长是学科领域发展所产生的必然现象，在哲学、科学学、管理学等众多学科中均有所涉及，同时是每个领域比较关注的问题之一，尤其在情报学领域，近年来关于知识增长问题的研究逐渐增多。目前，关于知识增长的研究多集中于从不同角度探讨知识增长的本质，在时序变化下知识增长是一个不断分裂析出又重新交融组织进而产生新知识的过程。

克拉克[①]认为知识是随时间发展积累起来的，随着时间的流逝知识也在不断发展，这个知识发展的过程也就是知识增长；Noyons 等[②]认为科技的不断发展会促进科学认知的不断加深，对于知识增长的认知会有不同的变化，他们认为知识增长的过程其实就是知识在发展过程中不断自组织的过程。关于知识增长的研究，不同领域的学者基于各自学科的特点从不同角度对知识增

---

① 克拉克．高等教育系统 [M]．杭州：杭州大学出版社，1994.

② NOYONS E C M, RAAN A F J V. Monitoring scientific developments from a dynamic perspective：self-organized structuring to map neural network research[J]. Journal of the American Society for Information Science, 1998, 49（1）：68-81.

长问题进行了描述。

从系统的角度出发，知识增长可以看作一个知识系统中的变化过程；而在哲学的角度，其中增长的含义具有哲学中"变"的含义，是个不断发展演进的过程。基于上述研究，知识增长指的是知识在发展变化过程中不断扩散演化以实现最终增长的目的。基于系统论的知识增长研究：邓燕等[①]认为人与人或人与系统之间的相互合作等能够使存在于系统中的知识通过人际交流交往等形式进行重组，从而形成新的知识，主要包括知识自组织、知识创新与知识创新框架等内容；Leydesdorff等[②]将整个科学体系看作一个整体的系统，每个学科都是子系统，知识的增长即为系统内部自组织的过程，知识增长则是在系统内部或系统外部不断交流的过程中产生的，这种交流一般被称为科研活动。

基于哲学的知识增长研究：Cole[③]将知识的增长定义为知识的建构，认为知识增长是在科学系统中的有序集成和增长；Popper[④]认为科学发展的过程是一个否定、修改、再否定、再修改的过程，在不断的否定和修改中，形成了一种链式结构，这种结构促使领域知识实现不断的更新与增长，从而也使知识增长形成了独特的特点，即自组织性。此外，一些著名情报学家，如 N. Ford、P. Ingwersen、N. J. Belkin、K. Jarvelin 等认为情报学著名方程——知识增长方程，不仅仅是情报学基本的理论方程，更是情报学认知范式的基础。

此外，在情报学领域中也对知识增长进行了众多研究：裴志刚[⑤]对波普尔科学知识增长模式进行了研究，论证波普尔科学知识增长模式存在的合理

① 邓燕，严娜，李宏轩 . 知识自组织、知识创新与知识创新体系 [J]. 图书情报工作，2001（9）：25-28.

② LEYDESDORFF L，COZZENS S，BESSELAAR P V D. Tracking areas of strategic importance using scientometric journal mappings[J]. Research policy，1994，23（2）：217-229.

③ COLE C. Operationalizing the notion of information as a subjective construct[J]. Journal of the American Society for Information Science，1994，45（7）：465-476.

④ POPPER K R. The logic of scientific discovery[J]. Yinshan academic journal，2005，12（11）：53-54.

⑤ 裴志刚 . 波普尔科学知识增长模式研究 [D]. 武汉：武汉理工大学，2007.

性，并利用波普尔伪证主义的含义进行批判，论证波普尔科学知识增长模式的价值；文庭孝等[①]对知识增长的动力、类型和方式等展开研究，并阐述知识增长评价问题存在的困难；靖继鹏等[②]认为知识的增长需要有序化的知识组织，而科学系统本身是个不稳定的网状结构，因此在将科学系统按照逻辑结构组织知识的过程中便实现了知识的增长；万昊等[③]通过引入自组织系统构建知识增长的数理模型并进行论证，揭示引文网络结构的极限和密度性质；李宇佳等[④]引入融知发酵理论对社区知识增长的影响因素进行研究，利用 DEMATEL 方法识别影响知识增长的因素并提出能够促进知识增长的方案策略；李纲等[⑤]对知识增长的相关问题进行概述，引入知识吸收机制构建知识增长模型，从网络结构和主题能力两个方面进行知识增长仿真模拟；万昊[⑥]认为科学计量随着系统论思想的引入，具有了新的研究内容，基于系统论的计量学研究也为知识增长的研究提供了新的研究框架，同时丰富了知识增长的内涵。

综上所述，目前知识增长的相关研究是从不同的视角进行的，既包括知识增长的内涵，也包括利用知识增长的相关理论对其他领域提出解决问题的思路，同时在与其他相关领域融合的过程中不断引入新的理论和方法，也在一定程度上对知识增长的内涵有了更丰富的扩展与深化。但是就目前来看，研究人员仅仅从知识层面对知识增长进行研究，但是知识层面并非领域的最小层级，目前已有的研究尚未进一步深入到更小的层级。

①　文庭孝，刘晓英 . 科学知识增长及其评价研究 [J]. 图书与情报，2008（4）：12-17，79.

②　靖继鹏，马费成，张向 . 情报科学理论 [M]. 北京：科学出版社，2009.

③　万昊，谭宗颖，朱相丽，等 . 科学知识增长过程中系统自组织创生模式研究 [J]. 图书情报工作，2015，59（24）：93-101.

④　李宇佳，张向先 . 学术虚拟社区知识增长的关键影响因素识别：基于融知发酵理论视角 [J]. 情报杂志，2016，35（10）：160-165，189.

⑤　李纲，巴志超，徐健 . 知识吸收机制对知识增长绩效的影响研究 [J]. 图书情报工作，2017，61（11）：5-12.

⑥　万昊 . 科学知识规模增长模式研究：基于数学建模和仿真论证 [D]. 北京：中国科学院大学，2017.

知识增长就是在杂乱无章的科学系统中按照某种特定形式实现知识组织的序化，因此知识增长的过程是一个动态演化不断发展的过程。由于知识增长具有自组织的特性，而研究主题是知识的最小单元，能够反映知识最为直接的就是研究主题。知识在自组织的过程中，研究主题随之发生改变，或者直接从知识单元中扩散、导出，研究主题间再进行融合重组，形成新的研究主题并构成新的知识单元，这也是知识增长的过程。在这个过程中由于研究主题之间存在共现、引用等关联关系，研究主题在融合重组的过程中基于彼此间的关系也会发生结构上的变化，即研究主题会在结构和规模上发生变化，从而呈现出扩张、收敛的趋势。因此，知识增长的过程是伴随着研究主题扩张与收敛而变化的，本书基于研究主题扩张与收敛特征的研究是比知识增长更加微观、细致的研究。

（2）知识扩散

知识需要通过一定的载体呈现，而知识扩散也需要通过一定的载体表现出来。知识具有多种载体，既包括书籍、报刊、文件等客观存在，也包括科学研究中的各类知识网络，图情领域中研究人员一般以引文网络、科研合作网络、社会网络等作为知识的载体，对知识扩散展开相关研究。通过定量分析方法，将知识扩散网络化，研究知识网络中的知识扩散现象，并总结相关规律。

基于一般引文网络的知识扩散研究：汤易兵等[1]将引文滞后指标引入引文网络分析，对供应链研究领域的知识扩散现象进行研究，针对知识整合和知识扩散现象描述跨学科研究之间存在的联系，提供了跨学科研究的新方法；王亮[2]在引文网络的基础上构建基于SCI的引文网络，通过构建知识扩散模型研究知识扩散的过程，总结知识扩散的机制，测度知识扩散的水平；邱均平等[3]从引文网络的4个层面进行深化整合细化，将时间维度指标引入知识扩散

---

[1] 汤易兵，黄祖庆，张宝友.基于引文网络的知识扩散和整合研究：以供应链研究为例[J].情报杂志，2012，31（1）：119-122.

[2] 王亮.基于SCI引文网络的知识扩散研究[D].哈尔滨：哈尔滨工业大学，2014.

[3] 邱均平，李小涛.基于引文网络挖掘和时序分析的知识扩散研究[J].情报理论与实践，2014，37（7）：5-10.

研究，探索国内关于知识图谱领域的知识扩散过程；Yu 等[①]基于引文网络分析，将相关论文之间的引文作为社会网络的节点，根据其在知识扩散中的作用分配相应的权重，以多路径可视化显示整个知识结构，进而全面地对基于引文的知识扩散进行研究。一般引文网络大多只是对扩散现象进行描述，并总结相关规律。

　　基于专利引文网络的知识扩散研究：Megan[②]利用专利引文网络来衡量技术知识的国际扩散程度，并探讨影响技术知识国际扩散进程的因素；Liu 等[③]研究了出版物扩散和引文扩散两种扩散形式，认为出版物扩散源于内部机制驱动，而引文扩散由外部机制驱动，将基本计数度量作为扩散度量，研究两种扩散形式下的知识扩散强度；Yu 等[④]通过引文分析探讨纳米科学间的知识扩散模式，探讨知识扩散的不对称性；Choi 等[⑤]建立了韩国 2006—2013 年申请专利数据的引文数据库，绘制了专利引文网、技术引文网和申请人引文网，分析了技术知识扩散的路径，该研究发现信息通信技术在知识扩散中起主导作用。基于专利引文网络的知识扩散研究多集中于度量知识扩散程度，以及技术对知识扩散的影响程度。

　　基于复杂网络的研究：Zhang 等[⑥]研究何种拓扑结构适合知识扩散的问

① YU D J, PAN T X. Tracing knowledge diffusion of TOPSIS：a historical perspective from citation network[J]. Expert systems with applications，2021，168：1-12.

② MEGAN M G.The determinants of international knowledge diffusion as measured by patent citations[J]. Expert systems with applications，2004，87（1）：121-126.

③ LIU Y X, ROUSSEAU R. Knowledge diffusion through publications and citations：a case study using fields as unit of diffusion[J]. Journal of the American Society for Information Science and Technology，2009，61（2）：340-351.

④ YU G, WANG M Y, YU D R. Characterizing knowledge diffusion of nanoscience & nanotechnology by citation analysis[J].Scientometrics，2010，84（1）：81-97.

⑤ CHOI B C, 김명숙, 백현미 . Patent citation network analysis as a measure of technical knowledge diffusion in Korea：focusing on ICT[J]. Asia-Pacific journal of business venturing and entrepreneurship，2015，10（1）：143-151.

⑥ ZHANG Y C, LI X, AZIZ-ALAOUI M A, et al. Knowledge diffusion in complex networks[J]. Concurrency and computation：practice and experience，2017，29（3）：1-13.

题，通过构建新的知识扩散模型发现高度异质性的网络更加适合知识扩散，提高现有社会网络的异质性程度有助于提高知识扩散的程度，该研究为理解复杂拓扑中的知识扩散提供了一个新的理论框架；Zhu 等[①]基于传染病传播模型，研究了具有创新机制的复杂网络知识扩散过程，利用平均场理论从理论上确定知识扩散阈值，通过数值模拟确定知识扩散阈值与活动率的平均值几乎呈线性相关，进而研究了模型中知识的演化；李纲等[②]通过构建基于复杂网络的科研合作模型，并引入超图数学理论对知识扩散进行研究，对知识扩散的演化规律进行总结并揭示知识扩散的演化过程；王美萃等[③]通过构建复杂网络的知识扩散模型对机构内部人员的网络关系数据进行研究，探索机构内部知识扩散的效果和程度；岳增慧等[④]基于社会网络对引文网络中的知识扩散进行研究。基于复杂网络的知识扩散研究多集中于引入新的理论方法完善知识扩散模型，对知识扩散规律进行总结，同时涉及部分知识演化的相关问题。

　　综上所述，知识扩散问题是图情领域研究人员比较关注的重点问题，目前关于知识扩散的研究多集中于引文网络和复杂网络两种研究类型。具体来说，第一种是通过构建基于引文网络和复杂网络的知识扩散模型，对领域内及领域间知识扩散的原因、动力、影响因素、效果等开展研究，并对知识扩散的程度进行测度；第二种是将新的理论、方法等引入知识扩散模型的构建过程，以完善和发展知识扩散理论和模型。因此，现有研究多集中于基于引文关系进行知识扩散的测度，没有更细致的知识扩散模型，即缺乏基于文本内容的知识扩散研究。文本内容以研究主题表示，基于研究主题实现对知识扩散的描述、测度并进行进一步深化。同时，目前对知识扩散的研究多集中

① ZHU H，MA J. Knowledge diffusion in complex networks by considering time-varying information channels[J]. Physica A：statistical mechanics and its applications，2018，494：225-235.

② 李纲，巴志超 . 科研合作超网络下的知识扩散演化模型研究 [J]. 情报学报，2017，36（3）：58-68.

③ 王美萃，闫瑞华 . 基于复杂网络视角的组织内非正式网络知识扩散研究 [J]. 人文杂志，2014（5）：45-49.

④ 岳增慧，许海云 . 学科引证网络知识扩散特征研究 [J]. 情报学报，2019，38（1）：5-16.

于知识扩散的原因、动力、影响因素、效果等，没有去探究知识扩散的机理、规律及时序变化等，这些问题也是未来需解决的重要问题。

（3）知识网络演化

关于知识网络演化的研究最早可追溯至 20 世纪 60 年代。Price[①] 对文献之间的相互引用关系进行研究，通过构建引文网络并基于数理和逻辑理论建立网络模型测度引文关系从而发现引文网络中的马太效应现象，马太效应是知识网络演化中影响比较广泛的因素；Barabási 等[②] 在马太效应简单模型的基础上提出 scale free network model，即 BA 模型，该模型设计了更简洁的增长机制及择优机制；张斌等[③] 对知识网络演化模型进行梳理总结，并归纳利用 BA 模型或 BA 改进模型的研究，在此基础上利用链路预测的原理来设计和评价演化模型；Tur 等[④] 建立仿真模型测度合作产生的知识对知识网络演化的促进作用，该模型基于两个函数组成分别测度知识和网络，并在两个函数间构建反馈机制，该研究结果表明合作产生的知识量会对知识网络结构产生重大影响，能够促进知识网络的演化；陈果等[⑤] 针对当前几种模型在拟合知识网络效果不尽如人意的情况下，基于领域共词网络引入模块化理论，增加模块化单元构建新的模型，对领域知识网络进行有效拟合，并从知识增长、相互作用和影响力度 3 个方面验证该模型拟合的效果。基于模型改进的知识网络演化侧重模型的改进方法，对于方法的验证尚需进一步研究。

随着互联网技术的发展，互联网技术及其他学科领域的理论被引入知

① PRICE D J D S. Networks of scientific papers[J]. Science，1965，149（3683）：510-515.

② BARABÁSI A L，ALBERT R. Emergence of scaling in random networks[J]. Science，1999，286（5439）：509-512.

③ 张斌，李亚婷. 知识网络演化模型研究述评 [J]. 中国图书馆学报，2016，42（5）：85-101.

④ TUR E M，AZAGRA-CARO J M. The coevolution of endogenous knowledge networks and knowledge creation[J]. Journal of economic behavior & organization，2018，145（JAN.）：424-434.

⑤ 陈果，赵以昕. 多因素驱动下的领域知识网络演化模型：跟风、守旧与创新 [J]. 情报学报，2020，39（1）：1-11.

识网络演化研究，出现了新的研究内容。例如，Gerdsri 等[①]基于技术路线图（technology roadmapping，TRM）介绍了技术路线图领域知识体系的演变，并将技术路线图应用于领域知识网络的演变过程；姚宏霞等[②]基于互联网环境以群体合作形式对存在的知识网络主体及主体间知识互动的特征进行分析，提出了网络群体协作知识网络的演化模型；万君等[③]引入超循环理论，对超循环理论进行概述并结合特征构建知识网络演化超循环模型，对知识网络存在的演化原理进行分析概述；徐汉青等[④]对知识网络结构的稳定性进行分析，通过3个特征来测度稳定性，研究结果表明，知识网络演化发展到最后的成熟期才会表现出稳定特征，并且会涌现出新的研究主题，进而生成新的学科领域知识；马勇[⑤]通过层次划分方法对知识网络进行分层提取知识，将原有的知识网络结构进行层级简化，识别知识网络中的热点、重点；Phelps 等[⑥]认为社会关系所构成的网络对解释知识创造、传播、吸收和使用的过程具有重要影响，并开发了一个综合性的框架来组织文献知识网络，基于框架多学科和多层次地分析回顾相关实证研究，确定学科内部研究热点和发展趋势；Geng 等[⑦]认

---

① GERDSRI N, KONGTHON A, VATANANAN R S. Mapping the knowledge evolution and network of technology roadmapping（TRM）[J]. Portland International Conference on Management of Engineering & Technology, 2008, 7: 2115-2133.

② 姚宏霞，傅荣，吴莎. 互联网群体协作的知识网络演化：基于 SECI 模型的扩展 [J]. 情报杂志，2009, 28（1）: 59-62.

③ 万君，顾新. 基于超循环理论的知识网络演化机理研究 [J]. 情报科学，2010, 28（8）: 1229-1232, 1257.

④ 徐汉青，滕广青，栾宇，等. 知识网络演化中的结构稳定性与知识涌现 [J]. 图书与情报，2019（1）: 53-62.

⑤ 马勇. 知识网络演化的关联关系层次特征研究 [J]. 信息化建设，2019（8）: 61-62.

⑥ PHELPS C, HEIDL R, WADHWA A. Knowledge, networks, and knowledge networks: a review and research agenda [J]. Journal of management, 2012, 38（4）: 1115-1166.

⑦ GENG Z Y, ZHANG L, GU X. Impact of progressive knowledge searching path on innovation network evolution[C]//Strategy in Emerging Markets Management, Finance and Sustainable Development-Proceedings of 2013 International Conference on Strategic Management. Chengdu: Chengdu University of TCM, 2013, 130-133.

为创新网络演化的核心内容是创新与知识的关系重构因素，通过调整创新节点的知识共享关系进行知识网络重构，此外搜索路径的不同导致创新网络性能的不同，进而影响知识网络的演变过程；Hakanen[1]认为在团队中相互合作能够促使知识网络演化，这是因为在合作过程中人与人之间的相互交流会促进知识的扩散演化进而促进知识网络的演化；Pol等[2]开发了对知识网络结构的变化进行测度的方法，该方法的具体原理是基于国际专利分类法引入相关测度方法，对知识网络中发生的变化进行描述。基于新技术的知识网络演化模型，新技术的引入是否真的能对演化进行准确测度尚需进一步验证，此外知识网络演化模型的应用是否可以涉及多领域之间的知识演化可以进行进一步的研究。

综上所述，目前现有相关研究主要侧重于整体知识网络演化过程中的动态增长规律研究，由于知识的积累特性，整体知识网络演化过程中的动态增长特征显著，严格意义上来讲，知识网络不断拓展深化不能代表某一领域的发展变化，能够较好反映某一领域发展变化的是研究主题，但是在知识网络动态增长过程中内部研究主题的变化并不一定是增长的，如特定研究主题会随着时间的推移逐渐消亡，因此如果单纯对知识网络演化进行研究容易忽视研究主题的变化特征，且不能真正反映领域的研究热点、重点。研究主题具有扩张与收敛的变化特征，因此由研究主题构成的知识网络在演化过程中势必具有扩张与收敛特征，基于研究主题的动态发展特征的深化研究有利于在更细粒度上对知识网络的演化特征进行分析，然而目前基于研究主题的知识网络演化研究相对较少，因此可以进一步对知识网络演化的研究进行拓展深化，从研究主题这个更细的粒度出发对知识网络演化进行相关研究。

---

① HAKANEN T. Co-creating integrated solutions within business networks：the KAM team as knowledge integrator[J]. Industrial marketing management，2014，43（7）：1195-1203.

② POL J V D，RAMESHKOUMAR J P，VIRAPIN D，et al. The co-evolution of knowledge and collaboration networks：the role of the technology life-cycle[J]. Scientometrics：an international journal for all quantitative aspects of the science of science policy，2018，114（1）：307-323.

2.2.4 研究主题识别与研究主题演化

目前使用最广泛的主题识别模型是 LDA 主题模型，在分析数量庞大的非结构化数据时相较于其他主题识别模型优势明显，因此无论是在计算机领域还是在与计算机相关的图情领域，都将 LDA 主题模型作为最重要的研究模型之一，并随着技术的发展各领域都对 LDA 主题模型进行了完善。LDA 主题模型是由 Blei 等于 2003 年首次提出，由于技术和理论限制无法对主题的时序变化进行解读[①]；2006 年，Blei 等提出了一系列概率时间序列模型，即动态主题模型[②]（dynamic topic model，DTM），用于分析大规模数据的主题时间演化，使用状态空间模型的自然参数多项式分布表示研究主题，实现研究主题的时序动态变化分析，DTM 除了提供时序定量预测模型，还引入了基于文本内容的大规模数据的内容分析的想法；Newman 等[③]使用分布式计算对 LDA 主题模型进行改善，从局部 Gibbs 采样和基于标准 LDA 主题模型的分层贝叶斯扩展两种方式进行推理，得出分布式学习对于 LDA 主题模型非常有效的结论，在此基础上，提出 AD-LDA 主题模型；Wang 等[④]基于 LDA 主题模型提出改进的 PLDA 模型，该模型可以应用于大型的、真实的应用程序，并且具有良好的可扩展性，能够实现冗长的分布式计算；Liu 等[⑤]认为 LDA 主题模型不能很好地处理各种变化的数据集，因此提出了 hierarchical latent Dirichlet

① BLEI D M, NG A Y, JORDAN M I. Latent Dirichlet allocation[J]. Journal of machine learning research, 2003（3）: 993-1022.

② BLEI D M, LAFFERTY J. Dynamic topic models[C]//Proceedings of the 23rd International Conference on Machine Learning. NewYork: ACM, 2006: 113-120.

③ NEWMAN D, ASUNCION A U, SMYTH P, et al. Distributed inference for latent Dirichlet allocation[C]//Neural Information Processing Systems. NewYork: ACM, 2007: 1081-1088.

④ WANG Y, BAI H J, STANTON M, et al. PLDA: Parallel latent Dirichlet allocation for large-scale applications[C] // Proceedings of the 5th International Conference on Algorithmic Aspects in Information and Management. San Francisco: AAIM, 2009: 301-314.

⑤ LIU P, LEI L, WEI H, et al.HLDA based text clustering[C]//International Conference on Cloud Computing and Intelligent Systems.Washington: IEEE Computer Society, 2013: 1465-1469.

allocation，即 HLDA 模型，该模型可以从大量的离散数据中挖掘出潜在的主题，并将这些主题组织成一个层次结构，这种层次结构可以实现更深层的语义分析；Rosen-Zvi 等[①] 基于 LDA 主题模型提出 author-topic model，利用 Gibbs 采样来估计主题和作者分布，作者与主题多项式分布相关联，主题与文本内容多项式分布相关联，计算作者之间相似度和作者输出熵；Liu[②] 提出 topic-link LDA，该模型在一个统一的框架中执行主题建模和作者社区发现，进而发现高层次主题，揭示和分析文献作者的社交网络。LDA 主题模型在基于文本内容和引文网络的主题识别及主题演化分析中具有十分重要的作用。

（1）研究主题识别

研究主题识别在不同的领域有不同的含义，研究主题识别的概念最早来源于计算机领域，是指利用相关计算机技术对数据、信息、文本等内容中所包含的研究主题识别并表示，一般是利用自然语言处理。后来随着计算机领域与情报学领域的不断融合发展，计算机领域的相关概念、技术和方法被情报学领域广泛使用，研究主题识别在情报学领域有了新的内容。情报学中对研究主题识别的定义如下：对数据库中收录的文献数据利用主题识别模型识别出研究主题，通过对研究主题的分析可以了解领域的研究现状。目前，国内外对于研究主题识别的研究成果众多，下面将对研究成果进行系统综述。

①基于文本内容的研究主题识别，主要基于相关主题模型对文本内容进行主题识别，在图情领域文本内容是指科技文献所构成的数据集，包括文献的篇名、关键词、摘要等题录数据。代表性成果有：Popping[③] 介绍了知识图的概念，认为知识图是一种表示某种科学理论的语义网络，对知识图中隐含

① ROSEN-ZVI M，GRIFFITHS T，STEYVERS M，et al. The author-topic model for authors and documents[C] // Proceedings of the 20th Conference on Uncertainty in Artificial Intelligence. Barcelona：AUAI Press，2004：487-494.

② LIU Y. Topic-link LDA：joint models of topic and author community[C]//ICML'09 Proceedings of 26th Annual International Conference on Machine Learning. New York：ACM，2009：665-672.

③ POPPING R. Knowledge graphs and network text analysis[J].Social science information，2003，42（1）：91-108.

关系、因果关系的强度和排他性进行探讨，并基于知识图实现主题识别；Diesner 等[①] 对领域涉及的相关概念、作者等分别以网络形式表示，基于文本内容的主题识别将概念间、作者间及二者之间网络结构进行表示；Malioutov 等[②] 提出了一种新的无监督文本分割算法，优化标准化分割准则，通过对词汇分布的对比来分析该框架，对文本主题识别的方式进行了优化；Coursey 等[③] 将图中心性算法应用于自动主题识别，同时基于该模型在手动分配主题的数据集上进行测试，主题识别效果更加出色；Yan[④] 基于 LDA 主题模型对文献数据进行主题识别，主要针对图情领域，通过主题识别分析领域的热点研究主题、重点研究主题，以及预测领域未来可能会出现的研究主题，对整个领域的发展演变过程进行归纳总结；王曰芬等[⑤] 基于 LDA 主题模型进行主题抽取，对领域研究主题及全局研究主题的差异性进行分析，并从 4 个维度进行具体解释。基于文本内容的研究主题识别主要是基于算法、模型等实现文本主题抽取识别。

②基于引文网络的研究主题识别，主要通过利用社区探测算法对科技文

① DIESNER J, CARLEY K M. Revealing social structure from texts[J]. Causal mapping for research in information technology, 2004, 81（3）: 65-72.

② MALIOUTOV I, BARZILAY R.Minimum cut model for spoken lecture segmentation [C]// CARPUAT M, DUH K. Proceedings of the 21st International Conference on Computational Linguistics and the 44th Annual Meeting of the Association for Computational Linguistics. Stroudsburg: Association for Computational Linguistics, 2006: 25-32.

③ COURSEY K, MIHALCEA R. Topic identification using Wikipedia graph centrality[C]// CHELBA C, KANTOR P, ROARK B. Proceedings of Human Language Technologies: the 2009 Annual Conference of the North American Chapter of the Association for Computational Linguistics, Companion Volume: Short Papers. Stroudsburg: Association for Computational Linguistics, 2009: 117-120.

④ YAN E. Research dynamics, impact, and dissemination: a topic-level analysis[J]. Journal of the Association for Information Science and Technology, 2015, 66（11）: 2357-2372.

⑤ 王曰芬, 傅柱, 陈必坤. 基于 LDA 主题模型的科学文献主题识别: 全局和学科两个视角的对比分析 [J]. 情报理论与实践, 2016, 39（7）: 121-126, 101.

献引文网络进行文献聚类分析从而识别主题。例如：Sese 等[①]认为数据处理的最新进展使大型复杂图形的生成成为可能，基于大型图提取具有公共项集的子图，研究网络关系中的信息结构，并通过算法对数据结构进行解读验证；Dmitry[②]提出了一种方法和算法确定意义循环路径文本，将规范化的文本数据可视化为图形，并使用网络分析导出概念文本作为一个整体的关键度，使用得到的数据和图形来检测关键概念，这些概念在文本中充当意义循环的连接点，由词社区（主题）组成的上下文聚类形成意义循环路径，完成主题识别的过程；Zubcsek 等[③]提出了一个可变集团重叠模型以识别社区网络知识，并对社区网络中涉及的子群进行识别；Krems 等[④]构建跨时空互动网络，基于该网络结构实现时序与网络变化相结合，从而实现基于时序变化的主题识别；Zhao 等[⑤]提出面向主题的社区检测方法，结合了社会对象聚类和链接分析，使用子空间聚类算法将所有社会对象分组为主题，将参与的成员划分为主题集群，集群对应不同的主题，并对每个主题聚类进行链接分析检测主题社区；Kas 等[⑥]认为电子资源的日益普及促使人们能够迅速传播思想，由于社会网络具有动态的、不断发展的特点，因此需要建立复杂的、相互关联的引用

① SESE J，SEKI M，FUKUZAKI M. Mining networks with shared items[C]//Proceedings of the 19th ACM International Conference on Information and Knowledge Management. Toronto：CIKM 2010，2010：1681-1684.

② DMITRY P. Identifying the pathways for meaning circulation using text network analysis [EB/OL]. [2020-10-16]. http://noduslabs.com/publications/Pathways-Meaning-Text-Network-Analysis.pdf.

③ ZUBCSEK P P，CHOWDHURY I，KATONA Z. Information communities：the network structure of communication[J]. Social science electronic publishing，2011，38（1）：50-62.

④ KREMS J A，DUNBAR R I M. Cliquesize and network characteristics in hyperlink cinema[J]. Human nature，2013，24（4）：414-429.

⑤ ZHAO Z，FENG S，QIANG W，et al. Topic oriented community detection through social objects and link analysis in social networks [J]. Knowledge-based systems，2012，26（1）：164-173.

⑥ KAS M，CARLEY K M，CARLEY L R.Trends in science networks：understanding structures and statistics of scientific networks[J]. Social network analysis and mining，2012，2（2）：169-187.

关系网络，这些网络通过新论文和作者的出现而不断发展和扩大，研究利用社会网络中心性分析、拓扑分析、幂律特征研究、出版时间序列分析和合作频率分析等技术对高能物理数据集进行了广泛的分析；Ozyer 等[1]认为社会网络分析和挖掘技术的发展促使图论和机器学习技术分析被广泛引用，基于社会网络促使知识社区形成；Mougel 等[2]将社区网络引文数据集编码为有关联的标签图，基于图算法计算得出约束模式，这些约束模式包括游离知识单元的数量、大小及标签的数量，这种标签图的形式更适用于大规模数据集的主题识别；罗双玲等[3]基于引文网络识别领域主题，提出将"半积累"概念引入引文网络，通过社区主题识别方法识别研究主题，并基于引用强度构建主题识别演化路径。基于引文网络的研究主题识别更加侧重于网络结构的构建，并对主题识别的演化路径展开初步探讨。

综上所述，研究主题识别的相关研究主要围绕文本内容或引文网络一个层面展开，义本内容更加侧重于文献内部之间的关系，而引文网络更加侧重于外部文献之间的引用关系，因此单独的文本内容或引文网络不能准确全面地对某一领域研究主题进行完全识别，将二者进行结合实现了对文献内容及引用的综合分析，能够更好地实现研究主题的识别。但由于引文具有不确定的跨领域性，如何准确识别领域内部研究主题将是研究人员需要考虑的问题，如何融合引文与内容两个维度也是需要解决的问题，这些问题都需要进一步开展相关研究。

（2）研究主题演化

研究主题演化，指的是由于文献之间存在一定的相关关系，通过文献特征对文献数据集合进行分析，基于时序变化对研究主题的发展演变规律进行分析，进而对整个学科领域的研究热点、重点、现状及发展趋势进行预测分

① OZYER T, ROKNE J, WAGNER G, et al. The influence of technology on social network analysis and mining [M]. New York：Springer Verlag，2013.

② MOUGEL P N, RIGOTTI C, PLANTEVIT M, et al. Finding maximal homogeneous clique sets[J]. Knowledge and information systems，2014，39（3）：579-608.

③ 罗双玲，张文琪，夏昊翔. 基于半积累引文网络社区发现的学科领域主题演化分析：以"合作演化"领域为例 [J]. 情报学报，2017，36（1）：100-110.

析。目前，在情报学领域研究主题演化问题备受关注，经过多年积累，具有丰富的研究成果，与研究主题识别的研究相同，也分为两类：一类是基于文本内容的主题演化研究；另一类是基于引文网络的主题演化研究。下面将对这两类研究进行具体介绍。

①基于文本内容的主题演化研究，该类研究基于文献数据的文本内容进行主题识别，并基于文本相似度建立相邻时间窗口的联系，进而对研究主题的演化进行分析。

Holsapple 等[1] 提出了基于知识链模型的内容识别方法，预测知识结构中研究主题的发展变化；Mcevily 等[2] 认为文本内容的内部知识等具有复杂性和特殊性，需围绕知识的内在特性制定相应的战略框架，促进研究主题的不断演化以延缓知识单元的衰老；Griffiths 等[3] 提出识别文档内容的第一步是确定文档所涉及的主题，基于主题分布和贝叶斯模型选择确定主题的个数并进行主题识别获取，通过主题分析和动态时间分布识别出研究热点并标记语义内容；Kontostathis 等[4] 提出新兴趋势检测系统（emerging trend detection，ETD）可对新兴研究主题进行自动检测；Ahmed 等[5] 认为聚类是一项重要的数据挖掘工作，可以用于探索和可视化不同的数据类型，其中对部分具有演化性质的数据称为动态聚类，动态聚类涉及平滑的聚类算法，作者引入 topic Dirichlet process mixture model（TDPM）作为演化聚类的框架，该框架可以随

① HOLSAPPLE C W, SINGH M. The knowledge chain model：activities for competitiveness[J]. Expert systems with applications，2001，20（1）：77-98.

② MCEVILY S K, CHAKRAVARTHY B. The persistence of knowledge based advance：an empirical test for product performance and technological knowledge [J]. Strategic management journal，2002，23（4）：285-305.

③ GRIFFITHS T L, STEYVERS M. Finding scientific topics[J]. Proceedings of the National Academy of Sciences of the United States of America，2004，101（S1）：5228-5235.

④ KONTOSTATHIS A, GALITSKY L M, POTTENGER W M, et al. A survey of emerging trend in textual data mining[M]. New York：Springer Verlag，2004：185-224.

⑤ AHMED A, XING E P. Dynamic non-parametric mixture models and the recurrent chinese restaurant process：with applications to evolutionary clustering [C]//Proceedings of the SIAM International Conference on Data Mining，Atlanta，Georgia. USA：SIAM，2008：219-230.

着数据的增加自动增加集群的数量，基于该框架模型对领域数据进行仿真拟合并建立模拟数据集和真实数据集，在模拟数据集上建立高斯因子的动态混合模型，在真实数据集上建立简单的非参数动态聚类主题模型，并将其应用于 NIPS12 文档集的分析，用来分析研究主题的动态演化现象和规律；Daud 等[①] 对 directed probabilistic topic models （DPTMs）进行了介绍，并基于该模型实现了文本语料库中语义相关的计算，从而进行主题建模，由于文本内容由不同的隐藏主题组成，主题概率提供了文本内容的显性表示，识别研究主题，研究在相邻时间窗口的发展变化规律并进行总结；Elshamy[②] 认为主题模型是在文档集合中发现主题的概率模型，能够提供组织非结构化数据集的方法，也可以在一段长时间内在大批量的文献数据集中发现热点研究主题，作者基于 online-hierarchical Dirichlet process models（简称 Online HDP 模型）对具有时变主题数的文档进行建模，分析时间变化下研究主题结构的发展变化；王效岳等[③] 基于主题识别模型引入相似度算法对研究主题的演变与发展进行研究。基于文本内容的主题演化研究多集中于主题识别模型的构建与应用，以识别和分析文本中的主题，一般而言是基于 LDA 主题模型的改进或在 LDA 主题模型上引入新算法进行分析研究。

②基于引文网络的主题演化研究，该类研究一般通过构建引文网络，也就是文献之间的引用关系，研究主题之间关联关系在时序上的变化特征，关于该类主题演化的研究如下：Ponz[④] 探讨了知识管理发展初期的知识结构和跨学科广度，将主成分分析应用于作者共引频度矩阵，建立了作者的知识结

---

① DAUD A, LI J, ZHOU L, et al. Knowledge discovery through directed probabilistic topic models: a survey [J]. Frontiers of computer science in China, 2010, 4（2）: 280-301.

② ELSHAMY W S. Continuous-time infinite dynamic topic models [D]. Manhattan: Kansas State University, 2013.

③ 王效岳，刘自强，白如江，等 . 基于基金项目数据的研究前沿主题探测方法 [J]. 图书情报工作，2017，61（13）: 87-98.

④ PONZI L J. The intellectual structure and interdisciplinary breadth of knowledge management: a bibliometric study of its early stage of development[J]. Scientometrics, 2002, 55（2）: 259-272.

构，基于作者共引对知识管理的跨学科广度进行分析，进而分析知识管理研究主题的主题演变规律；Small[1] 探讨了在 3 个时间段内使用共引聚类来跟踪研究领域的出现和发展，并预测其近期变化的可能性，综述了共引聚类、映射的形成方法，讨论了"单一问题群"的合并因素，并用一种新的度量方法，即组内引文来处理；祝清松等[2] 对主题演化的重要作用进行概述，并提出利用文献共被引进行主题演化分析，引入引文主路径的研究方法对领域内部研究主题进行识别并归纳演化规律；王卓等[3] 通过构建引文网络，对学科领域间研究主题的演化进行分析，对学科融合中研究主题的发展变化和学科领域的发展演变趋势进行总结。目前，基于引文网络的主题演化多侧重于在引文网络构建中增加新的方法、算法或模型等，通过引文网络对研究主题的动态演化规律进行总结。

综上所述，目前基于研究主题演化分析的相关成果比较侧重于方法实证等实践类的工作，对于研究主题演化相关理论进行的研究较少，对规律的总结或是机理的探讨相对较少；同时多侧重于通过单一文本内容或引文网络去测度学科领域发展，学科领域的发展测度需全面准确，单一因素的影响具有偶然性。以上问题都需要进一步研究，总结规律机理，探讨文本内容与引文网络相结合的可行的方式和方法。

此外，由于信息技术的不断发展，基于信息技术的可视化技术逐渐发展成熟，研究主题演化一般由可视化方法呈现，二者一般是相互依存的关系，因此目前国内外对于研究主题演化可视化的相关研究也比较多。在研究主题演化分析中，可视化分析技术快速发展，并出现了许多可视化分析的工具、方法、图谱等，由最初的图表图像逐渐发展为动态的人机交互式界面等。可视化分析方法的逐渐成熟对于研究主题的演化分析也具有十分重要的作用，

① SMALL H. Tracking and predicting growth areas in science[J]. Scientometrics，2006，68（3）：595-610.

② 祝清松，冷伏海. 基于引文主路径文献共被引的主题演化分析 [J]. 情报学报，2014，33（5）：498-506.

③ 王卓，王宏起，李玥. 基于引文网络的不同研究领域融合对主题演化影响研究 [J]. 情报理论与实践，2019，42（9）：104-110.

能够更好地展示学科领域研究主题的动态发展变化过程，从而更为直观地反映演变规律。当然，演变规律的总结和可视化图谱的解读依赖于研究人员本身的专业素养，但是可视化也为研究人员提供了一种新的解决问题的方式。

目前关于研究主题可视化的工具及方法众多，各有其优势和不足，尤其在针对文本内容和引文网络上无法做到二者兼顾，即使勉强做出可视化图谱，效果也不尽如人意。本书将从文本内容和引文网络两个方面对健康信息领域研究主题扩张与收敛特征进行归纳，并总结出领域的动态演变规律，需在两个方面同时进行可视化，因此在可视化工具及方法的选择上需要能比较好地展示兼顾两个方面特点的研究工具与方法。

2.2.5 研究现状述评

（1）健康信息领域研究述评

本章从健康信息管理与服务、健康信息素养与教育、健康信息保护与信息技术影响、健康信息交流与传播4个方面对健康信息领域的研究展开论述，主要研究内容如表2–1所示。

表2–1 健康信息领域研究内容

内容分类	一级内容	二级内容	三级内容	四级内容
健康信息管理与服务	健康信息管理	电子健康信息管理系统	实践类	电子健康信息系统平台构建
				电子健康信息系统模式建设
			理论类	电子健康信息系统的问题改善
	健康信息服务	健康信息管理系统	—	—
		图书馆	医学图书馆	
			公共图书馆	
			高校图书馆	

内容分类	一级内容	二级内容	三级内容	四级内容
健康信息素养与教育	健康信息素养	定义、内涵、概念	—	—
		基于系统的素养		
		素养评价		
		素养教育	高校及各类图书馆	
健康信息素养与教育	健康信息教育	概念、影响		
		高等教育（重要性、必要性）		
		图书馆教育		
健康信息保护与信息技术影响	健康信息保护	隐私保护	—	—
	电子健康档案	建设		
		区域卫生信息化		
		互联网＋医疗		
健康信息交流与传播	健康信息交流、共享或传播系统构建	—		
	健康信息交流或传播问题及健康信息质量控制			

　　健康信息管理与服务方面，健康信息管理主要基于电子健康信息管理系统，包括对电子健康信息管理系统的平台和模式构建等实践类研究，也包括系统地论述、定义、构建方式方法、存在的不足与改进建议及意义等理论类研究；健康信息服务主要基于平台、图书馆及其他3种形式，针对不同的用户有不同的信息服务策略，尤其是对于老年人、残障人士等，健康信息服务策略更加具有特色性和差异性。健康信息素养与教育方面，针对健康信息素养的定义、内涵、概念等开展研究，探索基于健康信息管理系统提升健康信息素养的方法，对公众健康信息素养开展评价研究，同时探索高校及图书馆等机构如何开展健康信息素养教育；在健康信息教育方面，对健康信息教育和

高等教育相结合的教育模式进行探索，并对这种模式的重要性和必要性进行阐述，对健康信息教育的概念、内涵等做出界定，并对健康信息教育的影响进行阐述，探索图书馆在健康信息教育方面所起到的重要作用及教育方式。健康信息保护与信息技术影响方面，健康信息保护主要是指健康信息隐私保护；而信息技术对健康信息领域的影响主要包括电子健康档案的建设，基于电子健康档案的区域卫生信息化，以及"互联网+"视角下的医疗健康事业。健康信息交流与传播方面，包括健康信息交流、共享或传播系统的构建，健康信息交流或传播所存在的问题，以及交流或传播过程中健康信息的质量控制。

综上所述，目前健康信息领域的研究存在以下问题。

①定义、概念及内涵研究尚需深化，健康信息领域涉及管理学、信息学、传播学、医学等多个领域，因此针对健康信息领域的概念需开展进一步的深化研究，尤其需要与交叉学科间的相似概念进行区分，明确相关概念之间的差异与特点，为后续相关研究奠定基础。

②关于国内外研究现状的对比研究在整个领域的研究中占比极大，一般的研究方法是选取国外典型的案例分析其内容、特点，总结相关的建设经验并提出完善的建议。不可否认的是，国外对于健康信息领域的研究开展早，发展已具一定的规模，国内相关研究起步晚但发展迅速，由于国情、社会发展、政治体制等的不同，国内基于健康信息领域的研究也具有一定的特色和可取之处，因此应当尽可能把这部分特色内容进行挖掘分析，形成具有国内特色的健康信息领域相关研究，推动整个领域的发展。

③信息技术的不断发展对于健康信息领域的研究起到了促进作用，基于新兴技术的健康信息管理、健康信息服务的研究得到快速发展，为健康信息领域注入了新的研究内容。但是，由于对信息技术的把握还不是很到位，健康信息领域也极具特色，再加上健康信息领域的具体研究内容在城市、地区、国家间存在较大的差异，单纯依赖部分信息技术的研究只在表面或形式上做文章，并不能真正落实落地，导致部分基于信息技术的研究过于空洞，因此该部分的研究有待进一步深化。

④目前，健康信息领域的研究呈现多个研究主题共同发展的研究现状，

部分研究主题逐渐成熟，新兴研究主题频发，研究热点尚未明确，但目前健康信息领域的研究缺乏对整个领域在宏观层面上的探索，需要进一步开展整体研究。

因此，本书将针对整个健康信息领域进行宏观的整体研究，明确相关概念的研究主题，发现特色研究主题，对新兴技术等对研究主题的影响进行揭示，在此基础上对整个领域的研究主题扩张与收敛现象进行研究，分析领域研究主题扩张与收敛特征，总结健康信息领域研究主题动态演化规律。

（2）研究主题演化发展现状评述

基于上述研究主题演化的研究综述，研究主题演化相关或涉及的内容较多，知识增长、知识扩散、知识网络演化等对于内涵、概念、模式等研究相对较多，同时一般是针对整个知识网络的宏观研究；而研究主题识别和研究主题演化多集中于文本内容或引文网络某一方面，二者相结合的研究相对较少。综上所述，目前研究存在以下问题。

①目前知识增长、扩散和演化研究大都聚焦于微观视角下的科学文献引用关系探索知识扩散（扩散速度、广度等），但是对于中观视角下的研究主题（知识群落、集群）时序变化机理相关研究有待深化。

②未将外部引文、内部文本和研究主题演化三者结合起来进行分析。外部引文、内部文本都属于领域研究主题识别及其演化的重要特征，三者结合分析可将领域研究主题演化的发展过程与规律分析得更为深入。

③领域研究主题演化相关成果大都侧重于主题演化路径识别的实践工作（如何有效识别研究主题演化路径、绘制主题演化路径图谱等问题），缺少对领域研究主题演化规律的深入揭示，难以全面把握知识增长过程中的研究主题时序演化特征，影响了领域研究主题演化分析的准确性。

因此，本书拟兼顾内部文本与外部引文要素，从知识增长、扩散过程中的研究主题扩张与收敛现象切入，探索健康信息领域研究主题结构性、系统性时序变化问题，即对知识增长、扩散过程中的研究主题扩张、收敛时序演变过程进行动态跟踪建模，以期揭示健康信息领域研究主题扩张与收敛的基本特征，并以之为基础，归纳、总结健康信息领域研究主题的动态演化规律。

2.3 理论基础

2.3.1 生命周期理论

1966年，Karman首先正式提出生命周期理论(life-cycle approach)，1976年，Hersey和Blanchard发展了该理论。生命周期理论最初起源于生物学领域，用来描述生物个体的出生、成长、成熟、衰老和死亡阶段，如图2–2所示。后来随着学科的交叉融合与发展，生命周期的概念被引入其他领域，从而形成了新的研究内容。目前，生命周期理论的应用十分广泛，可以应用于个人、家庭、社会、国家等一系列客观存在，也可以应用于学科领域研究。目前生命周期理论广泛应用于管理学、经济学、金融学、传播学等学科，不同的学科领域基于生命周期理论形成了不同的、具有学科特色的新内容。例如，在企业管理领域，企业生命周期用来描述企业的初创、求生、高速成长、成熟、衰退各阶段[①]；在舆情传播领域，舆情生命周期包括舆情孕育、爆发、蔓延、转折、休眠[②]。由此可以看出，生命周期理论是用来描述事物从产生、发展到消失的发展演变过程的。

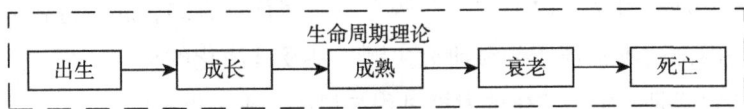

生命周期理论

出生 → 成长 → 成熟 → 衰老 → 死亡

图2–2 生命周期理论表示

在图情领域，生命周期理论被广泛应用于文件、论文、信息、数据、学科领域的发展变化研究，从产生到消亡一般都会经历萌芽、探索、加速发展、稳定发展、衰退等时期。有学者对学科领域发展进行研究，认为学科领域的发展一般会经历生成、生长、成熟、蜕变和衰退5个时期[③]；此外还有

① 季跃华. 基于生命周期理论的建筑企业成长战略研究 [D]. 成都：西南交通大学，2005.
② 王根生，胡冬冬. 基于生命周期理论的自媒体环境下医疗突发事件舆情演化研究 [J]. 内蒙古农业大学学报（社会科学版），2018，20（6）：83-90.
③ 马文仁，郭石明. 基于生命周期理论的大学学科组织发展研究：以我校教育经济与管理学科为例 [J]. 浙江工业大学学报（社会科学版），2011，10（3）：290-295.

学者将学科领域的生命周期划分为萌芽期、成长期、成熟期、衰退期[①]。最能直观反映某一学科领域发展与变化的就是该学科领域的主题词频次和研究主题，但由于存在爆发词等因素，主题词频次存在较大的偶然性，用来描述学科领域的发展状况不够科学；而研究主题在短时期内相对稳定，描述领域发展状况也更加科学，因此基于研究主题的生命周期能够较好地反映学科领域的发展变化。研究主题作为能够概括总结学科领域主要研究内容的重要指标，其生命周期和学科领域生命周期大致相同，可以更加细化为生成、生长、扩张、成熟，或者是生成、生长、收敛、消亡的过程，下面将对研究主题反映学科领域变化的可行性进行具体论述。

根据时间演变可以将学科领域生命周期分为萌芽期、成长期、成熟期、衰退期4个阶段，每个阶段的研究主题特征如下：萌芽期，领域刚刚生成，研究成果少，研究者之间的沟通交流少，研究主题数量也少；成长期，领域经历了一定时间的发展，研究成果积累增多，研究者之间的交流合作明显增多，研究主题数量快速增长，新兴研究主题呈现爆发趋势；成熟期，研究成果继续累积，研究者之间的交流合作趋于固定并形成更加专业化、精细化的理论成果，研究者之间的争论增多，研究主题数量逐渐趋于稳定，部分研究主题趋于衰落，新兴研究主题逐渐减少；衰退期，研究成果累积速度大大放缓，研究者减少且研究者之间的相互交流也逐渐减少，研究主题数量呈现大幅减少趋势，具体如图2-3所示。

综上所述，研究主题的发展随着时间的变化具有一定的规律性，既不会无缘无故出现也不会凭空消失，在连续性上比主题词频次更具稳定性。研究主题会根据整个学科领域的变化，尤其是研究成果的数量，与研究人员之间形成某种特定的联系，进而形成一定的变化规律。因此，利用研究主题的发展演变特点来判断整个领域的演变规律是可行的。

---

① 姚宏霞，傅荣，吴莎．互联网群体协作的知识网络演化：基于 SECI 模型的扩展 [J]．情报杂志，2009，28（1）：59-62.

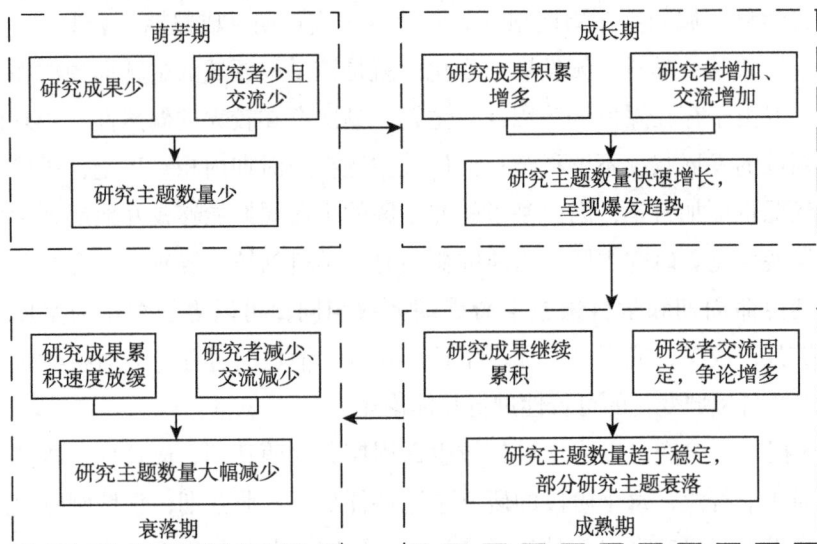

图 2-3 生命周期各阶段特点

2.3.2 时间序列分析基本理论

时间序列分析方法来源于数理统计领域，1927 年，数学家 Yule 构建了 AR 模型预测市场的发展变化规律，AR 模型即自回归模型，是最早运用时间序列分析方法构建的数理统计模型；1931 年，Walker 基于 AR 模型提出了 MA 模型，即移动平均模型。这两个模型的提出奠定了时间序列分析理论的基础。随着学科的不断融合，时间序列分析理论在与其他学科的理论方法不断融合的过程中进一步发展，产生了新的研究内容和研究方法，尤其是与计算机领域交叉发展，时间序列分析的方法与计算机相关的技术和方法进行融合，出现了新的研究内容。

时间序列理论具有两个维度，分别是数据特征维度及时间特征维度[①]。因此，时间序列模型的定义同样具有两个方面，一方面是基于数据的变化，另一方面是基于时间的变化，即时间序列是指一组数据随时间的变化而变

---

① AIGNER W，MIKSCH S，SCHUMANN H，et al. Visualization of time-oriented data[M]. London：Springer，2011.

化，或者是数据按照时间顺序排列^①。由此可以看出时间序列具有两个特征：第一，时间序列是一组动态、不断发展变化的数据；第二，时间序列的数据是一种客观存在，是指在客观环境中就真实存在的，并非通过人为干预获得的。这组数据能够真实反映某种客观现象，进而总结出客观规律。此外，基于时间序列的数据适应方法，时间序列的特征有不同的表示，具体如图2-4所示^②。

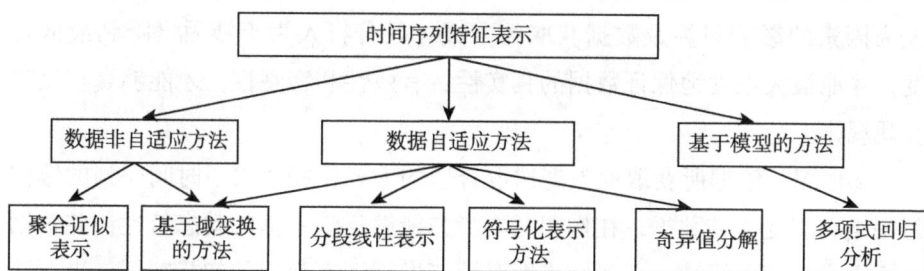

图 2-4　时间序列特征表示

时间序列具有以下特点[③]。

①时间序列的数据是动态变化的，同时下一个时刻的数据与上一个时刻的数据存在着一定的联系，因此时间序列数据能够反映发展变化的规律。

②时间序列有两类，一类是数据在一段时期内波动较为平稳，称为平稳时间序列；另一类在一段时期内波动明显变化较大，这类称为非平稳时间序列。数据变化状态是区分二者的重要标志。其中，平稳的时间序列表示其本质特征在当前时刻的状态也将是未来时刻的状态，这对于趋势预测具有重要意义。

③时间序列的数据规模是不断发展壮大的，由于技术水平的提高、数据

① 戚陆越，吴升.时间序列数据可视化研究综述 [J].微型机与应用，2015，34（12）：7-10.

② 李海林，郭崇慧.时间序列数据挖掘中特征表示与相似性度量研究综述 [J].计算机应用研究，2013，30（5）：1285-1291.

③ 杨海民，潘志松，白玮.时间序列预测方法综述 [J].计算机科学，2019，46（1）：21-28.

采集方式的不断完善等诸多原因，能够获取和收集的数据是不断增加的，这有利于研究的进一步拓展与深化。

在目前研究中受到众多学者认可并经常使用的时间序列模型主要有4种，包括 AR 模型、MA 模型、ARMA 模型和 ARIMA 模型，其中 ARMA 模型由 AR 模型、MA 模型组合而成，而前三者是 ARIMA 模型的特殊形式。

时间序列理论的方法步骤如下。

①数据获取，这类数据是客观现象的自然表达，不经过人为干预处理，人为因素的影响只涉及数据获取的方式，只有将人为干涉因素降到最低程度，才能最大限度地保证数据的真实性、有效性和客观性，才能够真实反映客观规律。

②作图，依据所获取的数据选取合适的方式作图，由于时间序列的数据是一组动态变化的数据，在作图时要考虑能够反映数据的动态特性，并根据分析得出自相关函数。一般在作图时即能发现动态数据的初步特征，进而选取合适的模型进行拟合。针对不同的特殊情况，需选取不同的模型，必要时可以考虑分段拟合的方法。

③曲线拟合，用时间序列模型对曲线进行拟合。由于时间序列分为平稳时间序列和非平稳时间序列，在用模型去拟合曲线时需注意模型选取，平稳时间序列一般可以直接采用时间序列模型拟合，而针对非平稳时间序列需先转化为平稳时间序列，一般是通过差分计算进行转化，然后就可以基于时间序列模型进行建模预测。

目前，时间序列模型相关基本理论已广泛应用于水文监测、气象监测、地质灾害预警、航空航天等领域，在图情领域的应用包括期刊评价、主题趋势预测、数据挖掘等。

2.3.3　引文分析理论

引文分析（citation analysis）基于数理统计与逻辑研究方法，对学术期刊、文献、作者等分析对象之间的引用或被引用现象进行分析，对分析对象之间的特征与规律进行归纳总结，引文分析是一种揭示分析对象之间关系与规律的文献计量方法[①]。1955 年，Garfiel 发表 "Citation index for Science" 一文[②]，标志着引文分析方法正式被应用于文献计量分析领域。引文分析是图情领域重要的研究方法，目前被广泛应用于各领域的科技评价，包括文献变化规律、人才评价、期刊评价、学科评价等方面。科技文献一般都会带有引文，因此引文分析具有十分广泛的适用性。此外，引文分析的相关理论与方法通俗易懂，一般不会借助较为复杂的工具，不需要专业的基础知识，因此引文分析也具有简单、易用的特性。

引文分析中有许多比较重要的测度指标，比如自引和自引率、影响因子、共引、引文耦合、即时指标等，下面进行具体介绍。

①自引即是引用自己的文献，自引率是指自引所占总体引用的比重，这个 "自己" 的概念可以指个人、机构、期刊、学科、时期等，只要与 "总体" 的概念相对应即可。

②影响因子是指一段时期内，一般是两年内文献被引次数占总文献数量的比例，尽管以影响因子作为评价作者与期刊的方式受到了质疑，但到目前为止，影响因子依然是国际公认的评价文献质量、期刊影响力等的重要指标之一。

③共引是指两篇及以上的文章同时被其他一篇或多篇文章引用，那么这两篇及以上的文章之间就有共引关系，而被引用的次数即为这两篇及以上文章的共引强度。

④引文耦合是指两篇文章同时引用其他一篇或多篇相同的文章，那么这两篇文章之间就具有耦合关系，同时引用的文章越多说明两篇文章之间的关系越紧密，引用的耦合程度就越高，反之则相反。

⑤即时指标又称当年指标，指的是文献发表当年被引用的次数。

引文分析目前被广泛应用于文献评价、期刊评价、学科评价等多个领

---

① PATEL E, KEOGH E, LIN J, et al. Mining motifs in massive time series databases[C]// Proceedings of IEEE International Conference on Data Mining. Washington, D.C.: IEEE Computer Society, 2002: 942.

② GARFIEL E. Citation index for science[J]. Science, 1955, 122 (3159): 108-111.

域，主要基于上述指标进行测度。

文献评价中引文分析可以对文献的老化规律进行研究，引文的年代分布与文献的年代分布之间具有一定的相关关系，因此在评价文献老化时可以参考引文的老化情况。此外，文献的被引频次也是反映文献质量及文献老化的重要指标之一。

期刊评价中引文分析可以通过文献的聚类确定期刊涉及的研究领域或学科情况，同时可以通过文献被引等指标测度期刊质量，确定某一学科的核心文献和核心期刊情况。

学科评价中通过该学科领域中文献的被引次数和被引频率能够确定该学科的影响力。此外通过基于引文构建引文网络并进行聚类，可以分析出学科领域内部作者之间的合作关系，也可以对学科领域的研究现状、发展演变规律及学科间交叉融合情况进行相关分析，明确学科领域的学科结构。

2.3.4　内容分析的基本理论

关于内容分析（content analysis）最早的研究出现于 20 世纪初期，来源于新闻传播领域，是一种定性与定量相结合的研究方法[①]。文献分析方法一般用来分析文本内容的客观特征，其研究对象十分广泛，凡是有意义的一段内容都可以是内容分析的对象，在图情领域中内容分析的主要对象一般是文献，包括题名、作者、单位、摘要、关键词、引文等。内容分析的基本过程是根据文本内容设定假设，然后将内容所包含的客观特征归纳为可被计算的数据描述，通过定量计算、统计、建模、比较、归纳等数理方法，分析数据描述的特征，再根据特征定性描述[②]。

内容分析具有客观性、定量性和系统性的特点[③]，其客观性表现在分析时会根据标准化的分类方式进行层次性划分，能够有效避免研究人员的主观性

---

① MCCAIN K. Mapping authors in intellectual space：a technical overview[J]. Journal of the American Society for Information Science，1990，41（6）：433-443.

② BORNMANN L，DANIEL H D.What do citation counts measure？ A review of studies on citing behavior[J]. Journal of documentation，2008，64（1）：45-80.

③ 邱均平，邹菲. 关于内容分析法的研究 [J]. 中国图书馆学报，2004（2）：14-19.

影响分类结果；定量性表现在虽然是基于文本内容的分析，但会将内容定量表示成可计算的数据结果；系统性表现在内容分析可以展现一个时间段内文本内容的变化发展过程，且这种变化具有连续性。在图情领域中，研究工作多数基于文献内容类分析某一具体领域的发展演变过程，由于引文分析方法具有上述这些特征，因此能够实现相关分析。

图情领域内容分析的主要研究对象是科技文献，通过对某一领域内的文献资料进行内容分析可以获取该领域的主要研究主题，通过研究主题的定量分析可以掌握领域的研究热点与重点，以及研究现状、发展变化等动态演化过程，总结出相关规律描述领域的发展特点，进而推动领域的发展进程。在图情领域，内容分析的方法流程具体包括以下内容[①]。

①根据某一领域现有研究结果进行分析，提出研究假设，明确内容分析的目标。

②数据获取。依据研究目标获取领域研究数据，并进行数据预处理。研究数据的质量会直接影响分析结果的质量，因此在获取数据时需要根据研究目标慎重选取和处理数据，但在此过程中，应尽量保证数据的客观性，避免主观因素的影响。

③内容抽取。基于一定的分类标准对数据进行内容抽取，分类标准需具有以下特点：第一，分类应该保持一致性，根据数据特点选取一个属性进行分类；第二，分类需全面彻底，保证分类所有数据，不能出现数据不知归属哪一类别的现象；第三，分类需具有明显的层级和维度，以区分数据的层次；第四，分类维度的确定需在内容分析前做好预先设计，并确定所要使用的方法。

④内容的定量化处理。可以依据数学计算、统计分析的数理统计方法或对比、归纳的逻辑研究方法实现对内容的定量化处理和计算。

⑤计算结果的信度和效度分析。依据相关信度与效度的检验方法对计算结果进行验证。

① 孙瑞英，毕强.内容分析法在图书情报领域的研究现状及应用趋势分析[J].情报科学，2005（1）：148-152.

⑥结果分析。依照结果对研究假设进行验证。

以上过程如图 2-5 所示。

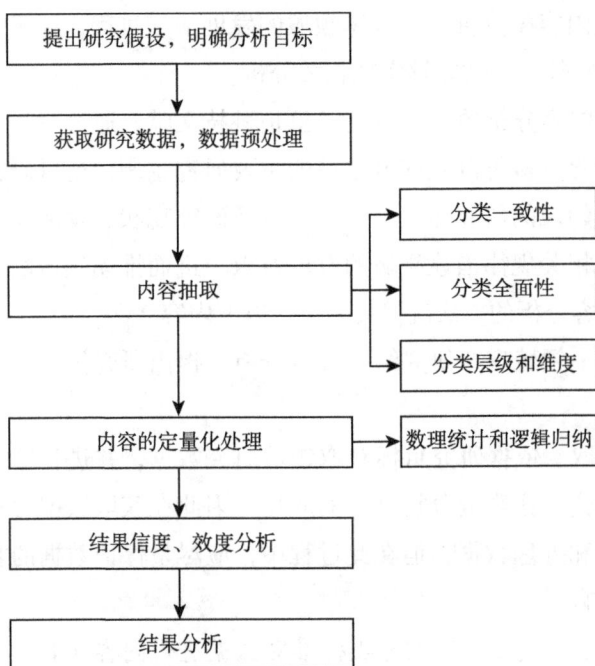

图 2-5 内容分析方法流程

2.4 本章小结

本章围绕研究目标对相关概念、理论及方法的国内外研究现状进行了归纳分析和总结述评，对目前相关研究中所存在的重要问题进行汇总整理，为后续开展本书的研究工作提供了理论与方法支撑。

首先，梳理了"社交媒体""健康信息""研究主题""主题演化""知识网络"的概念，基于已有的相关研究对本书研究的关键概念进行了界定，明确了本书的研究对象。

其次，分别对健康信息领域、知识增长、知识扩散、知识演化和研究主题演化的相关研究进行综合述评，明确健康信息领域目前主要的研究内容及存在的不足。同时对知识增长和研究主题演化的相关内容进行归纳总结，讨论目前研究主题演化领域的不足之处，并论证本书主要研究内容的可行性。

最后，从生命周期理论、时间序列分析基本理论、引文分析理论及内容分析的基本理论 4 个方面为本书将要进行的研究内容提供理论基础和依据。

3 研究框架

上一章从文献调研的角度梳理了相关概念及本书所需的理论基础，对国内外相关问题的研究现状进行了综述归纳，明确了已有的相关研究工作所取得的研究成果中的不足。本章将从研究问题的角度出发，针对目前研究中存在的问题，对本书的研究数据和研究框架进行说明。

本章首先对健康信息领域进行简介，然后对研究数据收集获取步骤进行具体介绍，进而提出后续主要研究的系统性的研究框架。概括来说，本章主要包括 3 个方面的内容：第一，健康信息领域简介，继而重点进行研究数据和研究框架的说明；第二，研究数据说明，阐述研究数据的来源数据库及其选择依据、检索策略，以及健康信息领域文本和引文数据的下载获取情况；第三，研究框架说明，首先介绍研究框架的整体逻辑结构，然后分别对本书 3 个主要研究内容的研究框架进行详细介绍。

3.1 健康信息领域概述

当前在社交媒体快速发展和全球健康危机的背景下，公众对于健康信息的需求达到了一个新的顶峰，医学领域也需要更多的健康信息以支持治疗方式的完善、特效药的研究及疫苗的研发，健康信息领域研究的不断深入和发展为全球健康卫生发展事业注入新的活力与希望。健康信息领域的研究范围广泛，涉及信息管理、健康数据、医疗数据等诸多内容，其主要是研究如何利用网络技术、信息技术等实现用户对健康信息的获取，从而使用户实现个人的健康管理，同时为专业医疗领域提供必要的决策支持。

纵观健康信息领域的发展历程，其具有很明显的不断与其他学科发展融合、不断深化的演变特点。新兴时期集中于对概念、内涵的探索，逐渐与其他领域的理论方法相融合和交叉，不断丰富本领域的概念和理论，随着科技的不断深化发展，诸多新兴技术被广泛应用于健康信息领域的研究中，催生出许多新的研究内容和研究主题，健康大数据、健康管理、互联网＋医疗、区域卫生信息化等相关研究的数量迅猛增长。由此可以推断，未来几年内该领域还将继续与信息技术的发展相融合，产生新的研究内容。

近年来，健康信息领域的研究受到国内外的广泛关注。国外对健康信息领域的研究始于 20 世纪中期，到 20 世纪 80 年代已经取得了相对丰富的研究成果，率先开启健康信息素养评价及健康信息教育。国内对健康信息领域的探索始于 20 世纪 60 年代前后，相对而言起步较晚，发展期间会有小规模的热点研究爆发，但是直到 21 世纪初才逐渐形成一定的规模，之后进入快速发展时期，2016 年国内提出"健康中国"的规划，更加促进了健康信息领域的快速发展。2019 年末到 2020 年初，全球新冠疫情暴发再次促使健康信息领域的研究进一步深化，并成为研究热点。

总体来说，目前健康信息领域的研究多集中于概念及内涵的探讨，或者是某一具体问题，与其他学科的融合及与信息技术的密切联系，使该领域的研究具有十分丰富和可获取的科技文献资源。健康信息领域的研究对公共卫生健康事业、医疗决策支持都具有十分重要的研究的意义，因此，本书将展开对该领域的研究主题收敛与扩张特征及动态演化规律的研究。由于目前国内健康信息领域的研究起步晚，发展不够成熟，加之国内优秀的外文成果也比较丰富，因此本书将选取 PubMed 数据库作为数据来源，下面将进行具体介绍。

3.2　研究数据

3.2.1　PubMed数据库简介与选择依据

（1）PubMed 数据库简介

PubMed 数据库由美国国家医学图书馆下属的国家生物技术信息中心（National Center for Biotechnology Information，NCBI）研发，是目前全球使用最广泛、收录文献最全的生物医学类文献数据库，涵盖生物、医学、健康信息、健康保健系统、护理和临床科学等诸多领域的学术期刊，与 Web of Science 数据库相比，它具有面向特定范围（更加专业、全面）、公开免费、更新速度快和配套检索工具便利等优点，主要收录期刊论文（journal article）、综述（overview）与其他数据库资源（主要包括 PMC 数据库、MEDLINE 数据库）。其中，PMC（PubMed Central）数据库是免费的全文数据库，部分数据和 MEDLINE 数据库重合，还有一部分书评数据不包含在 PubMed 数据库中；而 MEDLINE 数据库最早公开使用（19 世纪 60 年代），并且是 PubMed 数据库的重要组成部分，三者关系如图 3-1 所示。

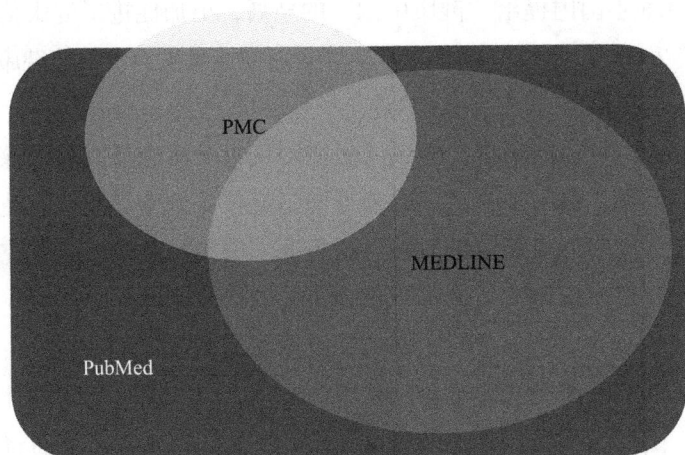

图 3-1　PubMed、PMC 和 MEDLINE 数据库关系

PubMed 数据库的字段标识符与 Web of Science 数据库略有不同，其中，题名 TI（title）、摘要 AB（abstract）和作者 AU（author）等字段相同；此外，主要主题词 MAJR（MeSH major topic）、非主题词 OT（other term）属于 PubMed 数据库特有的字段标识。

（2）PubMed 数据库选择依据

研究领域更加对口。虽然在目前的研究中，Web of Science 数据库是一种主要的期刊论文检索数据源（包含自然科学、社会科学、艺术与人文等多个领域），但是由于本书中的研究对象是健康信息领域，与 Web of Science 数据库相比，PubMed 数据库作为指向性更强的专业数据库更适合作为本书的检索数据库，并且通过尝试使用同一检索词对比 Web of Science 数据库和 PubMed 数据库的检索结果，发现 PubMed 数据库检索结果更加全面、准确。

数据完整性。此外，Web of Science 数据库作为收费数据库，底层数据并不公开，只能下载题名、摘要、关键词、出版年份、引文等题录数据，并且引文数据仅显示作者、期刊、发表时间等简单信息，极大地限制了基于 WOS 数据库的引文分析相关研究的科学性和有效性。而 PubMed 数据库作为公开免费的数据库，开放所有数据的下载获取，除了基础的题名、摘要、作者和发表时间等题录数据，还对文献数据做了更加深入的标注、标引和关联。例如，PubMed 数据库中的所有引用数据都可以用唯一 ID 数据 PMID 表示，即可以获取特定文献引用或被引文献的所有具体信息。而 WOS 数据库中只能得到下载到本地的文献具体信息，虽然有引文字段，但是仅仅是简单的作者、发表年份、期刊、页码和 DOI 信息，例如：Alipanahi B，2015，NAT BIOTECHNOL，V33，P831，DOI 10.1038/nbt.3300。这种引文数据难以真正满足实际引文分析的需要。

数据可获取性。PubMed 数据库不仅公开、免费，还对外提供 API 接口，进而形成众多面向 PubMed 数据库的数据检索获取工具，如 eUtils（the entrez programming utilities，E-utilities）通过与 Python、R 中的多种工具包结合，可以支持用户高效获取 PubMed 数据库的文献数据，具体包括 EFetch、ESearch 和 EGQuery 等子工具（图 3-2），本书利用 Python、R 进行健康信息领域引文数据的提取，具体原理步骤见后续内容。

名称	接入地址	必须参数	可选参数	返回数据格式
ESearch	https://eutils.ncbi.nlm.nih.gov/entrez/eutils/esearch.fegi	db term		xml
EPost	https://eutils.ncbi.nlm.nih.gov/entrez/eutils/epost.fegi	db id	WebEnv QueryKey	xml
ESummary	https://eutils.ncbi.nlm.nih.gov/entrez/eutils/esummary.fegi	db id WebEnv query_key	retstart retmax version	xml
EFetch	https://eutils.ncbi.nlm.nih.gov/entrez/eutils/efetch.fegi	db id WebEnv query_key	retmode retstart seq_stop complexity	xml text asn
ELink	https://eutils.ncbi.nlm.nih.gov/entrez/eutils/elink.fegi	db dbfrom cmd id WebEnv query_key	linkname term holding datetype reldate mindate maxdate	xml
EGQuery	https://eutils.ncbi.nlm.nih.gov/entrez/eutils/egquery.fcgi	term		xml
ESpell	https://eutils.ncbi.nlm.nih.gov/entrez/eutils/espell.fcgi	Db term		xml

图 3-2　eUtils 数据获取工具详情

3.2.2　检索策略及文本数据处理

为了保证数据获取的科学性和有效性，本书通过文献调研、专家咨询等方式确定若干能显著代表健康信息领域的检索词，通过 PubMed 数据库人工标引主题词 [MeSH] 提高查准率和人工标引主题词 [MeSH]+ 自由词限定提高查全率，具体使用 PubMed 主题检索结合题名检索的方式构建检索式。

之所以采用该方式构建检索式，是由于 PubMed 数据库花费大量人力对每篇文献进行了医学主题词（medical subject headings，MeSH）标引，其中，MeSH 检索能够有效解决检索过程中同义词问题。例如，用户利用 MeSH 检索时虽然检索词为 "A"，但数据库可以自动匹配到它的同义词或同义概念 "B或 C" 的文献，即通过 MeSH 检索能够获取被人工标引主题词的那些相关文献，可以有效提高检索结果的科学性、有效性。但是，因为 PubMed 数据库更新频繁，会存在大量尚未进行主题词标引、较新的文献，所以为了尽量全面、准确检索健康信息领域的文献，在 MeSH 检索的基础上结合题名检索，从而获取那些较新的、未被标引主题词的文献数据。初始检索产生 13 939 条结果，然后根据过滤功能精炼检索结果。具体来说，在检索结果界面中包括多种常用过滤功能，此外，用户还可以根据需求在 additional filters 界面中额外添加更加详细的 article type、species 和 language 等过滤特征（如果要过滤筛选其中的期刊论文，需要在 additional filters 界面中增选 journal article）。本书中，为了保证数据的完整性，首先调整时间窗口为起始时间到 2020 年（由于 PubMed 文献数据库中的期刊论文每天都更新，因此 2021 年已经有部分数据，如果不过滤会对研究结果产生影响），然后将文本可用性（text availability）限定为包含 abstract，文献类型（article type）限定为期刊论文，即 Filters applied：abstract，journal article，此时数据时间跨度为 1974—2020 年，精炼后检索界面显示 10 296 条结果。

最后下载获取研究数据，包括题名、作者、摘要、发表时间等题录数据（文本内容数据、引文数据在下一步骤中获取），导出格式为纯文本格式（PubMed format），由于数据库单次下载限制数量为 10 000 条，需要调整时间窗口分成两次导出然后合并，检索日期：2021 年 1 月 10 日（研究数据最后更新时间，为保证获取健康信息领域 2020 年的完整数据），最终保存至本地的健康信息领域（1974—2020 年）有效文献文本数据有 10 216 条结果，具体时间分布情况如图 3-3 所示。

由于文本数据的特殊性，在进行实验处理前，需要对健康信息领域的文本数据进行预处理，从而提高待分析数据集构建的质量。具体是对后续主题识别所需的题名、摘要等文本字段进行清洗与规范，保证后续数据处理步骤的顺利进行，主要包括以下步骤：首先，进行数据清洗，对获取到的健康信息领域论文初始数据（可能存在数据不完整、数据重复、数据值为空等问题）进行清洗，经过删除包含空值的记录、格式变换、去重、去杂和精简日期信息只保留年份等操作后得到所需的论文文本数据集。然后，进行文本预处理，主要预处理步骤包括去除标点符号、数字剔除、过滤停用词、构建词袋

（bag of words）等。

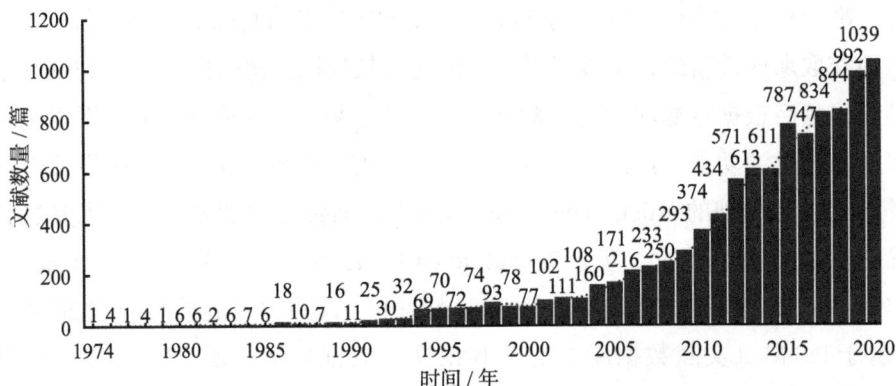

图 3-3　健康信息领域数据获取结果时间分布情况

3.2.3　引文数据获取及处理

目前，研究者基于引文网络分析方法揭示特定学科领域的研究主题，取得了众多研究成果，但是存在一定的不足，其中主要不足之一是"噪声文献"问题：虽然初始检索结果是待分析学科领域的文献，但是其参考文献中会混入大量其他研究领域的文献数据。

例如：情报学领域的期刊论文中会引用大量计算机、数学等其他学科领域的文献，如果基于这些文献及其参考文献进行情报学领域的研究主题识别分析，就会混入其他学科领域的噪声数据，从而影响结果的准确性。

PubMed 数据库特有的期刊论文数据标引方式为解决这一不足提供了可能，相较于 Web of Science 数据库，PubMed 数据库中的每篇文献及其参考文献都标注了结构化的唯一身份标识 PMID，并且因为 PubMed 数据库公开、免费，所以可以实现所有文献及其参考文献的自动批量抓取。

本书中，引文数据获取基本思路是：在上一步健康信息领域数据获取结果基础上，导出每篇文献的 PMID 作为领域引文数据抓取字典，基于 Python 编程遍历读取这些 PMID，然后链接 PubMed 数据库的数据接口进行引用数据的自动批量抓取，从而实现引文数据获取（得到的引文数据包括两部分，上一步中检索下载得到的健康信息领域数据＋额外抓取的其他学科领域的文献数据）。

　　前文介绍过 PubMed 数据库对外提供 API 接口 eUtils，可以通过与 Python、R 中的多种工具包结合高效获取 PubMed 数据库的文献数据，本书具体利用 Python 编程结合 eUtils 的子工具 Elink 进行引文数据的高效抓取，所编写的 Python 核心功能关键代码如图 3-4 所示，其中 linkname：pubmed_pubmed_refs 是包含特定 PMID 文献参考文献的字段，通过访问 PubMed 数据库将该字段抓取保存从而实现引文数据获取，完整的功能实现 Python 代码见附录 1。

功能关键代码

```
// 加载工具包
import requests,math,os,threading,argparse
import pandas as pd
import numpy as np
from queue import Queue
from argparse import RawTextHelpFormatter
//eUtils 的子工具 Elink，通过该接口工具获取引文数据，关键步骤
elink = "https://eutils.ncbi.nlm.nih.gov/entrez/eutils/elink.fcgi?"
// 定义关键功能函数，遍历读取 PMID 并利用 elink 工具获取参考文献
def getReferencePmid(pmidList,apiKey):
    referenceSearchResult = []
    for i in range(math.ceil(len(pmidList)/5000)):
        print('Searching the reference PMID')
        print('%d PMID are being searched\n'%len(pmidList))
        reference_postData = {
          'dbfrom'        : 'pubmed',
          'linkname'        : 'pubmed_pubmed_refs','id'
pmidList[15000*i:15000*（i+1）],
                            'api_key': apiKey,
                            'retmode': 'json',
                            }
......
// 保存引文抓取结果至本地
outputData.to_csv（'PMID_reference.txt',sep='\t',index = False）
```

图 3-4　健康信息领域引文数据抓取关键代码

　　关键步骤是剔除健康信息领域以外的参考文献数据，仅保留健康信息领域数据内部彼此之间的引用关系，从而保证健康信息领域引文数据的质量，准确、有效地测度健康信息领域研究主题扩张与收敛特征。

　　具体做法是以健康信息领域文献的 PMID 作为字典遍历抓取引文数据，剔除字典之外的数据，即仅保留字典 PMID 之间的引用关系，从而仅保留下载获取的健康信息领域数据之间的引用关系，得到待分析的健康信息领域引文数据。最后，通过唯一身份标识 PMID 将检索获取的健康信息领域文本数据和引文数据进行关联，得到最终待分析的健康信息领域研究数据集。

3.2.4　时期划分

　　因为分析健康信息领域研究主题扩张与收敛特征及动态演化规律需要以时间为逻辑线索追踪健康信息领域研究主题的发展变化过程，所以将研究数据进行时期划分是研究数据准备、预处理阶段的重要步骤。由于本书中检索获取的健康信息领域文献数据集时间跨度范围共计近 50 年（1974—2020 年），如果按照每一年度进行分析研究，待研究数据集的时间范围较大，部分年份的研究数据可能存在短期波动（偶然性因素造成，类似于离群点），难以清晰、有效地计算健康信息领域研究主题扩张与收敛特征，通过时间窗口划分方法将连续自然年份等距划分为一个时期，可以有效解决数据的短期偶然波动问题，将离群点的影响降低。因此，对研究数据进行时期划分是目前学科领域研究主题发展、演化分析研究中的必要步骤。

　　本书以 5 年为一个时间段对健康信息领域数据集进行时期划分，由于1980 年之前健康信息领域文献数据较少，所以单独将 1974—1980 年划分为一个时期，后面每 5 年为一个时期，共计划分为 9 个时期，分别为：1974—1980 年、1981—1985 年、1986—1990 年、1991—1995 年、1996—2000 年、2001—2005 年、2006—2010 年、2011—2015 年和 2016—2020 年，健康信息领域数据集在不同时期的数量分布情况如图 3-5 所示。

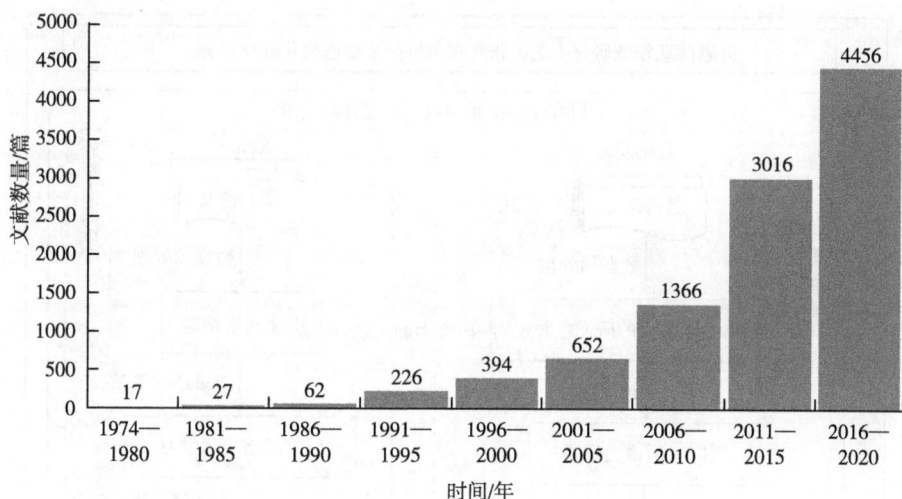

图 3-5　健康信息领域数据集不同时期分布

3.3　研究框架逻辑结构

围绕研究问题，针对现有研究的不足，本书将借鉴现有情报分析方法、复杂网络分析技术、数据挖掘技术、可视化技术、知识发现方法等相关技术和方法，在研究数据说明基础上，提出系统的研究框架，本书的具体研究框架基本逻辑结构，如图 3-6 所示。

分析图 3-6 可知，本书的研究框架具体可以分为 3 个部分：①健康信息领域研究主题扩张与收敛程度计算研究；②健康信息领域研究主题扩张与收敛模型构建及特征研究；③健康信息领域研究主题动态演化规律研究。

后面分别在 3.4、3.5 和 3.6 小节中对本书 3 个主要研究内容的研究框架进行具体介绍。

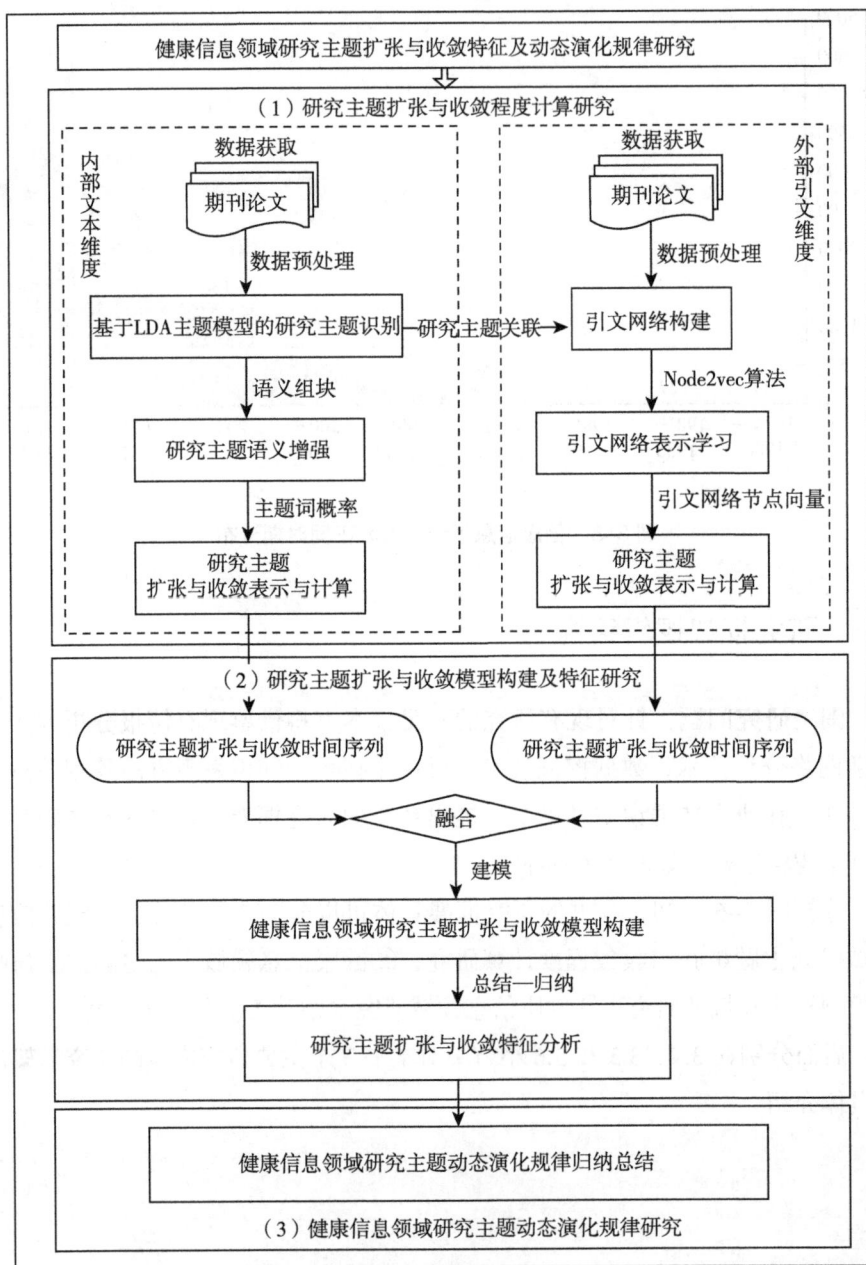

图 3-6　研究框架

3.4　健康信息领域研究主题扩张与收敛程度计算方法流程

3.4.1　内部文本维度的研究主题扩张与收敛程度计算方法

如图 3-6 所示，本书设计的基于内部文本的研究主题扩张与收敛程度计算方法框架具体可以分为研究主题识别、研究主题语义增强和内部文本维度的研究主题扩张与收敛程度计算 3 个子步骤，下面对这 3 个子步骤进行详细说明。

（1）研究主题识别

数据科学时代背景下，有效识别大量文本中蕴含的主题具有重要的现实意义，一直是自然语言处理、文本挖掘等学科领域研究的重要问题之一。针对文本主题识别问题，计算机学者在向量空间（vector space model，VSM）模型、非负矩阵分解（non-negative matrix factorization，NMF）模型、潜在语义分析（latent semantic analysis，LSA）模型和概率潜在语义分析（probabilistic latent semantic analysis，PLSA）模型等经典机器学习算法的基础上，提出了隐含狄利克雷分布（latent Dirichlet allocation，LDA）模型。其中，LDA 主题模型能够以非监督的方式准确生成给定训练集和非训练集文本文档的主题、主题词分布，是目前使用最广泛、最有效的文本主题识别模型之一，被广大研究者广泛使用，被应用于计算机科学、情报学、新闻与传播学等有文本挖掘需求的学科领域。

与基于关键词共现、聚类识别期刊论文研究主题的方法相比，利用 LDA 主题模型识别期刊论文文本中蕴含的研究主题不仅可以提高情报分析效率，也能够有效挖掘期刊论文文本的隐含语义信息，识别出更加准确的研究主题。因此，本书利用 LDA 主题模型进行健康信息领域研究主题的初始识别。

一般来说，LDA 主题模型也被称为非监督的三层（词、主题和文档三层结构）贝叶斯概率模型，LDA 主题模型利用词袋的方法将文档表示成词向量，并假设词汇构成主题，而隐性主题构成文档（文档通过主题概率分布表示，主题通过词汇概率分布表示）。LDA 主题模型构成示意图，如图 3-7 所示。

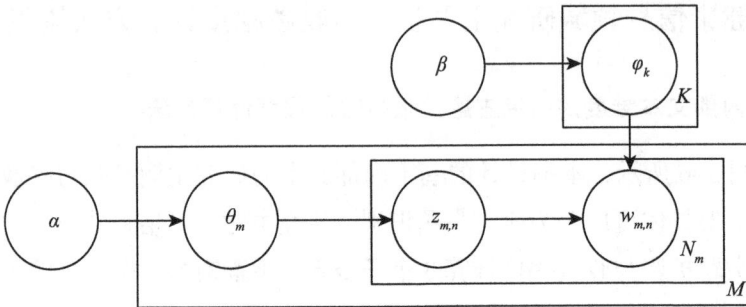

图 3-7　LDA 主题模型构成示意

其中，α 和 β 为 LDA 主题模型参数，在具体实验中设置，θ 表示参数 α 的 Dirichlet 分布采样，z 为主题，w 为主题词，N 为第 n 个文档的单词数目，M 为文档数目，K 为主题数目。

此外，具体计算过程可以总结为 4 个主要的处理步骤。文本数据中某个主题的计算：①在 Dirichlet 分布中为每个主题的主题 – 单词分布 φ_k 进行采样，Dirichlet 分布的参数为 β，$k\varphi_k \sim \mathrm{Dir}\,(\beta)$，$k \in [1, K]$；②在 Dirichlet 分布中为每个文档的文档 – 主题分布 θ_m 进行采样，Dirichlet 分布的参数为 α，其中有 $\theta_m \sim \mathrm{Dir}\,(\alpha)$，而其具体范围 $m \in [1, M]$。

文本数据中某个词的计算：①遍历文本数据选取任意主题 $z_{m,n}$，参数为 θ_m，$z_{m,n} \sim Mult\,(\theta_m)$；②遍历文本数据选取 1 个单词 $w_{m,n}$，参数为 $\varphi z_{m,n}$，$w_{m,n} \sim Mult\,(\varphi z_{m,n})$。LDA 主题模型的联合概率分布计算方法如公式（3–1）[1] 所示：

$$P(\theta, z, w) = P(\theta \mid w)\prod_{n=1}^{N} P(z_n \mid \theta)P(w_n \mid z_n, \beta)。 \qquad （3-1）$$

其中，P 为联合概率分布，θ 表示参数 α 的 Dirichlet 分布采样，z 为主题，w 为主题词，N 为第 n 个文档的单词数目，β 为 LDA 主题模型参数，在具体实验中设置。

在具体研究数据处理过程中，本书利用 Python 中的 Gensim 工具包（https：//radimrehurek.com/gensim/apiref.html#api-reference）结合数据挖掘平台 KNIME

---

① BLEI D M, NG A Y, JORDAN M I. Latent Dirichlet allocation[J]. Journal of machine learning research, 2003（3）：993-1022.

进行健康信息领域研究主题识别。概括来说，目前 LDA 主题模型是最成熟、使用最广泛的文本主题生成模型，在经典 LDA 主题模型的基础上，研究者开发出了多种 LDA 主题模型工具，如 Python 中的 Gensim 工具包集成了 LDA 主题模型算法，具体通过 models.LdaModel 功能模块实现 LDA 主题识别。另外，R 中的 topic models、LDA 工具包也是目前比较常用的 LDA 主题模型构建工具包，可以构建经典 LDA 主题模型及其变形模型。数据挖掘平台 KNIME 中也集成了 LDA 功能模块，能够通过连接功能模块的方式灵活组建数据挖掘工作流程。KNIME 具有强大的语言集成功能，可以通过 KNIME、Python、R 和 JAVA Integration 整合集成 Python、R 和 JAVA 编程功能，如可以在 KNIME 中通过 Python Script 功能节点进行 Python 语言编程，从而简洁、高效地实现相应功能。因此，本书使用 Python+KNIME 的健康信息领域研究主题识别方案，在健康信息领域研究数据时期划分结果的基础上，分别进行 9 个时期的研究主题识别工作。

在具体对健康信息领域进行研究主题识别时，由于基于 LDA 主题模型的研究主题识别结果的准确性和生成主题的个数密切相关，因此准确、合理确定研究主题的个数是其中的关键步骤之一。目前的研究中，学者在进行基于 LDA 主题模型的研究主题识别实验时确定主题的个数有多种方法，其中一种是多次进行模型生成，通过人工观测主题识别结果来确定主题数量，但该方法主观性较强、误差较大，因此在多数研究中学者会通过算法来自动确定主题数量。比较常见的 LDA 主题模型生成主题的个数确认算法有一致性分数（coherence score）、困惑度（log_perplexity）和最大似然值（log_likelihood）3 种。主题数量的确定基本思路是通过计算不同主题数量情况下相应的一致性分数、困惑度和最大似然值的特定变化转折点来选定主题数量。

一致性分数和最大似然值会随着 LDA 主题数量的增长而增长，但是当主题数量增长至特定值时，一致性分数的增长趋势会放缓并趋于平稳；困惑度与前两者相反，会随着 LDA 主题数量的增长而降低，但是当主题数量增长至特定值时，困惑度的降低趋势会放缓并趋于平稳。本书中，具体使用 Python 语言中的 Gensim 工具包集成的 CoherenceModel 函数进行主题数量确定，实现该功能的 Python 关键代码如图 3-8 所示，完整的实现代码见附录 2。

（2）研究主题语义增强

与基于关键词共现聚类的研究主题识别结果相比，虽然 LDA 主题模型能够发现研究主题的语义关系（若干具有隐含语义关系的主题词），但是这种语义关系是隐含的，难以直接通过观测研究主题识别结果进行发现，所以在具体研究中对于最终结果的解读造成了一定的困难，制约了研究的准确性和有效性。虽然 Phrase-LDA 主题模型能够通过短语抽取在一定程度上提高结果的可读性，但是其中 Phrase 短语抽取不涉及语义分析，难以有效解决经典 LDA 主题模型的不足。

Python 关键代码

```
// 加载工具包
from gensim import corpora,models
from gensim.models.coherencemodel import CoherenceModel
import numpy as np
import pandas as pd
// 实现一致性分数 Coherence score 计算功能函数
def test_lda_parameters(dictionary,corpus,texts,limit,start=2,step=3):
    coherence_values = []
    model_list = []
    for num_topics in range(start,limit,step):
        model = models.ldamodel.LdaModel(corpus,num_topics=num_topics,
        id2word = dictionary,passes=100,alpha=50.0/1.0*np.ones((num_topics)),eta=0.1,
        random_state=9999)
        model_list.append（model）
        coherencemodel = CoherenceModel(model=model,texts=texts,dictionary=dictionary,coherence='c_v')
        coherence_values.append(coherencemodel.get_coherence())
    return model_list, coherence_values
......
```

图 3-8 一致性分数计算关键代码

所以，本书为了改进这一不足，将引入语义组块抽取技术来提升研究主题识别结果的语义信息，从而更好地揭示（或表达）健康信息领域的研究主题与语义内容。

具体研究步骤是：在上一步研究主题识别结果的基础上，可以得到研究主题–主题词关联矩阵和研究主题–相关文档关联矩阵，因此可以利用Python 编程来对特定研究主题的相关文档进行语义组块抽取（主要是使用自然语言处理工具包 pattern 进行词性标注、组块标注、语义角色标注等语义提升工作）。为了提升语义组块抽取质量，主要抽取其中的主语和宾语名词组块，基本过程是句子抽取（SENTENCE）→词性标注（TAG）→组块标注（CHUNK）→组块语义角色标注（ROLE）→抽取（EXTRACT）。其中，词性标注（TAG）→组块标注（CHUNK）→组块语义角色标注（ROLE）是关键步骤，下面对其进行详细说明。

词性标注（TAG）步骤旨在对每个句子进行词性标注，标注类型主要有名词、动词、介词和副词等。组块标注（CHUNK）步骤是在词性标注基础上，对由名词、介词、动词和副词等词性的单词构成的短语进行组块标签标注，基本的组块标注标签及其成分如图 3–9 所示。

组块标签	含义	成分	例子
NP	名词短语	DT+RB+JJ+NN+PR	the strange bird
PP	介词短语	TO+IN	in between
VP	动词短语	RB+MD+VB	was looking
ADVP	副词短语	RB	also
ADJP	形容词短语	CC+RB+JJ	warm and cosy
SBAR	从属连词	IN	whether or not
INTJ	感叹词	UH	hello

图 3–9　组块标注标签及其成分

组块语义角色标注（ROLE）步骤旨在描述不同语义组块之间的关系，揭示其在整个 SENTENCE 中的语义功能。一般来说，主语名词短语（SBJ，成分 NP）和宾语名词短语（OBJ，成分 NP+SBAR）是句子中组块的主要语义角色，所以将这两类作为实现健康信息领域研究主题语义提升的主要目标。

　　为了更好地说明语义组块抽取过程，以 "Health information field is important to enrich information science." 作为示例来对语义组块抽取进行说明，分别展示了词性标注、组块标注及组块语义角色标注结果，可以发现抽取出的主语名词短语（SBJ）是 "Health information"，宾语名词短语（OBJ）是 "information science"，具体组块抽取结果如图 3-10 所示。

　　分析图 3-10 可知，与单一词汇相比，语义组块可以更有效地传达语义信息，如示例中如果单纯看 "information" 一个词汇很难理解到底指的是健康信息还是情报学，但是通过语义组块抽取得到 "Health information" 或 "information science"，可以有效解决单一词汇的歧义问题。

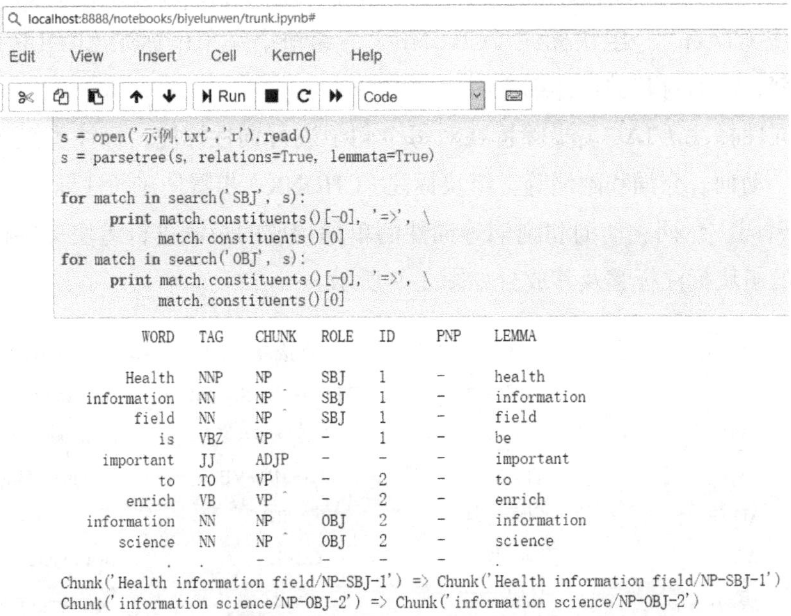

图 3-10　语义组块抽取示例

　　在组块抽取结果的基础上，将通过标注的形式来提升上一步中的健康信息领域研究主题识别结果，具体是对健康信息领域研究主题初始识别结果中的每个下位主题词进行 Trunk 语义组块标注，进而提升健康信息领域研究主题识别结果的语义信息。例如，假设某一研究主题的下位主题词为 "health"，通过语义组块标注实现 "health" → "health information" 过程，从而提升研究主题的语义信息，提高主题识别结果的可读性（语义信息）。

（3）内部文本维度的研究主题扩张与收敛程度计算

基于 LDA 主题模型处理健康信息领域文本数据后，可以得到研究主题－主题词关联矩阵和研究主题－相关文档关联矩阵，主题（下位主题词）与文档的基本关系[①] 如图 3-11 所示，这为基于主题词概率分布的研究主题扩张与收敛程度计算提供了可能。

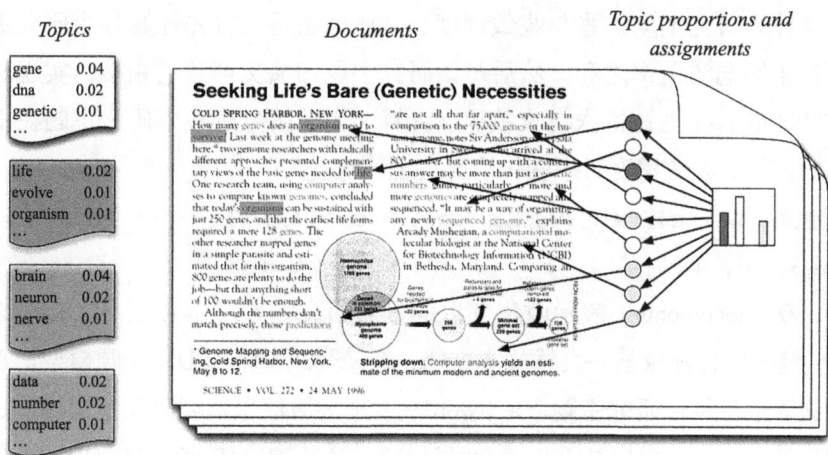

图 3-11　主题与文档基本关系

可以用来测度研究主题扩张与收敛程度（规模、关注度）的可计算元素，主要有主题词概率分布和主题相关文档数量，通过分析可知，主题相关文档数量可以直观反映研究主题的规模、关注度，但是由于不同文档本身内容的篇幅、具体词汇量是不同的，如果直接以研究主题相关文档数量来测度研究主题扩张与收敛程度是不准确的。假设有 100 篇文档，其中 70 篇构成一个主题（主题 1），剩余 30 篇构成另一个主题（主题 2），那么任意主题词 word 属于主题 1 的概率大于属于主题 2 的概率，如果任意主题词 word 的分布概率值越小，那么将该词汇作为主要下位主题词的研究主题相关文档数量大概率越少，所以

────────────

① BLEI D M. Probabilistic topic models[J]. Communications of the ACM，2012，55（4）：77-84.

某研究主题下位主题词 word 分布概率值的大小本身也可以反映出该研究主题相关文档数量的多少。由于不同研究主题的下位主题词概率分布之和大小是不同的，这种差异从文本内容特征上反映出了研究主题的规模、关注度，比单纯利用主题相关文档数量来分析研究主题的规模、关注度更加准确、有效。

并且，通过对具体研究主题 – 主题词关联矩阵和研究主题 – 相关文档关联矩阵结果的观测，发现研究主题下位主题词概率之和与相关文档数量呈正相关。因此，本书通过综合分析研究主题相关文档数量与下位主题词概率大小，来计算研究主题扩张与收敛程度。具体做法是，首先计算各个研究主题的下位主题词的概率之和，然后与该研究主题相关文档数量相乘，实现基于文本特征的研究主题扩张与收敛程度计算（为后续分析各个研究主题在不同时期的扩张与收敛程度时序变化情况奠定基础）。

定义：$D=\{d1, d2, d3, \cdots, dn\}$，$n \in \{1, 2, 3, \cdots\}$；$Topic=\{w1, w2, w3, \cdots, wn\}$；

其中，D（documents）表示收集获取的健康信息领域文本数据（文档）集，d 表示健康信息领域某一具体文本书档，$Topic$ 表示基于 LDA 主题模型识别得到的健康信息领域研究主题；w（word）表示健康信息领域研究主题的下位主题词。最后，本书提出基于主题词概率分布的研究主题扩张与收敛程度计算方法，基本思路是通过计算研究主题的下位主题词的概率之和与研究主题相关文档数量乘积来表示研究主题扩张与收敛程度。具体计算方法见式（3–2）：

$$ECD_{txt}(Topic_n) = Topic_n(D_{num})\sum_{n=1}^{N} Topic_n(wp_1, wp_2, wp_3, \cdots, wp_n)。 \quad （3\text{--}2）$$

其中，ECD_{txt}（expansion and convergence degree）表示基于内部文本的研究主题扩张与收敛程度，$Topic_n$ 表示识别得到的健康信息领域某一研究主题，D_{num} 表示研究主题相关文档数量，w 表示下位主题词，p 表示下位主题词分布概率值，n 表示下位主题词的数量，wp_n 表示 $Topic_n$ 任意下位主题词分布概率值。

3.4.2　外部引文维度的研究主题扩张与收敛程度计算方法

研究框架基本逻辑和基于内部文本的研究主题扩张与收敛程度计算相似，本书设计的基于外部引文的研究主题扩张与收敛程度计算方法框架具体可以分为引文网络构建、引文网络表示学习和外部引文维度的研究主题扩张与收敛程度计算 3 个子步骤，下面分别对 3 个子步骤进行详细说明。

（1）引文网络构建

基于外部引文的研究主题扩张与收敛程度计算，旨在通过引文关系发现健康信息领域研究主题内部知识互动、流动程度，即如果健康信息领域某一研究主题内部知识的引用越频繁，那么说明该研究主题的活跃程度及受到研究者的关注度也越高。因此，首先需要进行健康信息领域引文网络构建，为引文网络表示学习和引文网络节点向量计算做准备。具体来说，由于计算外部引文视角下的研究主题扩张与收敛程度需要构建健康信息领域不同时期的子引文网络，因此大致可以归纳为以下两个子步骤，下面对其进行介绍。

①根据健康信息领域研究数据时期划分的结果，利用抓取的引用数据构建引用矩阵表格，分别构建 1974—1980 年、1981—1985 年、1986—1990 年等 9 个时期的引文网络，具体基于 PMID 构建 Source—Target，Type=Directed 的健康信息引文网络数据。

②其中，关键步骤是根据研究主题识别结果，为不同时期的引文网络添加社区标签（modularity_class），从而确保基于外部引文计算特定研究主题扩张与收敛程度（表 3-1），最终构建健康信息领域 9 个时期的引文网络 Graph，G={G1，G2，G3，…，G9}。

表 3-1　引文网络社区标签关联

PMID	主题序号		PMID	modularity_class
25616685	Topic6		25616685	6
25616853	Topic6		25616853	6
25619195	Topic15		25619195	15
25656678	Topic13	→	25656678	13
25668744	Topic6	根据 Topic	25668744	6
25673373	Topic13	映射、关联	25673373	13
25677251	Topic20	modularity_class	25677251	20
25710093	Topic5	→	25710093	5
25712134	Topic14		25712134	14
25758126	Topic3		25758126	3
25758192	Topic4		25758192	4

（2）引文网络表示学习

本书需要基于外部引文进行研究主题扩张与收敛程度计算，即需要测度特定研究主题内部引用关系的变化，利用传统经典网络分析方法难以满足本书的需求。网络数据、文本数据、图片数据和语音数据是目前主要的数据类型，如引文网络数据、社交网络数据和生物蛋白质数据等。因此，在情报学、计算传播学和生命科学等学科领域，网络分析是比较重要的研究方法之一，但是由于传统的网络数据由共现矩阵、二维数组或邻接矩阵的形式来记录、表示和存储，仅能进行网络可视化分析及中心性、入度、出度分析等简单计量分析，逐渐难以适应网络数据的爆发式增长，以及日益复杂的研究问题。

目前，针对文本数据、图像数据的表示计算方法发展迅速，研究者提出了 LDA 主题模型、支持向量机 SVM、条件随机场 CRF 等经典机器学习算法，以及近年来快速发展的深度学习算法，有效地促进了相关任务的解决。相较于文本、图像和语音数据的分析方法，网络数据分析方法滞后于实际研究需求，在此背景下，研究者提出网络表示学习方法，旨在将传统网络数据用稠密的实数值高维向量进行表示，不仅能够保持原有传统网络图数据的特征、特性，而且能够进行多种复杂计算，进而可以引入各种机器学习、深度学习算法辅助相关复杂任务的解决，目前在广告计算推荐、蛋白质功能预测等领域中具有广阔的应用前景。

由于利用中心性分析、入度和出度分析等传统经典的网络分析方法难以准确、有效地测度研究主题扩张与收敛特征，因此本书将创新性引入网络表示学习算法，来对基于外部引文的研究主题扩张与收敛程度进行有效计算。一般来说，网络表示学习是由 Word2vec 模型（Embedding 技术）发展而来，主要基于深度学习算法高效提取网络中各个节点的数据特征并用实数向量进行表示、存储。其中，Node2vec 算法是目前比较有代表性、受到众多研究者使用的网络表示学习具体算法工具。

具体处理实验过程中，本书将使用 Node2vec 算法模型工具（由斯坦福大学设计、开源：http://snap.stanford.edu/node2vec/）进行健康信息领域引文网络表示学习，即将各个时期的健康信息领域引文网络计算、表示成稠密实数向量，以便后续步骤中对基于外部引文的研究主题扩张与收敛程度进行计算。

　　Node2vec 算法模型表示学习网络节点的局部邻居结构是通过定义目标函数 $f(u)$ 来进行的，该函数可以将属于相同主题的网络节点表示学习为相近特征，即相近的网络节点向量，目标函数 $f(u)$ 计算方法见式（3-3）[①]：

$$\begin{cases} f(u) = \max_f \sum_{u \in V} \log P(N_S(u) \mid f(u)) \\ P(N_S(u) \mid f(u)) = \prod_{n_i \in N_S(u)} P(n_i \mid f(u)) \end{cases} \quad （3-3）$$

其中, $f(u)$ 为目标函数（将节点 u 映射为嵌入向量）；网络 G 中的节点集合用 V 表示，与任意节点 u 相关联的所有节点 N 的查询算法为 S , $NS(u)$ 表示利用查询算法 S 所得到的节点 N 的集合。Node2vec 算法模型的具体计算思路，如图 3-12 所示。

Algorithm 1 The *node2vec* algorithm.

LearnFeatures (Graph $G = (V, E, W)$, Dimensions d, Walks per
　　node γ, Walk length l, Context size κ, Return p, In-out q)
　　π = PreprocessModifiedWeights(G, p, q)
　　$G' = (V, E, \pi)$
Initialize *walks* to Empty
for *iter* = 1 **to** r **to**
　　for all nodes $u \in V$ **do**
　　　walk = node2vecWalk(G', u, l)
　　　Append *walk* to *walks*
f =StochasticGradientDescent(k, d, *walks*)
return f

---

node2vecWalk (Graph $G'=(V, E, \pi)$, Start node u, Length l)
　　Inititalize *walk* to [u]
　　for *walk_iter* = 1 **to** l **do**
　　　$curr$ = *walk*[-1]
　　　V_{curr} = GetNeighbors($curr$, G')
　　　S = AliasSample(V_{curr}, π)
　　　Append S to *walk*
　　return *walk*

图 3-12　Node2vec 算法模型计算思路

（3）外部引文维度

在上一步基于 Node2vec 算法的引文网络表示学习结果基础上，可以得到

---

① 　GROVER A, LESKOVEC J. Node2vec：Scalable feature learning for networks[C]// Proceeding of the 22nd ACM SIGKDD International Conference on Knowledge Discovery and Data Mining. New York：ACM，2016：855-864.

各个时期健康信息领域的引文网络的节点向量，为基于外部引文的健康信息领域研究主题扩张与收敛计算奠定数据基础。由于基于 Node2vec 算法的引文网络表示学习结果为高维向量，难以直接进行高效、准确的计算，因此需要进一步处理。

在具体实验中，本书基于引文网络节点向量的研究主题扩张与收敛程度计算的基本思路如图 3-13 所示。

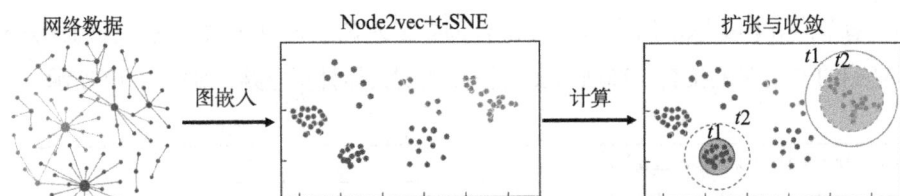

图 3-13　引文节点向量计算基本思路（见书末彩插）

①首先，利用 T 分布随机近邻嵌入（t-distributed stochastic neighbor embedding，t-SNE）算法模型将上一步得到的高维引文网络节点向量进行降维（二维）。

②然后，在二维空间中，计算各个研究主题内引文网络节点之间的距离，以各个研究主题内距离最远的两个引文节点为边界，以两个引文节点的距离为直径计算圆的面积（计算研究主题内部所有引文网络节点所占的二维空间面积）。

③最后，可以通过对特定研究主题相邻时期的引文网络节点所占空间面积的变化来表征研究主题扩张与收敛程度，从而实现基于外部引文的研究主题扩张与收敛程度计算。

t-SNE 算法模型主要用来进行高维数据的降维（通常为二维或三维）及其可视化，可以将难以直接理解的高维数据映射到人类可感知的二维或三维空间中，并且保持高维空间中的节点邻近关系。具体来说，基于 t-SNE 算法模型的健康信息领域引文网络节点向量的降维，可使用 Python 语言中的 sklearn 工具包（集成了 t-SNE 算法模型）进行实验处理，关键代码如图 3-14 所示。

Python 关键代码

// 加载工具包

from sklearn import manifold

from sklearn.metrics import pairwise

from sklearn.manifold import TSNE

import numpy as np

from rdkit import DataStructs

// 定义 t–SNE 函数功能，实现健康信息领域引文节点高维向量降维

```
def run_tSNE_for_vects（vects, **kwargs）:
    dists = pairwise.euclidean_distances（vects）
    mdl = manifold.TSNE（metric='precomputed', **kwargs）
    pts_embedded = mdl.fit_transform（dists）
    return pts_embedded
......
```

图 3–14　健康信息领域引文网络节点向量降维关键代码

　　在健康信息领域引文网络节点向量降维实验进行后，得到各个引文节点的二维向量，可以进行各个时期研究主题扩张与收敛程度计算，各个时期基于外部引文的研究主题扩张与收敛程度具体计算方法见式（3–4）：

$$ECD_{ref}\left(Topic_n\right)=\pi\left(\frac{Topic_nDistance_{max}\left(Node_n,\ Node_m\right)}{2}\right)^2。\qquad（3–4）$$

其中，ECD_{ref} 表示基于外部引文的研究主题扩张与收敛程度，$Topic_n$ 表示识别得到的健康信息领域某一研究主题，$Topic_nDistance_{max}\left(Node_n,\ Node_m\right)$ 表示研究主题 $Topic_n$ 引文节点的最远距离，$Node_n$，$Node_m$ 表示研究主题中的任意两个节点。

3.5　研究主题扩张与收敛模型构建流程及特征分析思路

　　如图 3–6 所示，本书设计的研究主题扩张与收敛模型构建及特征分析方法框架具体可以分为：内外部维度研究主题扩张与收敛时间序列生成与融合、研究主题扩张与收敛模型构建和研究主题扩张与收敛特征分析 3 个子步

骤，下面分别对这 3 个子步骤进行详细说明。

3.5.1　内外部维度研究主题扩张与收敛时间序列融合方法

　　经过健康信息领域研究主题扩张与收敛程度计算研究，分别实现了基于内部文本和外部引文的研究主题扩张与收敛程度计算，得到了健康信息领域各个研究主题在 9 个时期的扩张与收敛程度数据。但是，由于本书基于 LDA 主题模型进行了分时期的研究主题识别，在进行健康信息领域研究主题扩张与收敛时间序列融合之前还需要进行研究主题关联，即保证不同时期的研究主题扩张与收敛程度计算结果属于同一个主题，从而得到待分析的健康信息领域研究主题扩张与收敛时间序列数据。

　　从健康信息领域研究内容的延续性、继承性角度来分析，健康信息领域内部各个研究主题之间存在或明显或隐含的联系，而这种联系可以通过研究主题文本内容来反映（引文关系也在一定程度上可以反映这种联系，但是论文的引用存在滞后性，所以实际研究中研究者很少用引文关系进行研究主题关联分析），即如果相邻时期某两个研究主题包含大量相同的文本内容（具体表现为大量重复的主题词），可以在一定程度上说明这两个研究主题属于同一研究主题在相邻时期的变化，因此本书通过计算相邻研究主题的文本相似性来进行关联分析。

　　下一步需要解决的问题是如何将基于内部文本和外部引文的研究主题扩张与收敛时间序列进行融合。本书中采取的融合方法思路是：以基于内部文本的研究主题扩张与收敛时间序列为主线，以基于外部引文的研究主题扩张与收敛时间序列为辅助（由于引用具有自我引用、虚假引用等多种动机，并且引用具有滞后性，因此相较于外部引文，内部文本更能反映健康信息领域研究主题的变化程度）。具体来说，是将基于外部引文的研究主题扩张与收敛时间序列作为系数与基于内部文本的研究主题扩张与收敛时间序列进行融合。其中，为了避免外部引文为 0 时对于时间序列的影响，故采取（1+ 外部引文）的方式来处理。

　　定义健康信息领域某一研究主题为 $Topic_n$ 的扩张与收敛时间序列（time series，TS）分别为：

TS_{txt} 为基于内部文本的研究主题扩张与收敛时间序列：$TS_{txt}=\{ECD_{ref}$ $(Topic_n)\, t1, ECD_{ref}(Topic_n)\, t2, ECD_{ref}(Topic_n)\, t3,\cdots, ECD_{ref}(Topic_n)\, tn\}, n \in \{1, 2, 3, \cdots\}$。

TS_{ref} 为基于外部引文的研究主题扩张与收敛时间序列：$TS_{ref}=\{ECD_{txt}$ $(Topic_n)\, t1, ECD_{txt}(Topic_n)\, t2, ECD_{txt}(Topic_n)\, t3,\cdots, ECD_{txt}(Topic_n)\, tn\}, n \in \{1, 2, 3, \cdots\}$。

那么，内外特征融合的研究主题扩张与收敛时间序列为：

$TS(\text{txt+ref})=\{ECD_{txt}*(1+ECD_{ref})(Topic_m)\, t1, ECD_{txt}*(1+ECD_{ref})(Topic_m)\, t2, ECD_{txt}*(1+ECD_{ref})(Topic_m)\, t3, \cdots, ECD_{txt}*(1+ECD_{ref})(Topic_m)\, tn\}, m, n \in \{1, 2, 3, \cdots\}$。

其中，ECD_{ref} 表示基于外部引文的研究主题扩张与收敛程度，ECD_{txt} 表示基于内部文本的研究主题扩张与收敛程度，$Topic_m$ 表示识别得到的健康信息领域某一研究主题。

根据上述研究主题扩张与收敛时间序列融合方法的处理，最终可以得到健康信息领域 9 个时期的研究主题扩张与收敛时间序列数据，从而可以应用于下一步的健康信息领域研究主题扩张与收敛模型构建。

3.5.2 健康信息领域研究主题扩张与收敛模型构建方法

数学模型构建是科学计量分析和数理统计分析等研究过程中的重要步骤，能够用抽象的数学形式表达客观事物的基本特性。本书通过对健康信息领域研究主题扩张与收敛的客观过程进行数学模型推导，可以从更加科学、深入的角度来揭示健康信息领域研究主题扩张与收敛特征，从而有助于总结健康信息领域研究主题的动态演化规律。

具体研究过程是，首先以划分的 9 个时期为时间逻辑，对上一步中得到的融合内部文本和外部引文的健康信息领域研究主题扩张与收敛时间序列数据进行拟合、数学模型推导。概括来说，健康信息领域研究主题扩张与收敛模型构建过程，主要可以细分为数据趋势图绘制、数学函数类型选择、参数确定和模型检验 4 个子步骤。

①数据趋势图绘制。在进行健康信息领域研究主题扩张与收敛模型构建

之前，首先需要根据研究主题扩张与收敛时间序列数据进行趋势图绘制（主要是散点图、折线图等图谱类型），以便直观地观测数据的变化趋势，辅助下一步的数学函数类型选择。

②数学函数类型选择。在绘制健康信息领域研究主题扩张与收敛时间序列数据趋势图基础上，通过观测数据的基本变化趋势来选择合适的数学函数类型（目前研究中公认的、使用较为广泛的数学函数类型主要有 5 种基本类型，如对数函数、曲线函数等，具体内容如图 3-15 所示）。

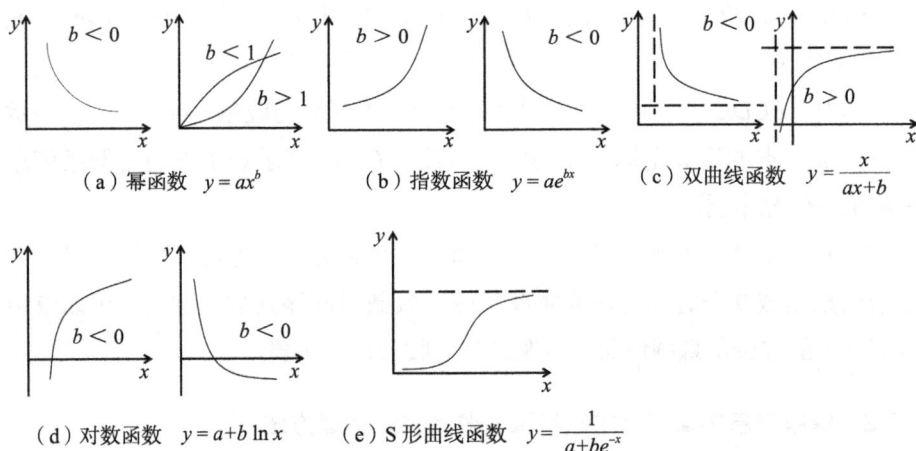

（a）幂函数　$y=ax^b$　　　（b）指数函数　$y=ae^{bx}$　　　（c）双曲线函数　$y=\dfrac{x}{ax+b}$

（d）对数函数　$y=a+b\ln x$　　　（e）S形曲线函数　$y=\dfrac{1}{a+be^{-x}}$

图 3-15　主要数学函数类型

③参数确定。根据上一步数学函数类型选择的结果，对健康信息领域研究主题扩张与收敛时间序列进行拟合建模，通过计算确定模型具体参数。

④模型检验。对上一步模型构建结果进行模型检验，来确定拟合得到的数学模型是否准确、有效及可信，具体通过残差平方和（Reduced Chi-Sqr）、相关系数平方拟合优度 R-Square（goodness of fit，COD）、校正决定系数（Adj. R-Square）3 种指标进行模型检验。通过模型检验即可确定模型，若不通过，则重复②～④步骤，直至通过模型检验。

3.5.3　健康信息领域研究主题扩张与收敛特征分析方法

目前的相关研究中，对于学科领域研究主题发展演变特征的分析以单纯的人工判读为主，存在主观性较强等不足。本书在 3.5.2 节中得到了模型构建结果，为健康信息领域研究主题扩张与收敛特征分析提供了科学、有效的数学模型依据。

根据健康信息领域研究主题扩张与收敛模型构建结果，对健康信息领域研究主题时序变化过程进行客观描述。例如，观测健康信息领域研究主题扩张与收敛过程中兴起、加速发展、衰退等不同生命周期的特征变化，在全局对比视角下对健康信息领域研究主题扩张与收敛典型阶段转折点及其外在表现进行总结，进而实现对健康信息领域不同研究主题扩张与收敛基本特征的归纳、总结分析，为健康信息领域研究主题动态演化规律的揭示奠定基础。

3.6　健康信息领域研究主题动态演化规律的总结思路

因为该部分不涉及具体数据处理方法流程，所以研究框架中主要简述研究思路，具体研究内容及结果见第 6 章。在健康信息领域研究主题扩张与收敛模型构建及特征分析基础上，分别通过研究分析健康信息领域研究主题内容的发展脉络及其演化阶段，来总结、归纳健康信息领域研究主题的动态演化规律，基本思路如下。

①根据健康信息领域研究主题扩张与收敛模型构建及特征分析结果，对研究主题内容进行分析，为后续演化阶段划分及动态演化规律分析奠定基础。

②根据模型构建结果，对健康信息领域研究主题发展演变阶段进行划分，并分析不同阶段的健康信息领域研究主题内容的发展演变情况，以及造成演化阶段变迁（研究主题内容发生变化）的一系列原因。

③以健康信息领域研究时序演化阶段划分结果为分析落脚点，结合研究主题内容演化分析结果，总结、归纳健康信息领域研究主题的动态（不同演化阶段）演化规律。

3.7 本章小结

　　本章按照研究对象简介、研究数据处理和研究框架说明的逻辑进行组织。首先，在对健康信息领域进行简介的基础上，指出健康信息领域的研究对公共卫生健康事业、医疗决策支持，以及情报学研究范式的丰富、完善都具有十分重要的作用。因此，本书进行健康信息领域研究主题扩张与收敛特征及动态演化规律研究具有一定的理论和实践意义。在此基础上详细介绍本书的数据来源及其检索策略，具体包括数据库简介及选择依据、检索策略及文本数据获取、引文数据获取及处理、研究数据时期划分等步骤。然后，从整体层面介绍研究框架的逻辑结构，并分为 3 个主要研究内容：①健康信息领域研究主题扩张与收敛程度计算研究；②健康信息领域研究主题扩张与收敛模型构建及特征研究；③健康信息领域研究主题动态演化规律研究对应的研究框架的详细说明。该研究框架首先基于网络表示学习和 LDA 主题模型，从外部引文和内部文本两个层面进行了健康信息领域研究主题扩张与收敛特征计算。最后，以时间序列为逻辑线索，对健康信息领域研究主题扩张与收敛时序演化过程进行数学模型构建，在此基础上，结合模型构建结果对健康信息领域研究主题扩张与收敛特征进行分析，对健康信息领域研究主题动态演化规律进行归纳、总结。

4 健康信息领域研究主题扩张与收敛程度计算研究

在第 2 章的研究基础上，第 3 章对健康信息领域进行了介绍，并详细说明了研究数据收集和处理过程，设计了系统的研究框架。其中，健康信息领域研究主题扩张与收敛程度计算研究是本书的重要研究内容之一，是进行后续研究的基础。

本章将根据第 3 章中研究框架所述方法流程，对健康信息领域的研究数据集（文本数据和引文数据）进行研究处理。概括来说，分别从内部文本维度和外部引文维度两个方面进行健康信息领域研究主题扩张与收敛程度计算。首先，基于 LDA 主题模型进行研究主题识别，并基于语义组块抽取技术提升研究主题的语义信息，进而实现基于主题词概率分布（内部文本）进行研究主题扩张与收敛程度计算；然后，进行健康信息领域引文网络构建，利用网络表示学习及 t-SNE 算法对引文网络进行向量表示及计算，进而实现基于引文节点向量（外部引文）进行研究主题扩张与收敛程度计算。

4.1 基于内部文本的研究主题扩张与收敛程度计算

4.1.1 基于LDA主题模型的健康信息领域研究主题识别结果

根据上一章研究框架中所介绍的方法流程，基于 LDA 主题模型分别处理不同时期的健康信息领域文本数据，从而得到健康信息领域研究主题。具体实验过程中，首先需要确定不同时期的研究主题数量，由前文分析可知，目前确定 LDA 主题最优个数的算法模型有一致性分数、困惑度及最大似然值 3 种。目前，许多 LDA 主题模型工具包都集成了主题数量确定的功能，如 Gensim 工具包可以计算在不同主题数量时所训练模型的一致性分数及困惑度。由于 Gensim 工具包中困惑度计算函数不对主题数目做归一化，会造成一定的误差，相比而言，一致性分数函数具有使用便利、准确性高的优点，判断标准是：一致性分数越高表示研究主题识别效果越好，但在实际计算过程中，当一致性分数达到某一值时往往不会再有明显增长，一般趋于平缓或下降，这一转折点对应的研究主题数量即为最佳主题数量。本书基于一致性分数来判断健康信息领域各个时期的研究主题数量，具体处理过程中一致性分数计算的参数设置为主题数上限 limit=45，起始主题数量 start=0，步进 step=5，然后使用 Matplotlib 工具包绘制主题数量与一致性分数对应关系折线图辅助主题数量的确定，以健康信息领域 6 时期的研究主题数量确定为例展示其一致性分数计算结果（其他时期同理），如图 4-1 所示。

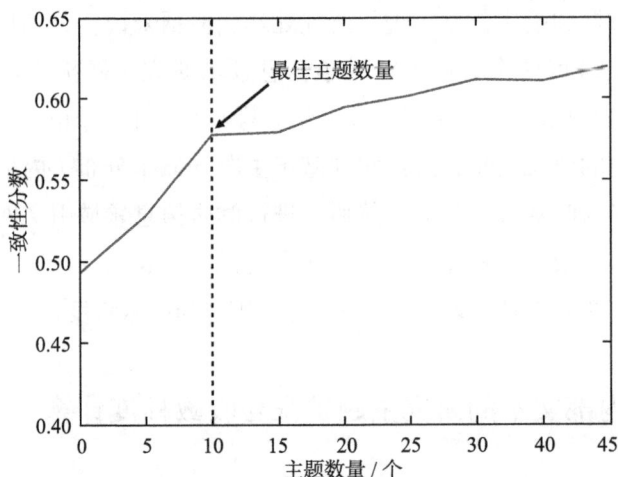

图 4-1　不同主题数量的一致性分数计算结果

　　由图 4-1 可以发现，当该时期健康信息领域研究主题数量到达 10 个之后，所计算得到的一致性分数的值基本停止增长，当研究主题数量从 10 个增长至 45 个时，一致性分数仅仅增加了 0.06。为了提高结果的可解读性（研究主题数量过多，某些不同主题之间会存在大量重复的主题词，限制结果解读的有效性）及数据处理效率，确定 6 时期的最佳主题数量为 10 个。

　　按照上述方法流程，通过利用一致性分数 CoherenceModel 函数计算最佳主题数量，并结合可视化图人工判读确定最终主题数量，分别得到 9 个时间窗口下的健康信息领域研究主题的数量，然后根据这些主题数量基于 LDA 主题模型进行研究主题识别，得到 9 个时间窗口（1974—2020 年）下的最佳研究主题数量情况，如表 4-1 所示。

表 4-1　健康信息领域各个时期最佳研究主题数量分布

时期	年份	文献数量 / 篇	主题数量 / 个
1 时期	1974—1980 年	17	4
2 时期	1981—1985 年	27	4
3 时期	1986—1990 年	62	5
4 时期	1991—1995 年	226	7
5 时期	1996—2000 年	394	8
6 时期	2001—2005 年	652	10
7 时期	2006—2010 年	1366	13
8 时期	2011—2015 年	3016	17
9 时期	2016—2020 年	4456	22

由表 4-1 可知，通过使用 LDA 主题模型处理检索获取的 9 个时期（1974—2020 年）的健康信息领域文本数据，共计得到 90 个研究主题，研究主题数量基本随着文献数量的增长而增长，但并不是完全正比于文献数量的增长，这在一定程度上反映出随着健康信息领域相关研究的不断发展和完善，领域内部研究主题逐渐形成核心，大量新发表的文献同属于特定研究主题，大多数研究主题内容变得相对稳定，吸引众多研究者关注并产出丰富的研究成果。

其中，部分健康信息领域研究主题识别结果（研究主题分布时期、具体序号及其下位主题词，具体内容的解读见第 6 章）如表 4-2 所示。

表 4-2　部分健康信息领域研究主题识别结果

时期	主题序号	下位主题词
1 时期	Topic1	system | information | health | data | telephone | data | effective | report | automate | confidentiality
1 时期	Topic2	health | management | information | administration | mental | system | program | issues | rule | final
1 时期	Topic3	health | information | library | services | hospital | glasgow | population | sample | random | knowledge
1 时期	Topic4	health | information | collect | method | diary | consumer | serve | network | project | chip
2 时期	Topic1	health | management | system | information | herd | record | dairy | computer | scoreless | manager
2 时期	Topic2	information | health | system | resident | care | ambulatory | sources | set | inpatient | track
2 时期	Topic3	management | health | self-health | facet | identification | notice | diary | data | discharge | uniform
2 时期	Topic4	health | information | network | American | mental | consumer | issues | Mexican | urban | communicate
……	……	……

由于该部分的研究处理目的主要是进行基于内部文本的健康信息领域研究主题扩张与收敛程度计算，并不涉及对健康信息领域研究主题的具体解读，因此本章不再进行细致分析，研究主题的具体、详细解读工作将在第 6 章中进行介绍。

4.1.2　基于组块抽取的研究主题语义提升结果

目前，众多研究者在学科领域研究主题发展演变分析过程中，研究分析的对象主要是单一词汇（关键词、主题词等），由于单一词汇难以有效表达语义，因此不能有效揭示（或表达）学术论文研究主题及其语义内容。为解决这一问题，根据研究框架中所述的研究方法流程，本书在基于 LDA 主题模型的研究主题识别结果基础上进行组块抽取与标注，从而提升健康信息领域研究主题的语义信息价值，保证研究结果的科学性和有效性。

具体按照前文所述方法流程，利用 Python 处理健康信息领域研究主题的相关文档并进行组块抽取实验。

与单一词汇（关键词或主题词）相比，通过组块抽取得到短语可以更加有效地表达语义内容，如图中的电子健康档案（electronic health records）、个人健康信息（personal health information）和健康信息系统（health information systems）等语义组块很明显比 health、information、record 和 system 等单一词汇蕴含更加有价值的语义信息，组块抽取、语义分析等新兴分析技术能够对图情领域中多种研究分析方法起到丰富、完善的作用。随着信息技术的进步，相信图情领域分析技术方法将朝着更加自动化、智能化的方向发展。

在上述组块抽取实验结果的基础上，对上一步（4.1.1 节）得到的健康信息领域 LDA 主题识别结果进行语义提升，具体步骤为进行语义组块标注工作，得到语义增强的健康信息领域研究主题（具体内容的解读见第 6 章），然后将结果以主题—主题词—语义组块的数据结构进行存储以备后续使用，基本数据存储结构如表 4–3 所示。其中某一主题词可能会关联多个组块，本书中根据对应语义组块的频次来进行筛选（以高频次的语义组块来表示研究主题）。

表 4–3　基本数据存储结构

主题序号	主题词	语义组块
Topic6	system	health information system | disease surveillance system
Topic6	record	electronic health record | primary care record
Topic6	management	self-health management | mental health management
Topic6	data	health informatics data | audience measurement data
Topic7	quality	online health information quality | quality and safety goals
Topic7	network	health information networks | private networks
Topic7	internet	internet information supply | internet health information

续表

主题序号	主题词	语义组块
Topic7	patient	patient electronic health record ǀ health care communication and patient education
……	……	……

4.1.3　基于主题词概率分布的研究主题扩张与收敛程度计算结果

在健康信息领域研究主题识别结果基础上，结合研究数据时期划分、主题－主题词概率分布及主题－主题相关文档数据，按照上一章中研究框架所提出的计算公式进行基于主题词概率分布的健康信息领域研究主题扩张与收敛程度计算，分别计算统计了各个时期基于内部文本的健康信息领域研究主题扩张与收敛程度 ECD_{txt}（保留整数部分），部分结果如表 4-4 所示。

通过实验处理得到了健康信息领域基于内部文本特征的研究主题扩张与收敛程度计算结果，在此基础上，基于外部引文对健康信息领域研究主题扩张与收敛程度做进一步分析，为后续研究中构建健康信息领域内外特征融合的研究主题扩张与收敛模型及其特征分析奠定基础。

表 4-4　基于内部文本的研究主题扩张与收敛程度计算结果（部分）

时期	主题序号	ECD_{txt}	时期	主题序号	ECD_{txt}	时期	主题序号	ECD_{txt}
1 时期	Topic1	1	6 时期	Topic3	37	8 时期	Topic10	212
1 时期	Topic2	1	6 时期	Topic4	79	8 时期	Topic11	76
1 时期	Topic3	2	6 时期	Topic5	41	8 时期	Topic12	102
1 时期	Topic4	3	6 时期	Topic6	41	8 时期	Topic13	117
2 时期	Topic1	7	6 时期	Topic7	52	8 时期	Topic14	108
2 时期	Topic2	7	6 时期	Topic8	35	8 时期	Topic15	193
2 时期	Topic3	3	6 时期	Topic9	48	8 时期	Topic16	53
2 时期	Topic4	5	6 时期	Topic10	55	8 时期	Topic17	77
3 时期	Topic1	9	7 时期	Topic1	94	9 时期	Topic1	273
3 时期	Topic2	12	7 时期	Topic2	63	9 时期	Topic2	323

时期	主题序号	ECD_{txt}	时期	主题序号	ECD_{txt}	时期	主题序号	ECD_{txt}
3 时期	Topic3	9	7 时期	Topic3	106	9 时期	Topic3	129
3 时期	Topic4	10	7 时期	Topic4	57	9 时期	Topic4	212
3 时期	Topic5	6	7 时期	Topic5	62	9 时期	Topic5	74
4 时期	Topic1	16	7 时期	Topic6	156	9 时期	Topic6	126
4 时期	Topic2	39	7 时期	Topic7	35	9 时期	Topic7	394
4 时期	Topic3	26	7 时期	Topic8	91	9 时期	Topic8	234
4 时期	Topic4	14	7 时期	Topic9	63	9 时期	Topic9	200
……	……	……	……	……	……	……	……	……

4.2 基于外部引文的研究主题扩张与收敛程度计算

4.2.1 健康信息领域引文网络构建结果

根据上一章研究框架中所述的健康信息领域的引文数据处理流程步骤，在引文网络数据抓取及处理基础上，基于引用数据，分别构建了 9 个时期的健康信息领域引文网络 G={G1，G2，G3，…，G9}。

在具体引文网络构建过程中，根据基于 LDA 主题模型的健康信息领域研究主题识别结果，为各个时期的引文网络节点添加研究主题归属标签（社区标签 modularity_class），然后计算各个时期引文网络节点的度（degree）、入度（in degree）和出度（out degree），在此基础上，分别绘制各个时期健康信息领域的引文网络图谱，具体健康信息领域 9 个时期的引文网络图谱绘制结果如图 4-2 所示。

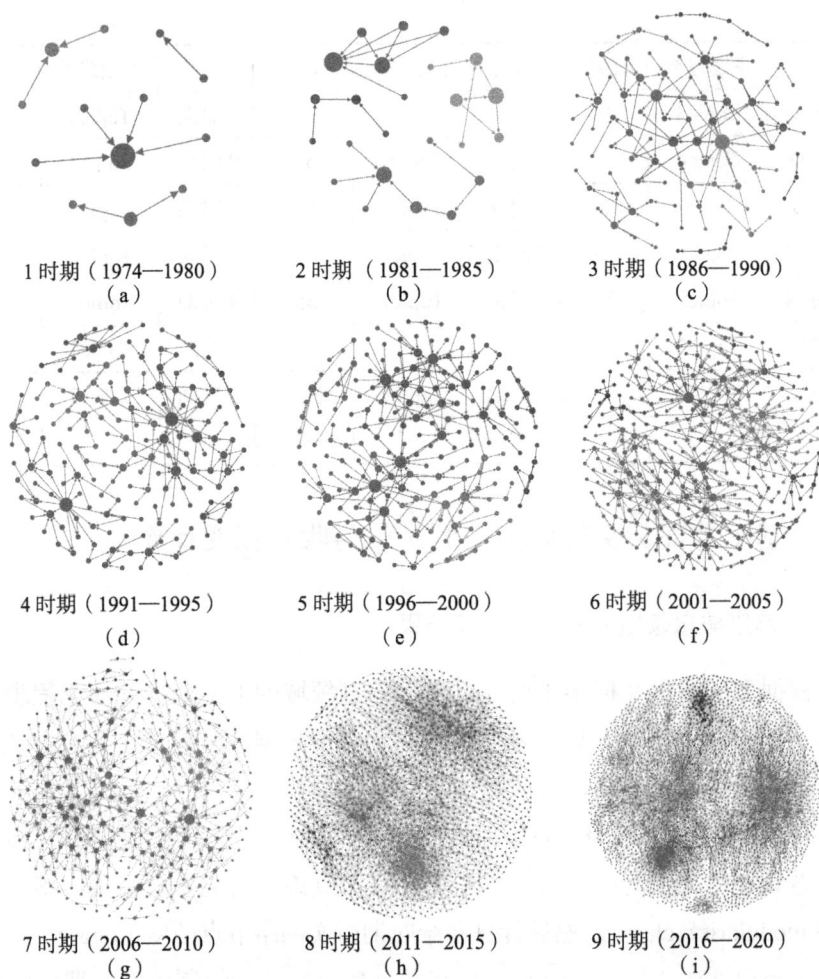

1 时期（1974—1980）
（a）

2 时期（1981—1985）
（b）

3 时期（1986—1990）
（c）

4 时期（1991—1995）
（d）

5 时期（1996—2000）
（e）

6 时期（2001—2005）
（f）

7 时期（2006—2010）
（g）

8 时期（2011—2015）
（h）

9 时期（2016—2020）
（i）

图 4-2 健康信息领域引文网络构建（1～9 时期）（见书末彩插）

图 4-2 中，引文网络节点的大小由计算得到的度数决定，即节点度数越高节点越大，引文网络的布局方式（layout）采用力引导布局算法中的 FR 算法（Fruchterman-Reingold algorithm）。

由图 4-2 可知，近 50 年来随着时间的推移，健康信息领域引文网络呈现明显的生长态势，特别是 2010 年之后，健康信息领域 8～9 时期的引文网络与之前 1～8 时期的引文网络相比，不仅内部引文节点快速增长，而且引文网络内部节点之间的关联关系也越发紧密，表现出明显的聚集特征（社区结构），并且通过对健康信息领域 9 个时期引文网络做横向对比，可以发现不同时期内部研究主题呈现扩张与收敛变化，后面将在此基础上，进行引文网络表示学习，将健康信息领域引文网络节点转化成可计算的高维向量，以便进行研究主题扩张与收敛程度计算。

4.2.2　基于Node2vec算法的引文网络表示学习结果

传统的经典引文网络数据难以进行研究主题扩张与收敛程度计算，因此本小节在上一步健康信息领域引文网络构建结果的基础上，进行基于 Node2vec 算法的引文网络表示学习，旨在将健康信息领域各个时期的引文网络节点特征表示学习为高维实数值向量，即将引用关系表示成可以计算的向量关系，以便进行科学、有效的引文网络深度挖掘分析。

在具体处理实验过程中，使用斯坦福大学开源的 Node2vec 算法模型工具进行健康信息领域 1 ～ 9 时期引文网络的表示学习，进而提取向量特征。其中，关键参数是网络表示学习的维度 K（将引文网络表示为 K 维向量），本书将 K 设置为 128（经过大量实践，研究者目前比较认可的网络表示学习维数设置值），输入数据为 .edgelist 格式的各个时期引文关系数据，输出数据为 .emd 格式的 128 维实数向量。

经过实验计算得到各个时期健康信息领域引文网络表示学习结果，即各个引文网络节点的向量表示结果，部分结果如表 4-5 所示。其中，TID（Topic ID）表示该引文网络节点所归属的研究主题（由之前实验得到的基于 LDA 主题模型的研究主题识别结果确定），PMID 表示引文网络节点的身份标识，$\dim n$ 表示引文网络节点向量具体实数值。

经过基于 Node2vec 算法的引文网络表示学习数据处理，虽然得到了各个时期健康信息领域引文网络节点的向量值，但是无法有效地进行基于外部引文的研究主题扩张与收敛程度计算，需要将各个时期健康信息领域引文网络节点向量进行降维，以便在后续研究中进行基于引文节点向量的研究主题扩张与收敛程度计算。

表 4-5 健康信息领域引文网络节点向量表示结果（部分）

TID	PMID	dim1	dim2	dim3	dim4	dim5	dim6	dim7	dim8	⋯⋯	dim128
Topic7	26166008	−0.3787	−0.4300	0.0446	0.0681	0.3300	0.0759	−0.0796	0.3162	⋯⋯	−0.0886
Topic9	26166998	0.0104	0.3138	−0.0426	−0.5658	0.4919	−0.1381	−0.0688	0.3565	⋯⋯	−0.2731
Topic7	26167860	−0.1181	−0.1673	−0.2700	−0.6903	0.5230	0.0569	−0.0210	0.7746	⋯⋯	0.3433
Topic7	26165846	0.4968	0.0528	−0.0726	−0.1034	0.1874	0.0627	0.4183	0.4888	⋯⋯	−0.0630
Topic8	26167842	0.2605	0.0616	−0.2180	−0.1147	0.2233	0.3080	0.1258	0.2300	⋯⋯	−0.2583
Topic1	26172977	0.1612	0.0254	0.0935	−0.0093	0.3361	−0.2041	−0.0348	0.1862	⋯⋯	−0.1457
Topic2	26171071	−0.3671	−0.3254	0.0971	−0.5817	0.5239	0.2752	−0.1031	0.0365	⋯⋯	0.0259
Topic3	26171073	−0.3028	−0.2727	0.1278	−0.1190	0.4235	−0.3329	0.0146	0.5501	⋯⋯	0.1128
Topic5	26172095	−0.2029	0.0340	−0.4476	0.2454	0.1365	−0.2176	0.1756	0.7388	⋯⋯	−0.3218
Topic6	26176640	−0.0751	0.3607	0.2756	−0.1803	0.3768	0.0239	0.3184	−0.1191	⋯⋯	−0.0650
Topic1	26176379	0.0501	−0.9826	−0.5012	−0.3531	0.4152	0.4989	0.2809	0.2896	⋯⋯	−0.0979
Topic5	26179587	−0.1293	0.0102	−0.3293	−0.3068	0.6289	0.1469	−0.0055	0.0489	⋯⋯	−0.5564
Topic6	26179079	−0.3685	−0.0057	−0.3056	0.1173	0.7062	0.1949	−0.0538	0.6981	⋯⋯	−0.0138
Topic1	26180980	−0.0287	0.5127	−0.2870	0.1049	0.1903	0.3228	0.0302	0.3700	⋯⋯	−0.0824

4.2.3 基于引文节点向量的研究主题扩张与收敛程度计算结果

本小节主要基于研究框架中所介绍的引文网络节点向量处理方法流程进行计算，具体利用 t-SNE 算法模型对上一步中的各个时期（1～9时期）健康信息领域的 128 维引文网络节点向量进行降维处理，将健康信息领域引文网络节点之间的引用关系映射到二维空间，以引文网络节点向量的形式进行直观揭示。为了有效观测降维效果，利用 Python 数据绘图工具包 Matplotlib 分别对健康信息领域 9 个时期的引文网络节点向量的 t-SNE 降维结果进行可视化，具体结果如图 4-3 所示。

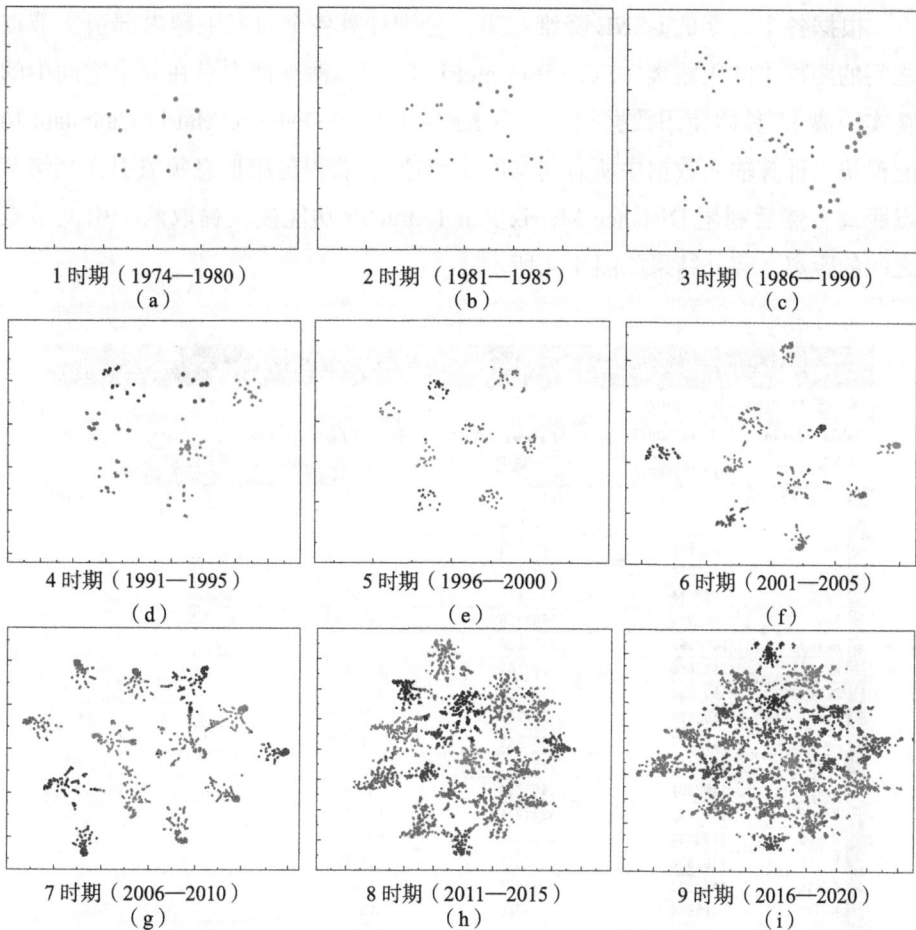

图 4-3　各个时期健康信息领域引文网络节点向量 t-SNE 降维结果（见书末彩插）

　　图 4-3 中，节点颜色根据研究主题归属确定，为了便于分析研究主题扩张与收敛程度，将节点颜色与上一步中健康信息领域引文网络图谱中的节点颜色保持一致。由图 4-3 可知，各个时期健康信息领域引文网络节点向量t-SNE 降维结果图中反映的引文网络节点分布、聚集特征与传统引文网络节点分布、聚集特征基本一致，因此可以在一定程度上说明，基于 Node2vec 算法模型对引文网络节点进行特征提取并表示为高维向量，不仅可以准确反映传统引文网络节点之间的引用分布，而且可以使其变得易存储、可计算，有效提高了引文网络数据的可用性（可以与目前大多数机器学习算法结合）。

根据各个时期的 t-SNE 降维结果，分别计算各个研究主题内部引文节点之间的距离［欧氏距离（Euclidean metric），可以测度两个点在 *n* 维空间中的真实距离］，具体使用数据挖掘平台 KNIME 中的 Distance Matrix Calculate 功能模块（计算输入数据中所有向量的距离值），获得健康信息领域引文网络节点距离，然后利用 Distance Matrix Pair Extractor 功能模块提取两个引文节点之间的距离，部分结果如图 4–4 所示。

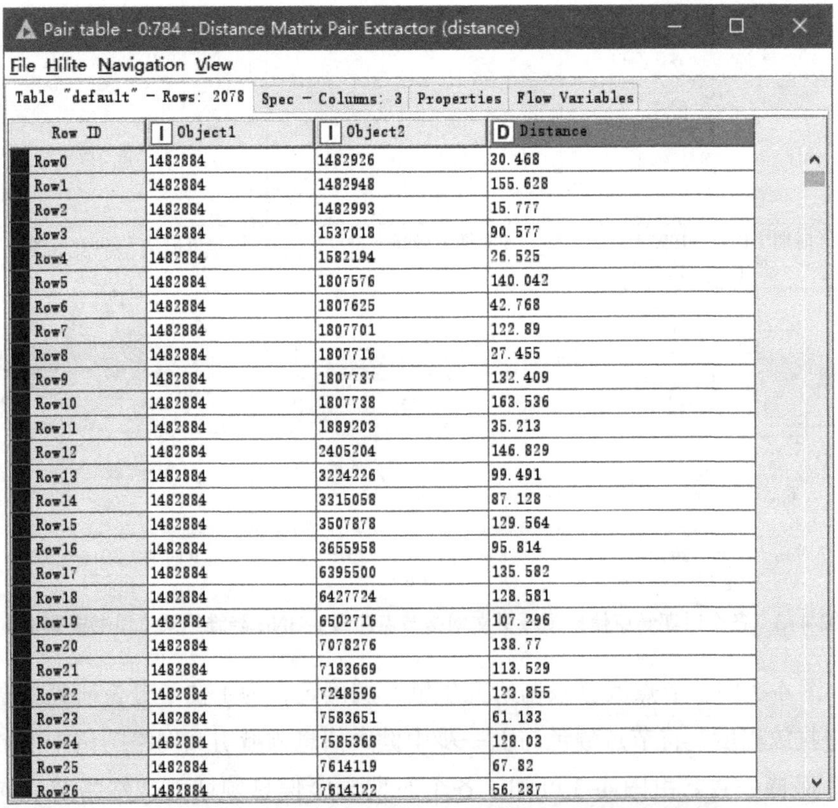

Pair table - 0:784 - Distance Matrix Pair Extractor (distance)

File Hilite Navigation View

Table "default" - Rows: 2078 | Spec - Columns: 3 | Properties | Flow Variables

Row ID	Object1	Object2	Distance
Row0	1482884	1482926	30.468
Row1	1482884	1482948	155.628
Row2	1482884	1482993	15.777
Row3	1482884	1537018	90.577
Row4	1482884	1582194	26.525
Row5	1482884	1807576	140.042
Row6	1482884	1807625	42.768
Row7	1482884	1807701	122.89
Row8	1482884	1807716	27.455
Row9	1482884	1807737	132.409
Row10	1482884	1807738	163.536
Row11	1482884	1889203	35.213
Row12	1482884	2405204	146.829
Row13	1482884	3224226	99.491
Row14	1482884	3315058	87.128
Row15	1482884	3507878	129.564
Row16	1482884	3655958	95.814
Row17	1482884	6395500	135.582
Row18	1482884	6427724	128.581
Row19	1482884	6502716	107.296
Row20	1482884	7078276	138.77
Row21	1482884	7183669	113.529
Row22	1482884	7248596	123.855
Row23	1482884	7583651	61.133
Row24	1482884	7585368	128.03
Row25	1482884	7614119	67.82
Row26	1482884	7614122	56.237

图 4–4 健康信息领域引文网络节点距离计算结果

图 4–4 中，Object1 和 Object2 分别表示健康信息领域引文网络节点（每个引文网络节点的 PMID），通过计算得到各个时期引文网络节点之间的距离之后，按照处理方法流程所述，以研究主题内部两个引文网络节点之间的最

大距离为直径，计算研究主题区域面积以测度研究主题扩张与收敛程度。

本书将基于外部引文的研究主题扩张与收敛程度计算结果作为系数与基于内部文本的研究主题扩张与收敛程度计算结果进行融合，因此进行归一化处理。基于外部引文的研究主题扩张与收敛程度计算结果 ECD_{ref} 取值范围区间转换为 $\{ECD_{ref}|0 \leqslant ECD_{ref} \leqslant 1\}$，保留小数点后两位，各个时期基于外部引文的研究主题扩张与收敛程度部分计算结果如表 4-6 所示。

表 4-6 基于外部引文的研究主题扩张与收敛程度部分计算结果

时期	主题序号	ECD_{ref}	时期	主题序号	ECD_{ref}	时期	主题序号	ECD_{ref}
1 时期	Topic1	0.01	6 时期	Topic3	0.09	8 时期	Topic10	0
1 时期	Topic2	0.01	6 时期	Topic4	0.20	8 时期	Topic11	0.19
1 时期	Topic3	0.01	6 时期	Topic5	0.10	8 时期	Topic12	0.26
1 时期	Topic4	0.01	6 时期	Topic6	0.10	8 时期	Topic13	0.30
2 时期	Topic1	0.02	6 时期	Topic7	0.13	8 时期	Topic14	0.27
2 时期	Topic2	0.02	6 时期	Topic8	0.09	8 时期	Topic15	0.49
2 时期	Topic3	0.01	6 时期	Topic9	0.12	8 时期	Topic16	0.13
2 时期	Topic4	0.01	6 时期	Topic10	0	8 时期	Topic17	0.20
3 时期	Topic1	0.02	7 时期	Topic1	0.24	9 时期	Topic1	0.69
3 时期	Topic2	0.03	7 时期	Topic2	0.16	9 时期	Topic2	0.82
3 时期	Topic3	0.02	7 时期	Topic3	0.27	9 时期	Topic3	0.33
3 时期	Topic4	0.02	7 时期	Topic4	0.14	9 时期	Topic4	0.54
3 时期	Topic5	0.01	7 时期	Topic5	0.16	9 时期	Topic5	0.19
……	……	……	……	……	……	……	……	……

由表 4-6 可知，通过实验处理得到了基于外部引文的研究主题扩张与收敛程度计算结果，在此基础上，本书将在第 5 章综合前文基于内部文本的健康信息领域研究主题扩张与收敛程度计算结果，以及基于外部引文的健康信息领域研究主题扩张与收敛时间序列做进一步关联分析，从而为后续研究中构建健康信息领域内外特征融合的研究主题扩张与收敛模型及其特征分析奠定基础。

4.3 对比验证

为验证本书中提出的方法的准确性和有效性，基于 VOSviewer 进行健康信息领域研究主题扩张与收敛程度分析，然后与本书结果进行对比验证。VOSviewer 是莱顿大学科学与技术研究中心开发的文献计量与知识图谱绘制工具，具有合作者（co-authorship）分析、关键词共现（co-occurrence）分析和关键词聚类（cluster）分析等功能。由于 VOSviewer 具有文献分析功能强大、制图清晰美观等优点，受到越来越多的国内外图情领域学者的认可，他们利用 VOSviewer 进行学科领域研究主题分析、研究热点分析等工作。因此，本书将 VOSviewer 中的研究主题分析方法作为基准方法，来验证本书所提出的方法的准确性和有效性。

具体来说，本书利用 VOSviewer 处理前文所构建的 PubMed 健康信息领域论文数据集，绘制不同时期健康信息领域的研究主题图谱，进而揭示健康信息领域研究主题扩张与收敛程度变化情况，结果如图 4-5、图 4-6 所示。

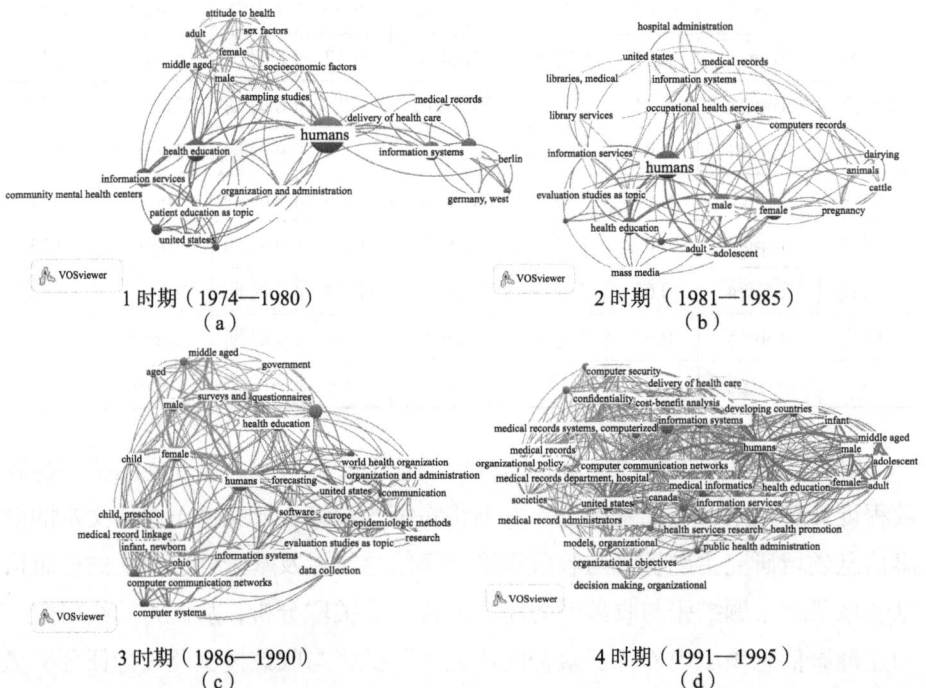

1 时期（1974—1980）
（a）

2 时期 （1981—1985）
（b）

3 时期（1986—1990）
（c）

4 时期（1991—1995）
（d）

图 4-5　基于 VOSviewer 的健康信息领域研究主题图谱（1～4 时期）（见书末彩插）

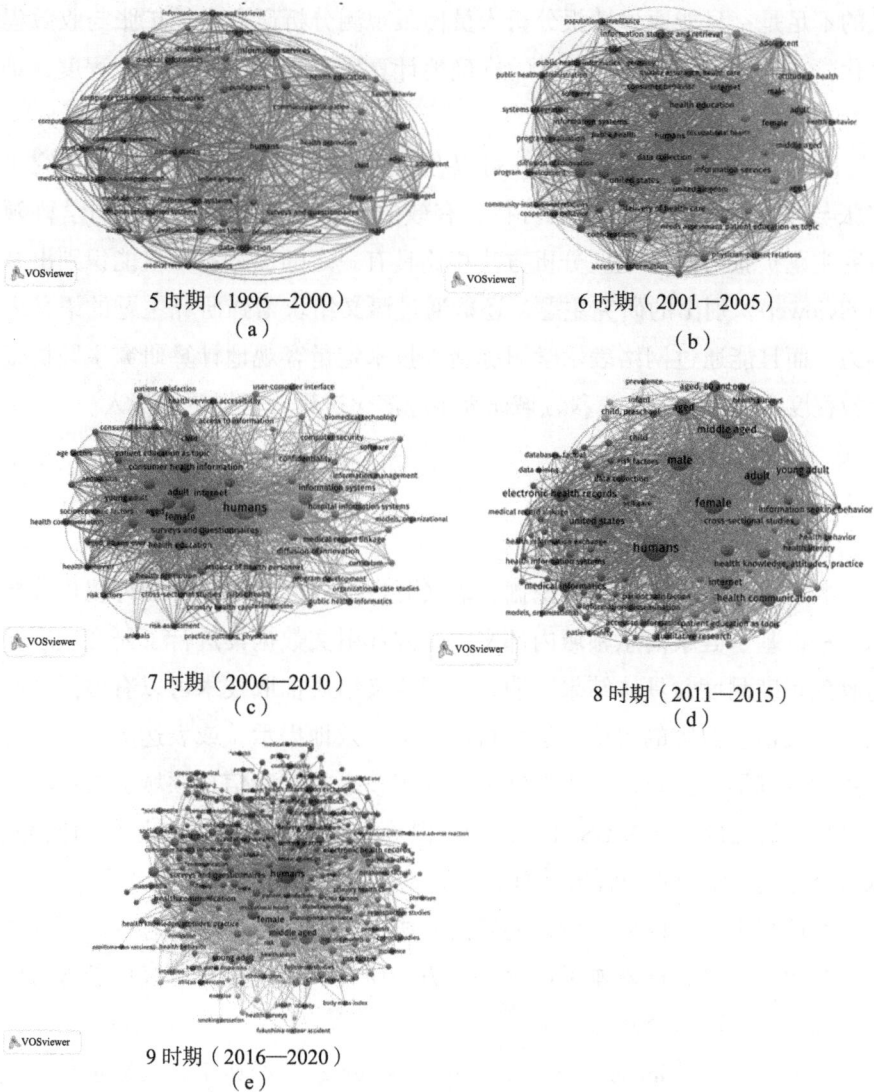

5 时期（1996—2000）
（a）

6 时期（2001—2005）
（b）

7 时期（2006—2010）
（c）

8 时期（2011—2015）
（d）

9 时期（2016—2020）
（e）

图 4-6　基于 VOSviewer 的健康信息领域研究主题图谱（5～9 时期）（见书末彩插）

　　分析图 4-5、图 4-6 可知，基于 VOSviewer 的研究主题变化图谱能够识别出健康信息管理、健康教育、电子健康档案等研究主题，这与本书提出的研究方法所识别出的主题一致，可以验证本书提出的方法的有效性。虽然该方法可以揭示健康信息领域研究主题扩张与收敛程度变化情况，但是主要存在的不足是：只能通过情报分析人员肉眼观测分析研究主题扩张与收敛程度变化，主观性较强，无法科学、准确地计算研究主题扩张与收敛程度，难以进行更加深入的分析。

因此，通过上述对比验证，可以在一定程度上说明本书提出的研究主题扩张与收敛程度计算方法是可行、有效的，和基于 VOSviewer 的学科领域研究主题扩张与收敛程度分析方法相比具有一定的优势：不仅能识别出基于 VOSviewer 识别出的研究主题，还能通过语义组块增强研究主题的语义表征能力，而且能通过网络表示学习等新兴技术定量客观地计算研究主题扩张与收敛程度变化情况，将学科领域研究主题演化过程分析得更加深入。

4.4　讨论

本章通过综合利用文本挖掘、语义分析、社会网络分析和可视化分析技术方法，基于健康信息领域内部文本和外部引文数据集进行了研究主题扩张与收敛程度测度，具体结果表明，基于语义组块抽取技术可以有效提高研究主题语义信息内容的价值，进而可以更加有效地揭示（或表达）学术论文研究主题及其语义内容；基于网络表示学习技术将健康信息领域引文网络表示为可计算的向量，通过 t-SNE、欧氏距离等经典算法模型，实现了健康信息领域研究主题扩张与收敛程度计算。

本章基于研究框架中设计的研究方法流程测度了健康信息领域研究主题扩张与收敛程度，虽然本书内容不是方法研究，但也应对研究中新方法的优点、局限等进行讨论分析。

由于基于 CiteSpace、UCINET 和 VOSviewer 等经典工具难以进行研究主题扩张与收敛程度计算，这些工具得到的结果主要是引文网络、关键词共现网络及其聚类等，然后通过人工判读进行分析解读，无法更深入地揭示研究主题的系统性、结构性变化。与现有研究方法流程相比，本书一方面基于语义组块抽取技术提升研究主题语义信息价值，改进了关键词、主题词无法有效揭示学科领域研究主题的不足；另一方面，通过综合文本挖掘与网络表示学习算法技术，从内部文本和外部引文两个维度更加深入、有效地测度了健康信息领域研究主题演变过程中的扩张与收敛程度。

然而，在健康信息领域研究主题扩张与收敛程度计算研究中，也存在一定的不足，其中主要的不足是利用语义组块抽取技术对研究主题识别结果进行标注，虽然在一定程度上提升了研究主题识别结果的准确性和可解读性，但是该方法效率不高，难以推广。此外，研究方法流程中涉及多种算法模型，研究过程较复杂、对于研究数据质量具有较高要求，在一定程度上限制了研究方法的普适性。

4.5 本章小结

本章根据上一章研究框架中提出的研究方法流程，利用 LDA 主题模型、组块抽取、网络表示学习和可视化等分析技术方法对健康信息领域文本数据和引文数据进行实验处理，分别基于内部文本和外部引文进行了研究主题扩张与收敛程度计算。

本章重点研究了：①在 LDA 主题模型主题识别结果基础上，基于语义组块抽取技术提升研究主题语义信息价值，进而从内部文本层面测度健康信息领域研究主题扩张与收敛程度；②在健康信息领域引文网络构建结果的基础上，利用 Node2vec 算法模型对各个时期的引文网络提取特征并将其表示为高维向量，然后通过 t-SNE 算法将引文网络节点向量进行降维，并根据欧氏距离测度同一研究主题内部引文网络节点最远距离，进而实现从外部引文进行研究主题扩张与收敛程度计算。具体实验及其分析表明：本书所设计的研究方法框架能够准确、有效地计算健康信息领域研究主题扩张与收敛程度，一方面科学、有效地测度了健康信息领域研究主题发展过程；另一方面为后续健康信息领域研究主题扩张与收敛模型的构建奠定了坚实基础。

5 健康信息领域研究主题扩张与收敛模型构建及特征研究

通过上一章的研究可以发现，在不同时期健康信息领域的研究主题规模、结构等特征会发生扩张与收敛等时序变化。那么，能否构建科学、严谨的数学模型对健康信息领域研究主题扩张与收敛的客观现象进行抽象、归纳？在数学模型视角下，健康信息领域研究主题扩张与收敛演变过程又呈现出怎样的特征？这些将是本章重点解决的问题。

本章将根据上一步中研究主题扩张与收敛程度计算结果，围绕本章需要重点解决的问题，进行以下主要研究内容：①进行健康信息领域研究主题扩张与收敛时间序列融合，即在健康信息领域研究主题关联计算的基础上，进行基于内部文本和外部引文的研究主题扩张与收敛时间序列融合，得到完整反映健康信息领域研究主题扩张与收敛程度时序变化的时间序列数据；②探索利用科学、严谨的数学模型对研究主题扩张与收敛时序变化数据进行跟踪建模；③总结、归纳健康信息领域研究主题扩张与收敛时序演变特征。

5.1 健康信息领域研究主题扩张与收敛时间序列融合

5.1.1 健康信息领域研究主题关联计算

为了保证不同时期的健康信息领域研究主题扩张与收敛程度计算结果属于同一个主题，从而准确构建内外特征融合的健康信息领域研究主题扩张与收敛时间序列数据，需要进行健康信息领域相邻时期的研究主题关联计算。

根据第 3 章研究框架中所述的数据处理方法流程，首先通过计算健康信息领域相邻时期研究主题的文本相似性来进行关联分析，将各个时间窗口下的主题表示成短文本，然后利用 Cosine Similarity（余弦相似度）算法两两计算主题文本的相似度（取值范围为 $0 \leqslant sim \leqslant 1$），得到初始主题相似度结果后去除相似度为 0 的主题关联对。最后，为了防止研究主题关联过多而掩盖真实、有效的关联关系，每个 $T+1$ 时期研究主题仅保留和它相似度最高的 T 时期研究主题关联（由于健康信息领域研究主题正处于发展阶段，研究主题往往会发生分裂、分化），从而得到健康信息领域研究主题关联构建结果，部分结果如表 5-1 所示。

表 5-1　健康信息领域研究主题关联构建结果（部分）

T 时期	T 时期主题	$T+1$ 时期	$T+1$ 时期主题	sim
1 时期	Topic1	2 时期	Topic3	0.87
1 时期	Topic2	2 时期	Topic1	0.53
1 时期	Topic3	2 时期	Topic2	0.67
1 时期	Topic4	2 时期	Topic4	0.40
2 时期	Topic1	3 时期	Topic2	0.35
2 时期	Topic2	3 时期	Topic4	0.66
2 时期	Topic3	3 时期	Topic1	0.37
2 时期	Topic4	3 时期	Topic3	0.77
2 时期	Topic4	3 时期	Topic5	0.33
……	……	……	……	……

5.1.2　健康信息领域研究主题扩张与收敛时间序列融合结果

在上一步健康信息领域研究主题关联计算结果的基础上，将基于内部文本和外部引文的研究主题扩张与收敛时间序列数据进行融合。根据研究框架中的方法流程所述，将基于外部引文的研究主题扩张与收敛时间序列作为系数与基于内部文本的研究主题扩张与收敛时间序列进行融合，并且为了避免外部引文为 0 时对于时间序列的影响，采取（1+ 外部引文）的方式进行处理，经过计算处理得到融合内外特征的健康信息领域研究主题扩张与收敛时间序列数据（保留整数部分），部分结果如表 5-2 所示。

表 5-2 融合内外特征的健康信息领域研究主题扩张与收敛时间序列数据（部分）

时期	Topic1	Topic2	Topic3	Topic4	Topic5	Topic6	Topic7	……
1	3	4	4	10	10	1	2	……
2	3	20	20	10	10	2	10	……
3	3	20	20	12	12	2	10	……
4	3	20	23	12	10	6	10	……
5	4	23	32	13	13	8	11	……
6	5	40	31	20	19	13	20	……
7	6	39	44	21	53	20	19	……
8	8	34	68	19	99	20	17	……
9	12	51	53	22	161	26	26	……

5.2 健康信息领域研究主题扩张与收敛模型构建

目前学科主题发展演变分析相关研究中，研究者主要以人工判读的方式对研究主题演变过程及发展变化进行描述，由于人工判读的主观性较强，在一定程度上会造成分析结果存在误差甚至错误。因此，本书在上一步健康信息领域研究主题扩张与收敛时间序列融合结果的基础上，对这些健康信息领域研究主题扩张与收敛时间序列数据进行科学、严谨的数学模型构建，从而准确、有效地进行健康信息领域研究主题扩张与收敛特征分析，以及动态演化规律总结。

5.2.1 基于时间序列趋势图的函数模型选择

健康信息领域研究主题扩张与收敛模型构建是一个系统的过程，包括趋势图绘制、数学函数类型选择、参数确定和模型检验 4 个子步骤。首先应该根据其时间序列数据进行趋势图绘制（散点图、折线图等），以便进行函数模型选择，本书基于健康信息领域研究主题扩张与收敛时间序列融合结果，以折线图的形式绘制时间序列趋势图以辅助函数模型的选择（图 5-1）。

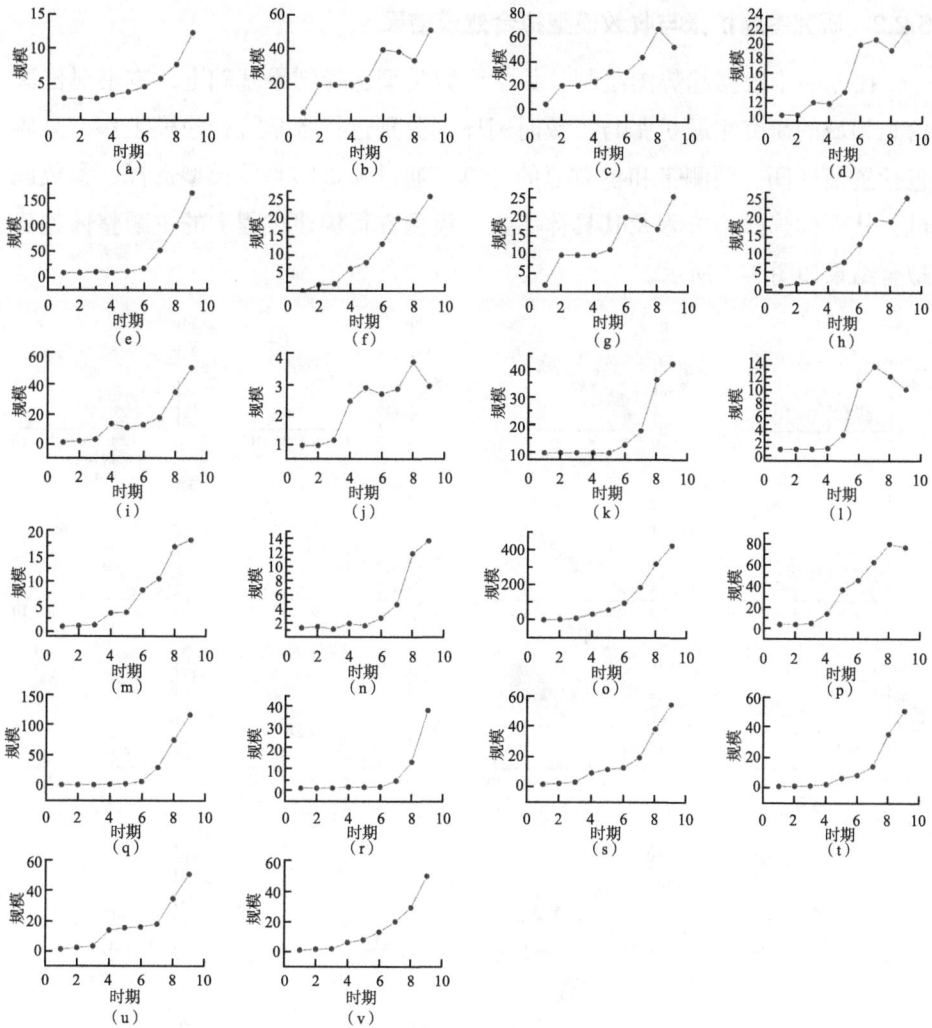

图 5-1 健康信息领域研究主题扩张与收敛时间序列趋势图

（注：图中曲线趋势表示主题规模、强度的时序变化）

通过分析图 5-1 可知，健康信息领域内部文本和外部引文融合的研究主题扩张与收敛时间序列趋势图中的时间序列走势大致可以分为 4 种：一直快速增长、一直增长但近几个时期增长减缓、波动增长及近几个时期开始下降。因此，可以大致推测健康信息领域内部文本和外部引文融合的研究主题扩张与收敛时间序列数据的函数模型基本符合指数函数、S 型函数，以之为基础，进行模型构建及参数确定。

5.2.2 研究主题扩张与收敛模型拟合建模结果

在上一步数据趋势图绘制、数学函数类型选择结果基础上，本书对健康信息领域的研究主题扩张与收敛时间序列分别进行数学拟合建模工作，具体包括置信区间、预测带和参数值的计算，通过大量实验及模型选择、参数调试，从而构建模型方程及其具体参数，模型方程构建过程中的主题整体趋势拟合结果如图 5-2 所示。

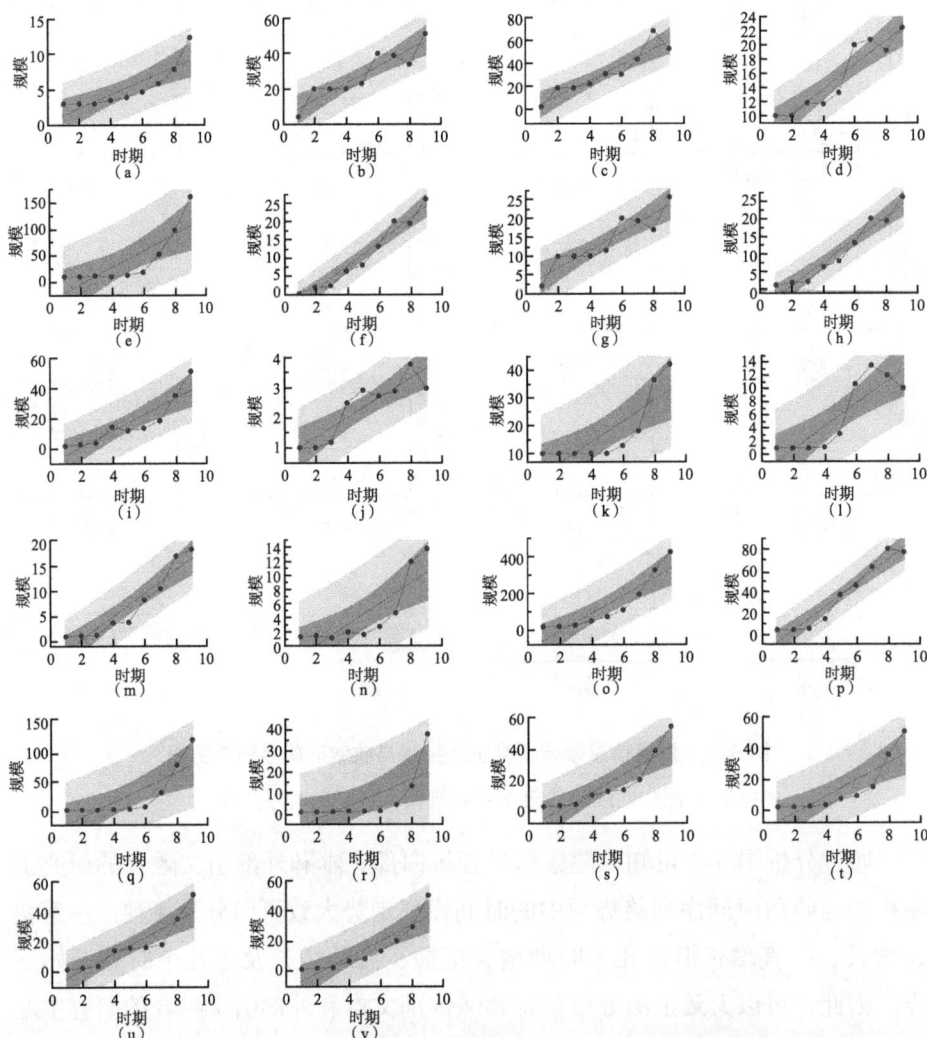

图 5-2　健康信息领域研究主题扩张与收敛模型方程构建过程中的主题整体趋势拟合结果

（注：图中曲线趋势表示主题规模、强度的时序变化）

图 5-2 展示了健康信息领域研究主题扩张与收敛模型方程构建过程中的主题整体趋势拟合结果的整体趋势，具体的模型方程与参数需要经过检验然后确定，具体模型方程与参数结果见下一小节。

5.2.3 研究主题扩张与收敛模型检验与确定

在对健康信息领域研究主题扩张与收敛模型构建后，关键的一步是进行模型检验，来确定拟合得到的数学模型是否准确、有效及可信。具体模型构建过程中进行了多次模型选择、调试，使得所构建的模型都通过了残差平方和（Reduced Chi-Sqr）、相关系数平方拟合优度[①]（Goodness of Fit，COD）、校正决定系数（Adj.R-Square）3 种模型检验指标（其中，相关系数平方拟合优度和校正决定系数结果在 0.9 以上，越接近 1 说明拟合结果越好，残差平方和越小越好），部分模型检验结果如表 5-3 所示。

表 5-3 健康信息领域研究主题扩张与收敛部分模型检验结果

主题序号	Reduced Chi-Sqr	R-Square	Adj.R-Square
Topic1	0.024 84	0.998 07	0.997 43
Topic2	0.281 15	0.950 09	0.970 19
Topic3	0.837 42	0.986 09	0.972 18
Topic4	0.6419	0.929 77	0.953 23
Topic5	0.723 98	0.950 49	0.986 16
Topic6	0.6622	0.983 06	0.974 19
Topic7	0.933 89	0.964 19	0.976 98
Topic8	0.751 25	0.974 39	0.957 29
Topic9	0.479 29	0.966 22	0.983 49
Topic10	0.150 49	0.953 86	0.977 16
Topic11	0.479 29	0.979 28	0.963 19
……	……	……	……

---

① 又称 R-Square。

分析表5-3可知，本书构建的研究主题扩张与收敛模型都通过模型检验，说明构建的数学模型是准确、有效及可信的。

本书在健康信息领域研究主题扩张与收敛模型构建基础上，进行了进一步总结归纳，根据健康信息领域内部文本和外部引文融合的研究主题扩张与收敛时间序列的4种走势（一直快速增长、一直增长但近几个时期增长减缓、波动增长及近几个时期开始下降），将所构建的模型方程总结、归纳为研究主题扩张 ExpGro1 模型、研究主题扩张 ExpGro2 模型、研究主题收敛 Logistic 模型和研究主题收敛 BiHill 模型 4 种，基本信息如表5-4 所示。

表 5-4　健康信息领域研究主题扩张与收敛模型信息

主题状态	函数类型	模型结果	模型公式	模型图像示例
扩张	指数函数	扩张 ExpGro1 模型	$y = y_0 + A_1 e^{x/t_1}$	offset:y_0=1 amplitude:A_1=1 t_1=1 $y(1)=A_1/t_1$ $(0, y_0+A_1)$ $y=y_0$
扩张	指数函数	扩张 ExpGro2 模型	$y = y_0 + A_1 e^{x/t_1} + A_2 e^{x/t_2}$	offset:y_0=0 amplitude: A_1=1 time constant: t_1=1 amplitude: A_2=2 time constant: t_2=2 $(0, y_0+A_1+A_2)$ $y(1)=A_1/t_1+A_2/t_2$ $y=y_0$
收敛	S型函数	收敛 Logistic 模型	$y = \dfrac{A_1 - A_2}{1 + (x/x_0)^p} + A_2$	init value: A_1=0 final value: A_2=1 center: x_0=5 power: p=3 $y=A_2$ $y(2)=0$ $(x_1/x_0)^\wedge p=(p-1)/(p+1)$ (x_1, y_1) $(0, A_1)$

续表

主题状态	函数类型	模型结果	模型公式	模型图像示例
收敛	S型函数	收敛BiHill模型	$y=\dfrac{P_m}{\left[1+\left(\dfrac{K_a}{x}\right)^{H_a}\right]\left[1+\left(\dfrac{x}{K_i}\right)^{H_i}\right]}$	

具体来说，本书所构建的健康信息领域研究主题扩张与收敛模型主要分为 4 种，同一类型的模型具体方程参数不同，本书选择了 4 种研究主题扩张与收敛模型中的代表性构建结果，如图 5-3～图 5-6 所示。

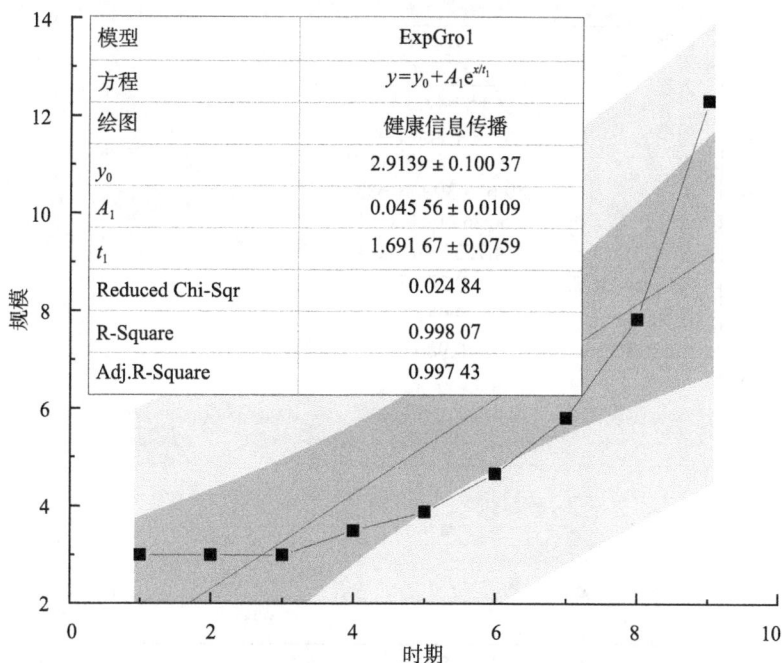

图 5-3　研究主题扩张 ExpGro1 模型（1～9 时期）

模型	ExpGro1
方程	$y=y_0+A_1\mathrm{e}^{x/t_1}$
绘图	健康信息传播
y_0	2.9139 ± 0.100 37
A_1	0.045 56 ± 0.0109
t_1	1.691 67 ± 0.0759
Reduced Chi-Sqr	0.024 84
R-Square	0.998 07
Adj.R-Square	0.997 43

模型	ExpGro2
方程	$y = y_0 + A_1 e^{x/t_1} + A_2 e^{x/t_2}$
绘图	患者健康信息
y_0	$391.317\ 99 \pm 3.684\ 67\text{E}7$
A_1	$-167.457\ 87 \pm 1.780\ 2\text{E}8$
t_1	$-53.344\ 99 \pm 1.137\ 02\text{E}7$
A_2	$-220.543\ 68 \pm 1.339\ 8\text{E}8$
t_2	$-110.131\ 83 \pm 7.240\ 8\text{E}7$
Reduced Chi-Sqr	$0.281\ 15$
R-Square	$0.950\ 09$
Adj.R-Square	$0.970\ 19$

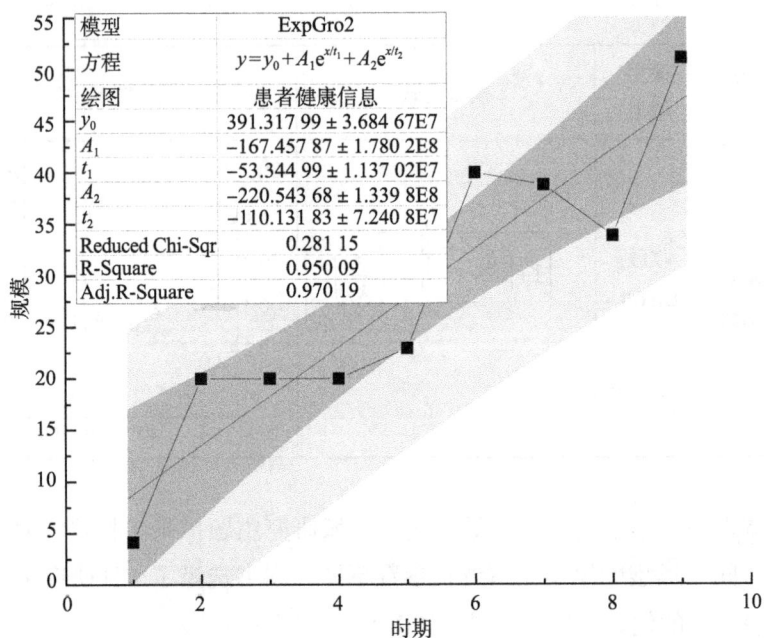

图 5-4　研究主题扩张 ExpGro2 模型（1～9 时期）

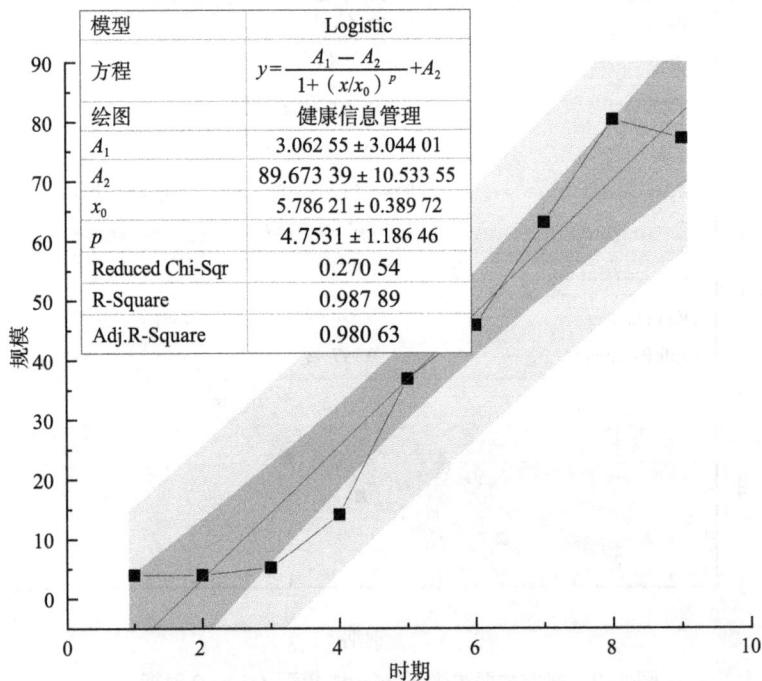

模型	Logistic
方程	$y = \dfrac{A_1 - A_2}{1 + (x/x_0)^p} + A_2$
绘图	健康信息管理
A_1	$3.062\ 55 \pm 3.044\ 01$
A_2	$89.673\ 39 \pm 10.533\ 55$
x_0	$5.786\ 21 \pm 0.389\ 72$
p	$4.7531 \pm 1.186\ 46$
Reduced Chi-Sqr	$0.270\ 54$
R-Square	$0.987\ 89$
Adj.R-Square	$0.980\ 63$

图 5-5　研究主题收敛 Logistic 模型（1～9 时期）

模型	BiHill
方程	$$y = \dfrac{P_m}{\left[1+\left(\dfrac{K_a}{x}\right)^{H_a}\right]\left[1+\left(\dfrac{x}{K_i}\right)^{H_i}\right]}$$
绘图	健康决策
P_m	105.464 6 ± 64 052.584 22
K_a	2.834 38 ± 69.406 64
K_i	23.249 52 ± 1 958 829.898 94
H_a	1.532 5 ± 7.264 41
H_i	0.014 46 ± 110.227 85
Reduced Chi-Sqr	0.837 42
R-Square	0.986 09
Adj.R-Square	0.972 18

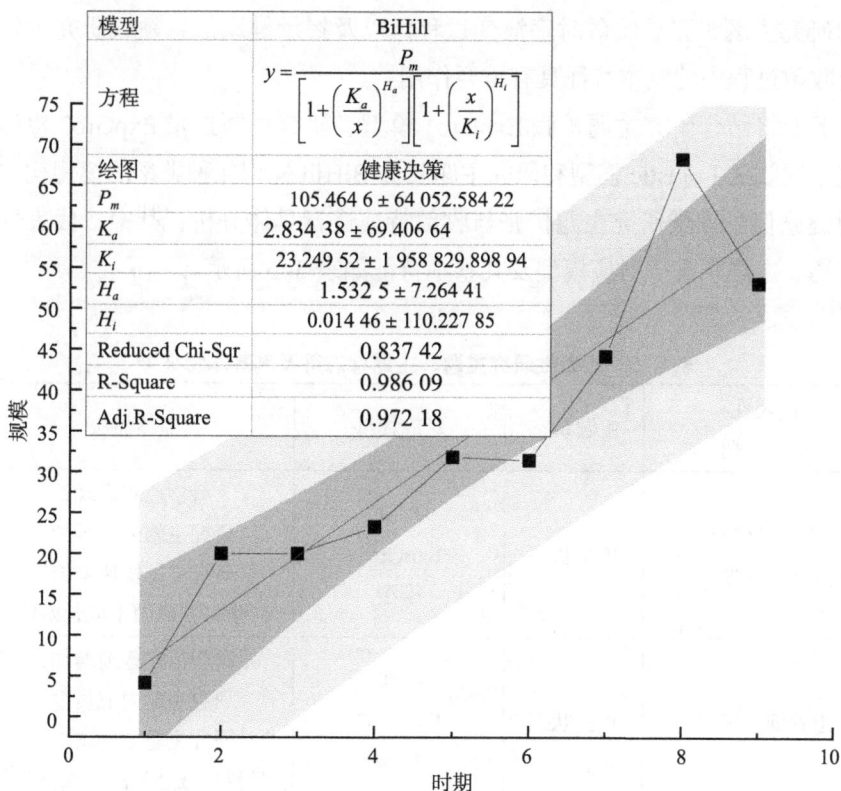

图 5-6　研究主题收敛 BiHill 模型（1～9 时期）

由图 5-3～图 5-6 可知，健康信息传播、患者健康信息、健康信息管理、健康决策研究主题所构建的数学模型分别属于研究主题扩张 ExpGro1 模型、研究主题扩张 ExpGro2 模型、研究主题收敛 Logistic 模型和研究主题收敛 BiHill 模型，下面将结合模型构建结果对健康信息领域研究主题扩张与收敛特征进行分析。

5.3　健康信息领域研究主题扩张与收敛特征分析

通过兼顾内部文本与外部引文，对健康信息领域研究主题演变过程中的扩张与收敛程度进行测度，并结合时间序列分析，利用数学模型对健康信息领域研究主题时序演变过程进行了拟合，对分析健康信息领域知识增长过程中的研究主题扩张、收敛时序演变过程，以及揭示健康信息领域研究主题扩张与收敛过程中的基本特征具有重要作用。

　　下面将结合研究主题扩张 ExpGro1 模型、研究主题扩张 ExpGro2 模型、研究主题收敛 Logistic 模型和研究主题收敛 BiHill 模型 4 种类型的模型构建结果对健康信息领域研究主题扩张与收敛特征进行具体分析，其中，代表性研究主题、主题状态、对应模型及其基本特征如表 5-5 所示。

表 5-5　代表性研究主题、主题状态等及其基本特征

代表性 研究主题	主题状态	对应模型	基本特征
健康信息传播、 健康信息搜寻	扩张状态	扩张 ExpGro1 模型	科学范式涌现； 研究主题内成员少； 研究主题快速增加； 学科领域处于成长阶段
患者健康信息	扩张状态	扩张 ExpGro2 模型	科学范式逐渐增加； 研究主题内成员少； 研究主题波动增加； 学科领域处于波动成长阶段
健康信息管理、 图书馆健康信息服务	收敛状态	收敛 Logistic 模型	科学范式逐渐稳定； 研究主题成员聚集明显； 社区成员增长速度减缓； 处于成长阶段
健康决策、 区域卫生信息化	收敛状态	收敛 BiHill 模型	科学范式聚焦、深入； 研究主题成员聚集明显； 研究主题内容相对集中； 与前一时期相比研究主题 规模减弱

　　通过模型构建可以得知符合扩张 ExpGro1 模型的研究主题有健康信息传播、健康信息搜寻、跨理论模型、新媒体信息技术、信息服务体系、健康信息教育、信息服务评价等；符合扩张 ExpGro2 模型的研究主题有患者健康信

息、电子健康档案、信息平台建设等；符合收敛 Logistic 模型的研究主题有健康信息管理、图书馆健康信息服务、健康信息共享、健康信息交流、信息需求分析、健康管理、健康意识等；符合收敛 BiHill 模型的研究主题有健康决策、区域卫生信息化、信息质量评价、健康素养评价、健康促进等。在对健康信息领域研究主题扩张与收敛特征进行分析时，会根据研究主题扩张与收敛模型构建结果（研究主题扩张 ExpGro1 模型、研究主题扩张 ExpGro2 模型、研究主题收敛 Logistic 模型和研究主题收敛 BiHill 模型）对健康信息领域研究主题扩张与收敛特征进行分析，分别从研究主题扩张特征分析和研究主题收敛特征分析两个方面具体展开。具体是从 4 种模型中各选取 1 个研究主题，基于模型角度进行扩张与收敛特征分析，研究主题的具体内容解读将在第 6 章进行。下面具体分析相关内容。

5.3.1　健康信息领域研究主题扩张特征分析

（1）研究主题扩张特征分析（扩张 ExpGro1 模型）

健康信息领域研究主题中属于扩张状态的研究主题主要有：健康信息传播、健康信息搜寻、跨理论模型等，属于扩张 ExpGro1 模型，从所构建的数学模型来看，近年来，随着人们对于健康信息传播、健康信息搜寻的重视，相关研究成果涌现，越来越多的研究者对其相关内容展开深入研究。概括来说，健康信息传播、健康信息搜寻研究主题在时间逻辑上呈现明显的扩张结构。

健康信息传播研究主题扩张特征。随着互联网平台的发展，手机端 APP、客户端的丰富发展及信息技术的进步，全球范围内的信息传播加速，产生了众多机遇与挑战，特别是在数据科学时代背景下，健康信息传播研究主题获得了越来越多研究者的关注、重视，在研究规模和研究内容上都呈现出明显的扩张特征。

从研究规模角度来看，近年来，健康信息传播研究主题内部新的研究范式涌现，虽然整体上健康信息传播研究主题内的研究成员少于健康信息管理等健康信息领域核心研究主题，但是从时间维度来看，健康信息传播研究主题内部研究成员数量呈现快速增长的特征，并且从研究者研究方向、研究创新来看，健康信息传播研究主题创新能力显著，总体而言，健康信息传播的研究规模处于快速成长阶段。

健康信息传播呈现出的扩张特征主要有受健康、医疗和卫生类热点事件驱动。目前在全世界范围内，社交网络逐渐成为信息传播的主要渠道，由于社交网络具有易接入、言论比较自由、监管松散等特点，逐渐占据了以往电视、广播、报刊等渠道的信息传播地位。其中，健康信息是全世界民众关注的主要信息类型之一，社交网络作为目前健康信息传播的主要渠道，在各种健康、医疗和卫生类热点事件发生的背景下，将承载海量健康信息的产生与传播功能，因此当各种健康、医疗和卫生类热点事件发生时，在互联网社交平台上将会产生大量的健康信息传播案例、事件，由此吸引国内外研究者以之为基础进行研究。每当发生健康、医疗和卫生类热点事件之后，都会产生大量有关健康信息传播的期刊论文。这些期刊论文主要在健康、医疗和卫生类热点事件背景下，以 X 平台（原 Twitter）、Facebook、微信和微博等社交网络平台及其用户健康信息传播为研究对象展开深入研究。例如：2016 年，寨卡病毒（Zika Virus）暴发，研究者通过调查分析在 X 平台上传播的关于寨卡病毒的信息，确定了流行推文和美国疾病预防控制中心（Centers for Disease Control and Prevention，CDC）等公共卫生机构发来的推文的传播方式。研究者指出，在寨卡病毒暴发期间公众最感兴趣或最关注的事物与公共卫生部门提供的信息之间可能存在差异，社交网络平台是在公共卫生危机期间进行风险交流的重要平台，有效、准确地传播健康信息对于公众提高认识和制定风险管理策略至关重要。此外，2020 年新冠疫情在全球范围内暴发和蔓延，部分研究者以之为背景展开健康信息传播研究，如有的学者通过分析 X 平台、Facebook 上发布的关于 COVID-19 的文章，来研究探索哪些健康信息能更好地满足人们的需求，并探讨影响社交网络平台用户健康信息传播的因素。

健康信息传播呈现出的扩张特征除了受健康、医疗和卫生类热点事件驱动，还呈现明显的研究主题内容分散的特征，即健康信息研究主题内部并未形成稳定、系统的研究内容。例如，有的研究者研究探索不同人员（宗教人物、医生、名人患者或普通患者）对健康信息传播的影响，还有的研究者关注健康教育与健康信息传播之间的关系等联系较小的内容。

（2）研究主题波动扩张特征分析（扩张 ExpGro2 模型）

健康信息领域研究主题中属于波动扩张状态的研究主题主要有：患者健康信息、电子健康档案、信息平台建设等，属于扩张 ExpGro2 模型。从所构建的数学模型来看，患者健康信息研究主题整体呈现指数增长状态，但是，8～9 时期呈现弱指数增长状态。概括来说，患者健康信息研究主题整体趋势呈现增长状态，但近年来其增长速度减慢并呈现波动上升状态，患者健康信息研究主题在时间逻辑上呈现扩张的结构性变化，但是较之健康信息传播和健康信息搜寻研究主题，患者健康信息研究主题发展呈现不稳定上升的特征。患者健康信息作为健康信息的重要组成部分之一，一直以来都受到研究者的重视，国内外研究者都针对患者健康信息展开了大量研究，形成了快速发展的研究主题。

从研究规模角度来看，近年来患者健康信息研究主题内部新的研究范式不断出现，整体来看，患者健康信息研究主题内部研究成员多于健康信息传播等 ExpGro1 模型研究主题内部研究成员，而从时间维度来看，患者健康信息研究主题内部研究成员呈现弱增长特征（增长趋势减缓），并且从研究者研究方向、研究创新来看，患者健康信息研究主题创新能力较强，总体而言患者健康信息研究主题的研究规模处于成长阶段。

患者健康信息研究主题呈现出的扩张特征主要有研究中的关注重点由数据转向患者本身。患者健康信息研究主题在健康信息领域兴起之初，研究者主要关注对于患者健康信息数据的收集、整理、利用和存储等方面，如研究者设计提出了 AID-GM 软件（网络应用程序），使患者可以与他/她的糖尿病医生分享由快速血糖监测设备收集的原始 BG 数据及由活动跟踪器收集的信息，包括身体活动、心率和睡眠，提供了多个数据视图，以总结受试者随时间的代谢控制，并使用活动跟踪器提供的信息来补充患者健康信息。而随着研究的深入与完善，患者健康信息收集、处理相对比较成熟，研究者逐渐将研究的重点转向患者本身。例如，有的研究者通过不同的定性研究方法关注、研究患者的住院经历，形成患者健康信息画像。此外，近年来患者健康信息研究主题关注健康信息技术共享患者数据的过程中对于患者的影响，虽然健康信息技术可以提高医疗保健的效率和效力，但是可能会使患者担心健康记录（隐私）泄露问题。研究者关注患者健康信息对于患者与医生的治疗关系及患者隐私问题，设计面向患者的健康信息技术，保护患者健康信息隐私等问题逐渐成为该主题的重要研究内容。

5.3.2　健康信息领域研究主题收敛特征分析

（1）研究主题收敛特征分析（收敛 Logistic 模型）

健康信息领域研究主题中属于收敛状态的研究主题主要有：图书馆健康信息服务、健康信息管理、健康信息共享等，属于收敛 Logistic 模型，下面将以健康信息管理研究主题为例进行特征分析。

从所构建的数学模型来看，健康信息管理研究主题经过多个时期的快速发展，研究主题扩张与收敛程度增长趋势逐渐放缓甚至略微下降，在时间序列折线图中显示研究主题扩张与收敛程度在近几个时期增长趋势逐渐平缓，呈现出一定的发展减缓特征。

从研究规模角度来看，近年来健康信息管理研究主题内部研究范式逐渐稳定，整体来看，健康信息管理研究主题内部的研究成员众多且形成了相对稳定的社区结构，而从时间维度来看，健康信息管理研究主题内部研究成员数量增长速度较之前的几个时期增长缓慢，从研究者的研究内容、研究创新来看，健康信息管理研究主题创新能力开始降低，研究者开始重复健康信息管理研究主题内部的研究重点并进行一定的创新。总体而言，健康信息管理的研究规模处于稳定成长阶段。

健康信息管理研究主题呈现出的收敛特征主要表现为数据与技术一直是该研究主题的重点与核心，在一定程度上来讲研究范式逐渐稳定。健康信息管理研究主题一直是健康信息领域的重要组成部分，研究者主要关注健康信息数据的存储与管理，因此基于纸质或电子介质数据存储问题一直是健康信息管理研究主题的主要内容，具体包括个人健康记录、患者参与度、数据质量和电子病历质量的度量与管理等问题。在传统的健康信息管理领域（大规模使用电子健康档案之前），健康信息的编码、隐私和安全性等健康信息治理问题也是一项主要研究内容。此外，健康信息管理研究主题重视把握信息技术前沿，并将其利用在健康信息管理实际工作中。例如，近年来，健康信息领域研究者研究探索人工智能（artificial intelligence，AI）技术对医疗数据和健康信息管理的影响，以及 AI 技术将如何影响健康信息管理专业人士的职责和工作等。研究者认为健康信息管理实践受到 AI 技术影响的主要有：①自动化医学编码和基于 AI 的健康信息捕获；②健康信息管理和数据治理；③隐私和机密性；④健康信息管理从业人员培训和教育。此外，健康信息管理研究主题中对健康信息管理专业人员与 AI 技术的关系也进行了大量研究，研究者认为随着自动化的发展，健康信息管理专业人员需要掌握数据分析工具和技术方面的其他技能。此外，健康信息管理专业人员也应考虑如何有效基于 AI 应用程序开发和使用患者隐私数据。

（2）研究主题波动收敛特征分析（收敛 BiHill 模型）

健康信息领域研究主题中属于波动收敛状态的研究主题主要有：区域卫生信息化、健康决策、信息质量评价等，属于收敛 BiHill 模型。下面将以健康决策研究主题为例进行健康信息领域研究主题收敛特征分析。

从所构建的数学模型来看，健康决策研究主题经过多个时期的快速发展，研究主题规模已发展到一个较高的程度，从研究主题扩张与收敛程度增长趋势来看，健康决策研究主题时间序列变化趋势呈现下降的特征，在时间序列折线图中显示为研究主题的扩张与收敛程度在近几个时期开始逐渐下降。

从研究规模角度来看，近年来健康决策研究主题内部研究范式逐渐稳定，从整体上看，健康决策研究主题内部的研究成员众多且形成了相对稳定的社区结构，而从时间维度来看，健康决策研究主题内部研究成员数量增长速度开始降低，即健康决策研究主题内部研究成员数量不再快速增长，研究人员趋于稳定的社区结构，从研究者的研究内容、研究创新来看，健康决策研究主题创新能力已经降低，研究者主要关注该研究主题的重点问题，很少进行颠覆性研究创新。总体来看，健康决策研究主题的研究规模处于稳定阶段。

健康决策研究主题呈现出的收敛特征主要表现为个人健康决策和公共健康决策并重。健康决策研究主题目前的研究范式相对稳定，主要关注个人健康决策、公共卫生政策决策、公共卫生行动决策、有关健康系统的监管决策、微观健康决策及在卫生部门之外做出的健康决策。由于决策具有不确定性，因此公共健康卫生系统及其结构的复杂性，需要研究者进行进一步深化研究。就个人健康决策问题来看，研究者开始关注健康决策过程中的个人情感因素。在健康决策政策方面，研究者基于定量和定性的多种方法进行研究、探索民众的健康信息知识对健康决策的影响。此外，健康决策研究主题也与信息技术息息相关，近年来，研究者关注利用大数据分析技术（如统计分析、数据挖掘、机器学习和深度学习等算法模型）来构建创新的健康决策模型。在此背景下，还有一部分研究者开始着重于大数据分析的使用，以及基于决策模型的健康决策形式（涵盖从理论到实践的整个过程）。

5.4 对比验证

为了验证本书中提出的研究主题扩张与收敛时序变化模型构建方法的准确性和有效性，基于 DTM 进行健康信息领域研究主题时序变化分析，然后与本书结果进行对比验证。DTM 是对传统主题模型的改进，虽然二者皆能够实现文本主题识别，但是 DTM 在传统主题模型的基础上引入了时间维度，能够更好地揭示研究主题在时间维度上的发展和演变，所以 DTM 目前被广泛应用于研究主题时序变化分析中。因此，本书将基于 DTM 的研究主题时序变化分析方法作为基准方法，来验证本书所提出的模型构建方法的准确性和有效性。

具体来说，本书利用 Python 中 gensim 工具包的 DTM 处理前文所构建的 PubMed 健康信息领域论文文本数据集，揭示不同时期健康信息领域研究主题时序变化情况，结果如图 5-7 所示（各个子图展示了健康信息领域研究主题的下位主题词及其时序变化情况）。

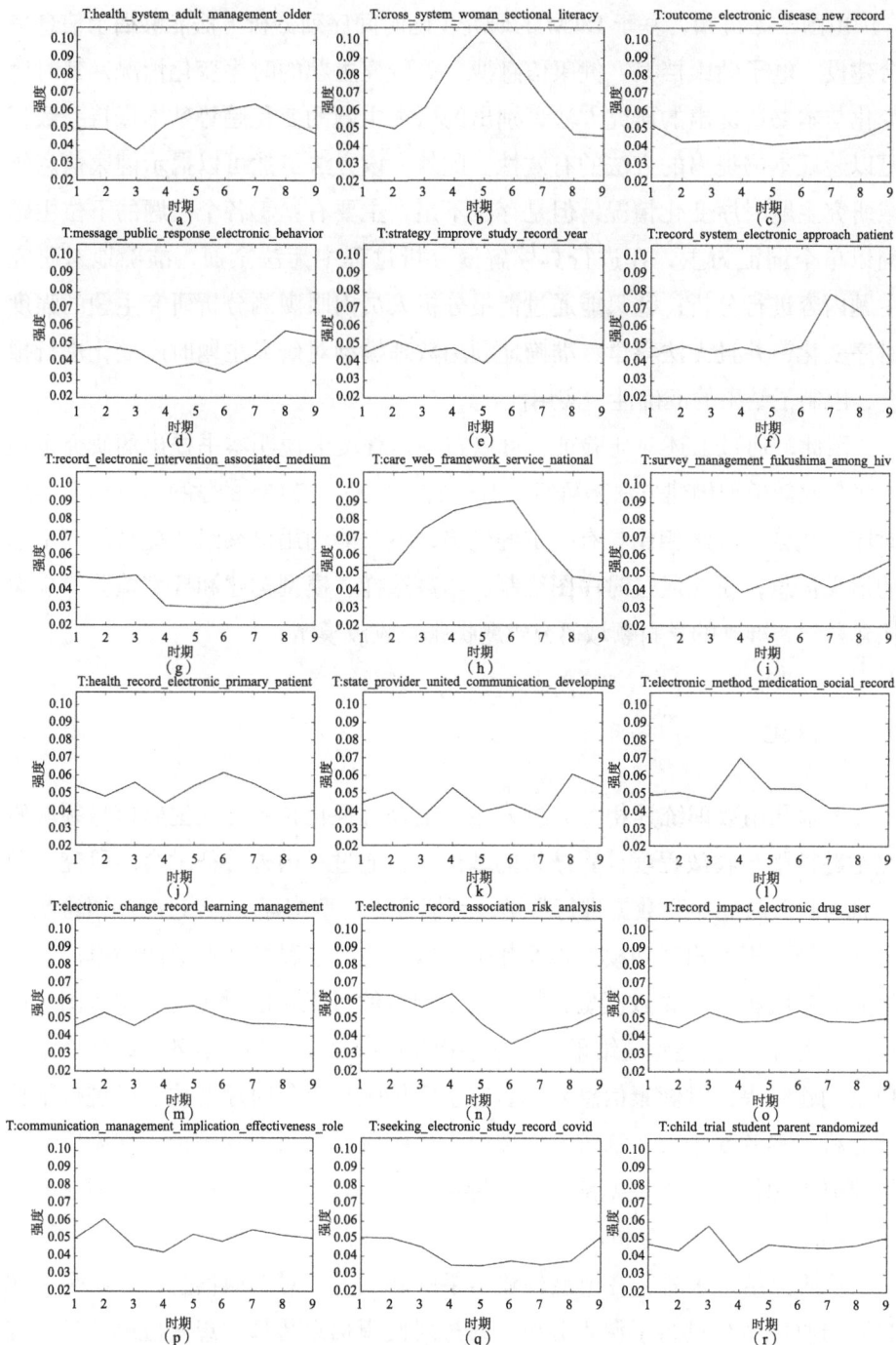

图 5-7 基于 DTM 的健康信息领域研究主题时序变化

由图 5-7 可知，基于 DTM 的研究主题时间序列分析方法能够揭示信息平台建设、电子健康档案、健康信息搜寻等研究主题的时序变化情况，其时序变化与本书所提出的研究方法识别出的研究主题的变化趋势基本保持一致，可以验证本书提出的方法的有效性。此外，该方法虽然可以揭示健康信息领域研究主题时序变化情况，但是存在不足，主要有：①各个主题的下位主题词以单个词汇为主，在进行具体解读分析过程中无法全面、准确地对研究主题内容进行分析；②只能通过情报分析人员肉眼观测分析研究主题的强度时序变化，并且无法科学、准确地利用数理模型对研究主题时序变化进行拟合，限制了结果的准确性、实用性。

因此，通过上述对比验证，可以在一定程度上说明本书提出的研究主题扩张与收敛模型构建方法是可行、有效的，与基于 DTM 的学科领域研究主题时序变化分析方法相比具有一定的优势，不仅能利用语义组块提高研究主题的语义信息，还能通过时序图绘制、函数选择、模型构建和模型检验等步骤构建科学、准确的学科领域研究主题扩张与收敛模型。

5.5 讨论

本章利用数理统计相关分析方法并结合可视化技术，在健康信息领域研究主题扩张与收敛程度计算结果的基础上，通过对内外特征融合的研究主题扩张与收敛时间序列数据进行数学模型拟合（模型构建），经过时序图绘制、函数选择、模型构建和模型检验 4 个步骤，构建了科学、有效的健康信息领域研究主题扩张与收敛模型，并绘制了相应的可视化图谱（变化趋势图、模型拟合图等）。模型验证结果表明本书构建的模型是科学、有效的，然后结合模型构建结果，对健康信息领域研究主题扩张与收敛时序变化过程进行了特征分析。本章基于第 3 章研究框架中设计的研究方法流程进行了健康信息领域研究主题扩张与收敛模型构建及特征分析，需要对本书模型构建方法的优点、局限等进行讨论分析。

从研究结果来看，在模型构建结果的基础上，对健康信息领域研究主题扩张与收敛特征进行了深入分析，通过对健康信息传播、患者健康信息、健康信息管理及健康决策等不同类型的研究主题扩张与收敛特征进行深入揭示，表明与目前基于关键词主观解读的方式来分析学科领域研究主题发展演变情况相比，本书所提出的研究方法能够更加全面、具体地揭示健康信息领域发展过程中研究主题的演变趋势及其特征。

与现有研究分析方法流程相比，本书将学科领域研究主题演变分析与科学、严谨的数理分析方法结合，改进了目前研究中以人工主观解读为主的学科领域研究主题演化分析方法流程，并且在模型构建结果基础上，对健康信息领域研究主题扩张与收敛时序变化特征进行深度分析，对于相关研究具有一定的参考、借鉴意义，也在一定程度上拓展、深化了学科领域研究主题演变分析方法。但是该方法流程也存在一定的局限，如虽然计算相邻时期研究主题文本相似度是判断两个研究主题是否存在关联关系最直接、有效的方法，但是有的研究主题之间文本内容重复率不高却可能存在隐含的语义关联，所以单纯利用研究主题文本相似度来构建关联关系可能会丢失部分真实联系，这在一定程度上会降低研究结果的准确性。

5.6 本章小结

本章根据第 3 章研究框架中提出的研究方法流程，在对不同时期健康信息领域研究主题进行关联构建的基础上，首先将基于内部文本的研究主题扩张与收敛时间序列数据和基于外部引文的研究主题时间序列数据进行有机融合，然后进行了健康信息领域研究主题扩张与收敛模型构建，并以之为基础进行了健康信息领域研究主题扩张与收敛特征分析。研究发现，健康信息领域研究主题扩张与收敛模型主要可以分为扩张 ExpGro1 模型、扩张 ExpGro2 模型、收敛 Logistic 模型及收敛 BiHill 模型 4 种，并根据模型构建结果对健康信息传播、患者健康信息、健康信息管理及健康决策等不同类型的研究主题扩张与收敛特征进行深入揭示。

本章重点研究了：①在健康信息领域相邻时期的研究主题关联计算基础上，将基于内部文本和外部引文的研究主题扩张与收敛时间序列数据进行融合；②将这些健康信息领域研究主题扩张与收敛时间序列数据进行科学、严谨的数学模型构建，从而准确、有效地进行健康信息领域研究主题扩张与收敛特征分析。通过研究发现，健康信息领域研究主题扩张与收敛过程，呈现出一定的规律性特征。例如，健康信息传播研究主题扩张特征作为具体研究内容时，受到健康、医疗和卫生类热点事件驱动；患者健康信息研究主题呈现出的扩张特征主要有研究中的关注重点由数据转向患者本身；健康信息管理研究主题呈现出的收敛特征主要有数据与技术一直是该研究主题的重点核心（研究范式逐渐稳定）；健康决策研究主题呈现出的收敛特征主要有个人健康决策和公共健康决策并重。

6 健康信息领域研究主题动态演化规律研究

在上一章中构建了健康信息领域研究主题扩张与收敛模型，并对健康信息领域研究主题扩张与收敛基本特征进行了分析，但有待对不同模型类别的健康信息研究主题具体内容及动态演化规律进行具体总结分析。因此，本章将对不同模型类别的健康信息领域研究主题具体内容及其动态演化规律进行深入揭示，从而总结分析健康信息领域的理论、实践与发展规律特征。

具体思路是：①在上一章研究基础上，对扩张 ExpGro1 模型、扩张 ExpGro2 模型、收敛 Logistic 模型和收敛 BiHill 模型 4 种不同模型类别的健康信息领域研究主题进行内容分析，为后续演化阶段划分及动态演化规律总结分析奠定基础；②根据模型构建结果，对健康信息领域研究主题的动态演化过程进行阶段划分，并对不同阶段的研究主题内容发展演变进行分析；③对不同演化阶段变迁的原因进行揭示，即分析不同演化阶段健康信息领域研究主题内容发生变化的原因；④以时序演化阶段划分结果为分析落脚点，结合研究主题内容演化分析结果，总结、归纳在不同演化阶段中健康信息领域研究主题的发展规律。

6.1 基于模型构建结果的研究主题内容分析

根据第 5 章模型构建结果的分析，健康信息领域研究主题不单在数量上呈现出快速增加趋势，部分研究主题还基于经济社会、信息技术的不断发展有了新的内容，或者衍生出新的研究主题，或者研究主题的规模渐趋稳定。此外，部分研究主题在一段时期内发展速度加快，之后速度放缓，再之后重新加速，呈现出波动式上升的状态。目前尚未出现研究主题消亡的情况。

健康信息领域 50 余年来图书馆健康信息服务、健康信息管理、健康信息系统评价等研究主题一直存在，只是基于信息技术、研究方法的不断发展有了更新的内容。健康信息领域在发展过程中，逐渐兴起的研究主题包括健康信息传播、电子健康档案、区域卫生信息系统、健康信息搜集等，而有些主题呈现波动式上升趋势，如健康决策、患者健康信息等。

根据第 5 章对健康信息领域研究主题扩张与收敛特征的总结，上述研究主题可以根据收敛与扩张模型构建结果分为 4 类：具有收敛特征（收敛 Logistic 模型）的研究主题，如图书馆健康信息服务、健康信息管理、健康信息共享、健康信息交流、信息需求分析、健康管理、健康意识等；具有波动收敛特征（收敛 BiHill 模型）的研究主题，如区域卫生信息化、健康决策、信息质量评价、健康教育、健康促进等；具有扩张特征（扩张 ExpGro1 模型）的研究主题，如健康信息传播、健康信息搜寻、跨理论模型、新媒体信息技术、信息服务体系、健康信息教育、信息服务评价等；具有波动扩张特征（扩张 ExpGro2 模型）的研究主题，如患者健康信息、电子健康档案、信息平台建设等。接下来将选取典型的研究主题对以上 4 类模型构建结果进行具体分析。

6.1.1 收敛特征（收敛Logistic模型）研究主题内容分析

（1）图书馆健康信息服务

图书馆健康信息服务产生于 20 世纪 70 年代，此时处于健康信息领域发展萌芽阶段；20 世纪 90 年代，图书馆健康信息服务的相关研究逐渐增加，研究内容不断发展和扩大；到了 21 世纪，相关研究增速加快，研究内容逐渐趋于稳定。图书馆健康信息服务是健康信息领域和图情领域融合发展的产物，由于学科的不断融合，健康信息领域结合图情相关的理论与方法在健康信息服务方面取得重要研究成果。

图书馆健康信息服务主要包括图书馆健康教育和图书馆健康服务两个方面。在图书馆健康教育主体上涉及图书馆员、普通公众及部分专业卫生工作者。图书馆员在图书馆健康教育中既能扮演教育提供者的角色，又是被教育者，但一般而言教育提供者的身份占多数。这就要求图书馆员需要在以下方面发挥关键作用：①提高图书馆工作的有效性，保证图书馆的服务和资源质量；②协助医学教育工作者完成制订、实施和评估教育计划的任务；③促进健康信息资源和服务与所有人的协调。因此这要求图书馆员不仅要具备图书馆学专业相关知识，还需具备一定的医学专业知识，才能更好地提供服务。此外针对用户层面来讲，用户需要学习相关的信息技能，学习如何利用现代图书馆（包括公共图书馆、医学图书馆及高校图书馆等）作为有效获取健康信息的必要途径，还要学会如何评价图书馆所提供的信息服务。而部分专业工作者需要借助图书馆这个途径对自身的专业加以巩固，提高自己的业务能力。

图书馆健康信息服务的提供者包括专业的医学图书馆，还有一般的公共图书馆等。由于图书馆要为非医学领域的人员提供健康信息服务，基于普通用户的健康信息服务仍不完善是急需解决的重要问题，因此需要公共图书馆发展与其他图书馆的合作，特别是要与医学类等专业图书馆之间展开合作，共同探讨针对普通公众及患者的健康信息服务的异同，进而实现健康信息服务的优化。此外通过图书馆改善医疗机构之间的合作，增强图书情报人员的专业性及其持续发展教育，以便提高基于健康信息的图书情报服务水平，特别是在新技术利用的问题上，需定期对图书馆员展开培训。对于图书馆向医学界提供信息，专业受限及政策限制导致该类服务并不十分令人满意，需进一步开展相关研究。健康信息的隐私性导致相关信息并不容易被获取，并且极易造成个人信息泄露，图书馆必须针对医疗服务的私人健康信息加以保护，并且要保证信息的准确性，因此需要进一步探索新的技术，提升图书馆提供健康信息服务资源的能力，以及能够提供超越传统体制界限的服务，其中基于电子健康信息构建个人健康档案并探索如何实现有效信息管理也是图书馆健康信息服务的重要内容。

图书馆健康信息服务相关研究在前 3 个时期处于稳定增长状态，研究范围逐渐扩大；在 4 时期快速增长，研究内容范围和规模迅速扩大；而在 7 时期增速放缓，研究内容范围和规模趋于稳定。因此图书馆健康信息服务是健康信息领域研究的重点内容，未来的发展趋势依旧是增长状态，但若无新概念的介入，增速将逐渐放缓，将成为健康信息领域一个比较成熟的研究主题。

（2）健康信息管理

健康信息管理产生于 20 世纪 80 年代，此时处于健康信息领域发展的萌芽阶段，该研究主题自形成起就一直处于稳步增长的状态，分别在 2000 年前后、2010 年前后产生两次研究高峰，相关研究增多，研究内容在近几年来处于渐趋稳定的状态，属于具有收敛特征的研究主题。

健康信息管理的研究有两个很重要的方面：一是电子健康档案，电子健康档案由健康档案发展演变而来，是健康档案在互联网信息技术的基础上电子化的表达；二是健康信息管理系统的构建，健康信息管理系统在不同的机构和部门会有不同的特点，但是在一定程度上依赖于电子健康档案的构建。此外，还有基于个人电子健康档案进行健康信息管理的研究。个人电子健康档案与上述二者不同，更加侧重于对个人健康信息的管理，一般而言是由用户基于相关平台或应用自建档案，其质量与用户本身的个人特征、健康信息素养、个人信息管理技能有着十分紧密的联系。

社交媒体和大众传媒对个人健康信息管理也产生着重要影响，二者受众广，影响力大，从生活、工作、学习等方面影响公众的生活方式、习惯等，能够在一定程度上对个人健康信息素养产生积极影响，将个人健康信息管理变成公众皆认可的工作。由于科技的发展，除集成式健康信息管理方式之外，移动互联网迅速兴起，在此基础上许多基于移动设备的健康信息管理 APP 得到快速发展，如针对女性用户的美柚，能够实现对个人健康信息的记录。

关于电子健康档案和健康信息管理系统的研究分别于 2000 年前后和 2010 年前后展开，由此引发了健康信息管理研究内容范围和规模的扩大。关于二者的研究多是集中于如何构建电子健康档案及健康信息管理系统，随着研究的深入，信息安全与隐私保护的问题也逐渐受到重视，研究内容渐趋成熟。

健康信息管理整体发展呈现逐步上升的稳定增长趋势，在 5 时期和 7 时期增速略快，但进入 8 时期后增速放缓，研究主题扩张与收敛的特征逐渐减弱，慢慢成为健康信息领域比较稳定成熟的研究主题，由此也可以看出健康信息管理是健康信息领域比较重要的研究主题。

6.1.2 波动收敛特征（收敛BiHill模型）研究主题内容分析

（1）区域卫生信息化

区域卫生信息化产生于 20 世纪 90 年代，此时处于健康信息领域发展的探索阶段，自形成起就具有稳步增长的发展特点，尤其在 2010 年后迎来小小的发展高峰，相关研究逐渐增多，但区域卫生信息化的研究内容自形成起尚未出现太大变化，因此属于波动收敛特征的研究主题。

健康信息化的发展对于医疗、健康、保健等方面存在至关重要的作用，健康信息的可用性和快速流动性能够促使卫生服务改革的进程广泛开展，而由于信息网络能够有效促进健康信息的流动与传播，因此构建信息网络是实现健康信息化的重要方面，基于此区域卫生信息化的研究相继展开。区域卫生信息化的基本单元是健康信息管理系统，既包括医院、图书馆、卫生部门、企业及社区等所构建的涉及健康信息的部门和组织，又包括个人用户的健康信息管理，一般而言会针对一个区域，这个区域所代指的范围小到一个家庭，大到全世界，将所有的健康信息系统进行互联互通。人们认为区域卫生信息化是一个复杂的系统，在医疗保健的质量、功效和成本节约方面的潜在回报是巨大的，因此人们对区域卫生信息化持有积极的态度。

基于上述背景，学界展开了对区域卫生信息化建设的一系列研究。关于区域卫生信息化的探索以构建健康信息网络为主，包括数据元素定义、通信协议的标准和规范、信息格式、隐私和安全要求、分类和编码系统、对终端用户的多样性施加最小的限制等。此外，需要构建基础信息模型以实现集成化健康信息系统的构建，一般基于三维网络进行健康信息系统结构的搭建，以健康信息用户关系数据库系统为数据库，对于健康信息模型通过可视化的浏览器进行开发与维护。

随着信息技术的不断发展，构建区域化健康信息系统已不再是难事，公众对此也持积极的肯定态度，还需要政策及财政的支持与推进。在政策上国内外都在大力推进，而在财政问题上略有不同。国外的区域卫生信息化多以私营为主，财政由相关企业或个人出资支持，因此在范围和广度上多集中于一个地区；而国内财政由政府承担，区域卫生信息化的范围不会仅仅局限于一个城市、一个省份，目前正在向更大的范围扩展。此外，由于区域卫生信息化已经全面展开，对于信息化水平的评价也逐渐展开，一般基于信息化网络、区域范围、健康信息服务水平、可持续性等多个角度进行评价。

区域卫生信息化产生初期，即在 4、5 时期属于逐渐增长的趋势，在这个时期主要对区域卫生信息化的可行性进行论证评估，并初步探讨如何建设的问题；6时期的研究仍然是论证可行性，没有新研究内容的扩展，研究增速放缓；7时期，信息技术的飞跃式发展为区域卫生信息化提供了方法和思路，研究内容范围和规模迅速扩大；8时期，对于区域卫生信息化系统的构建与评价研究已逐渐趋于成熟；9时期研究主题进一步稳定。区域卫生信息化呈现出动态收敛的特征，是健康信息领域的重要研究内容。

（2）健康决策

健康决策产生于20世纪90年代，此时处于健康信息领域发展的探索阶段，2010年后关于健康决策的研究逐渐增多，研究内容及规模在迅速增长的同时逐渐趋于稳定。健康素养的含义有以下几个方面：第一，是指个人基于自身的实际情况，主动去寻求健康信息，并依据相关信息对自己的疾病、保健等方面做出相关行动，或者去寻求专业医疗帮助，或者调整自己生活方式的一种决定；第二，是指专业医疗卫生机构针对患者病情做出相关治疗方案的决策；第三，是指相关政府部门、卫生机构等依据当地居民的健康水平，制定相关措施保障居民健康生活的一系列规定。

基于健康决策的含义对健康决策的研究进行介绍。政府部门、卫生系统的健康决策因国家的行政和政治组织而异，对决策者来说获取高质量的、客观的、准确的健康信息十分重要，错误、不完整的健康信息直接影响决策的正确性，而区域卫生信息化能够有效避免提供错误的健康信息。专业医护人员在获取高质量健康信息方面具有最大的保障。但对个人而言，由于个体差异性，对健康信息的把握程度不同，即使使用一样质量的健康信息也有可能做出不同的健康决策，这就需要对个人开展健康决策的培训。

针对高素质群体，建设健康决策支持课程的设计系统，该系统的主要作用为增强个体现已掌握的决策支持理论和方法，学习新技术和探索新技术，了解新技术所能产生的影响。针对健康素养较低的群体，可以通过最简单直观的方式进行，如相关讲座、宣讲等，这种方式更加平易近人，效果也相对较好。随着互联网技术的不断发展，互联网信息及大众传播媒体都对公众的健康素养产生了重要影响，人们更加青睐从网络或媒体获取健康信息，并基于这些信息做出健康决策，可以说互联网和媒体大大影响了现代人的健康决策。互联网和大众媒体对健康信息的传播起到了巨大的作用，可以彻底改变公众传播和获取与健康有关的信息的方式，也影响了公众的就医行为。其中最为明显的就是网络健康社区，人们可以在社区就疾病、养生、保健等各类健康信息进行交流，寻求治疗方案和自我保健等信息，这对公共事业的发展产生了一定的积极影响。同时，在这种媒介下健康信息的质量需要经过严格筛选，但一般而言公众没有能力去识别和筛选，这也会影响个体的健康决策。

健康决策在前 4 个时期平稳增长，从 5 时期开始快速增长，研究内容范围和研究规模逐渐扩大，但后期由于没有新的研究内容产生，研究规模逐渐趋于稳定，呈现波动收敛的特征。

6.1.3 扩张特征（扩张ExpGro1模型）研究主题内容分析

（1）健康信息传播

健康信息传播产生于 2005 年前后，此时处于健康信息领域发展的探索阶段后期，2010 年后健康信息传播的相关研究迅速增加，成为快速发展的新兴主题。在健康信息传播相关研究中，"传播"的概念是在"交流"和"共享"的基础上发展而来的。随着社会水平的不断发展，人们的健康信息意识逐渐增强，在获取健康信息后开始与他人进行交流和分享，这是健康信息传播最早的萌芽；之后学科不断融合发展，新闻传播领域的概念与健康信息交流、健康信息共享的概念相融合催生了健康信息传播的研究。

健康信息传播主要基于网络平台通过社交账号进行。由于人们对于健康信息的辨别存在一定的障碍，而技术发展为人们的信息交流提供了更多方式，部分具有专业背景的个人、企业、部门或组织等通过网络平台向目标人群发布质量较高的健康信息，同时相关平台以"用户"为重点，基于用户兴趣聚类提供相关健康信息或服务。此外，根据一定的系统评价方法对健康信息自身及其服务效果进行评价是影响和优化传播的重要因素，因此针对不同用户形成了各种各样的质量评价及服务评价的方法。健康信息传播质量的影响因素有许多，尤其与"人"有关，健康信息传播在传播者与被传播者方面的界定并没有十分明显的区别，二者在不同的情境下随时可以实现身份的转变，因此公众的性别、年龄、种族、受教育程度、经济条件、居住环境等都有可能对健康信息的传播产生影响。由此，可以进行健康信息传播质量的评价，从不同的维度和视角出发，对上述影响因素进行分层分析，构建质量评价的相关指标。此外，在突发公共卫生事件下，健康信息传播又会出现新的特点：公众基于社交网络媒体的健康信息查询频繁，主要是关于疾病预防、疾病治疗的最新进展，以及疫情发展态势等方面；对具有专业背景的社交网络账号的关注度空前高涨，相关账号通过发布有质量的健康信息，从一定程度上提升了公众健康信息素养。

健康信息传播在前 5 个时期属于平稳增长状态，到 6 时期研究规模迅速扩大，所涉及内容范围越来越大，其内容进一步丰富，开展了针对健康信息传播行为等的研究，尤其是在技术不断完善的背景下，其发展越来越快，因此该研究主题呈现出扩张的特点，是健康信息研究领域热点内容。该主题将在一定的时间范围内呈现持续扩张趋势。

（2）健康信息搜寻

健康信息搜寻的概念产生于 20 世纪 90 年代，此时处于健康信息领域发展的探索阶段，其是在健康信息收集的概念上衍生而来的。从 20 世纪 90 年代开始一直处于稳定增长的状态，直至 2005 年末关于健康信息搜寻的研究呈现出大规模增长状态。同样基于公众健康信息意识及素养的不断提升，对健康信息的需求呈现攀升状态，因此健康信息搜寻的相关研究也迅速增长。

健康信息搜寻与健康信息收集、健康信息获取、健康信息查找、健康信息检索之间存在着密切的联系，健康信息搜寻集合了上述概念，并增加了健康信息质量评价的内容，因此可以说是在上述概念中衍生而来，并基于不断发展的信息技术快速实现内容丰富和规模增加。健康信息搜寻是指依据自身实际情况查找、获取、利用、保存并评价健康信息的过程。

网络健康信息搜寻成为主要方式，用户在进行网络健康信息搜寻时面临许多障碍，基于此部分健康服务网站为了获取点击量，会针对用户的检索策略中的话术进行研究，通过分析网站使用日志，在词汇、语义和心理等方面制定相关话术，增强检索匹配度，满足用户健康信息需求。此外，个性化健康信息检索系统（personalized health information retrieval system，PHIRS）建设的相关研究也被提上日程，PHIRS 主要由 4 部分组成：①用户界面，建模捕获用户的偏好、兴趣和健康状况；②自动质量过滤模块，用来识别高质量健康信息；③文本难度自动评分模块，实现对健康信息进行分类；④用户简介，匹配模块为个人定制健康信息。从而实现帮助消费者通过使用简单的搜索策略获取高质量、有价值的健康信息。

从用户个人角度而言，健康信息搜寻受众多方面的影响，首先年龄、受教育程度、经济水平等会影响用户的健康信息搜寻行为，面对海量多样且复杂的网络健康信息，如何甄别评价健康信息对用户来说是一件不太容易解决的事情，因此需要针对不同的用户群体进行科学系统的研究。需要针对不同人群从技术技能、认知策略和对网络健康信息的态度等方面进行测度，通过教育和技术手段帮助网络用户发现和获取高质量在线健康信息。

健康信息搜寻在前 5 个时期属于平稳增长的状态，到 6 时期及以后，相关研究的规模大幅增加，增加了以用户为主导的健康信息搜寻研究，因此该研究主题呈现扩张趋势。随着"互联网+"、物联网等概念的不断发展，健康信息搜寻的研究内容范围和研究规模将进一步扩大，健康信息搜寻是健康信息领域研究的热点内容。

6.1.4　波动扩张特征（扩张ExpGro2模型）研究主题内容分析

以患者健康信息作为范例介绍具有波动扩张特征的研究主题。患者健康信息的相关研究形成于 20 世纪 70 年代，由于健康信息领域最早依赖于生物医学领域，因此患者的概念一直沿用至今，同时患者是健康信息领域的重点研究对象之一。患者健康信息在发展初期一直呈现平稳发展状态，但到 21 世纪初期相关研究增速放缓甚至出现下降趋势，直至 2010 年前后相关研究再次快速增长，研究内容范围和研究规模也逐渐扩大。

患者健康信息的初期发展源于患者与医生进行沟通交流时所产生的信息记录，经过一段时间的发展，病历由此诞生，主要记录患者的过往疾病史和就诊历史，一般而言不具有连续性，尤其在不同地区、不同时期所产生的患者健康信息无法实现连续性。随着技术的不断发展，患者健康信息的载体逐渐实现电子化，在一定程度上解决了患者个人健康信息无法实现连续性的问题。在患者健康信息研究的初期，记录、保存、管理患者健康信息的主要是医院、卫生机构等部门。随着患者健康信息的研究内容不断深化，医学图书馆也开始收录并保存患者健康信息的部分内容，主要涉及疾病治疗方案及用药策略等。科技的进一步发展使得患者健康信息的相关研究逐渐减少，取而代之的是基于普通公众的健康信息研究发展迅速，公众健康信息涉及范围更广甚至包括患者健康信息，并且更有价值，因此逐渐取代患者健康信息研究。此外，随着经济水平的不断提高，居民物质条件得到极大的提升。然而，长期不良生活方式的影响导致各类疾病频发，这使得患者健康信息研究重新恢复生机，尤其在区域卫生信息化及电子健康档案飞速发展的背景下，患者健康信息将在跨地区、跨时间上实现记录的完整性与连续性。与此同时，患者健康信息也面临巨大的考验，患者健康信息隐私保护成为新的研究内容，凭借技术的发展达到新的高度与水平。此外，患者健康信息的记录、保存与管理多由医院等服务机构负责，即使实现区域卫生信息化，也会有专门的机构进行维护与管理。这部分信息的归属权一直争论不下，患者健康信息的确权问题也成为新的研究方向。

患者健康信息前 4 个时期为平稳增长阶段，研究内容逐渐展开；在 5 时期和 6 时期出现下滑，研究内容趋于稳定甚至呈现减小趋势；7 时期以后再次进入增长状态，研究范围和规模迅速扩大。因此，患者健康信息研究在健康信息领域属于重要的研究内容，由于社会的不断发展为患者健康信息不断注入新的内容，因此在一段时间内，患者健康信息的研究还将处于稳定增长的发展趋势。

6.2 基于模型构建结果的研究主题演化阶段划分及分析

通过 6.1 节中对 4 类模型的部分研究主题进行具体的内容分析，可以看出研究主题在时序演变上会出现明显的内容变化，可以初步判断这些变化具有阶段性，因此本节将把 9 个时期划分为不同阶段，从阶段变化的角度观察健康信息领域整体研究主题的内容变化。

6.2.1　基于模型构建结果的演化阶段划分

演化阶段划分是学科领域研究主题演化规律分析、演化脉络分析等工作的基础步骤，对于分析结果的科学性、有效性具有重要的影响。在现有研究中，有些研究者对于学科领域研究主题演化阶段的划分以人工主观划分为主要依据，还有些研究者将不同时期期刊论文数量变化时间序列的重大转折点作为不同阶段划分的标志。

其中，人工主观划分演化阶段对于研究者的学科领域背景知识要求较高（对待分析的学科领域有较深的知识基础，可以从学科领域发展的内在逻辑层面对演化阶段进行划分），但是在实际研究工作中，图情领域研究者对于很多学科领域了解得并不深入，所以演化阶段的划分往往基于该领域期刊论文数量的时序变化来进行。这种方式存在的主要不足是，期刊论文数量时序变化存在很大的偶然性，仅仅依靠期刊论文数量时序变化无法有效反映学科领域研究主题的演化阶段变迁。

本书基于内部文本和外部引文对健康信息领域研究主题扩张与收敛程度进行了计算，并对其时序变化构建了 4 种数学模型（研究主题扩张 ExpGro1 模型、研究主题扩张 ExpGro2 模型、研究主题收敛 Logistic 模型和研究主题收敛 BiHill 模型）。所构建的数学模型，不仅可以在一定程度上揭示健康信息领域研究主题具体内容的发展演变特征，也为健康信息领域研究主题演化阶段的科学、准确划分提供了参考依据。

因此，本书根据上一章中的健康信息领域研究主题扩张与收敛模型构建结果，结合生命周期理论将健康信息领域演化过程划分为若干阶段。具体做法是根据健康信息领域研究主题扩张与收敛模型方程（研究主题扩张 ExpGro1 模型、研究主题扩张 ExpGro2 模型、研究主题收敛 Logistic 模型和研究主题收敛 BiHill 模型）构建时间序列，然后采用灵活滑动时间窗口的方式（分别计算 1～2 时期，1～3 时期，1～4 时期，1～5 时期……的均值斜率，当均值斜率发生明显增长时，将该时期作为第一个演化阶段划分点时期 t_1；同理分别计算 t_{1+1} 时期，t_{1+2} 时期……的均值斜率，再取当均值斜率发生明显增长的时期 t_2）分别计算 4 种时间序列的斜率并取均值作为演化阶段判断的标准，通过计算实验将健康信息领域研究主题演化阶段划分为 3 个阶段（萌芽阶段、探索阶段和加速发展阶段），各个演化阶段划分的均值斜率计算结果如表 6-1 所示。

表 6-1 演化阶段判别均值斜率计算结果

演化阶段	对应时期	均值斜率	截距
萌芽阶段	1 时期 2 时期 3 时期 4 时期	4.76	−0.87
探索阶段	5 时期 6 时期 7 时期	7.90	1.71
加速发展阶段	8 时期 9 时期	17.24	6.04

分析表 6-1 可知，健康信息领域研究主题扩张与收敛程度在 4 时期和 5 时期之间发生第一次明显的转折变化，在 7 时期和 8 时期之间发生第二次明显的转折变化。因此，本书将 1 时期到 4 时期划分为萌芽阶段，5 时期到 7 时期划分为探索阶段，8 时期到 9 时期划分为加速发展阶段。

为了更加直观、清晰地观测健康信息领域研究主题演化阶段划分结果，在演化阶段判别均值斜率计算结果基础上，结合健康信息领域研究主题扩张与收敛原始时间序列，绘制健康信息领域研究主题演化阶段划分图，如图 6-1 所示。

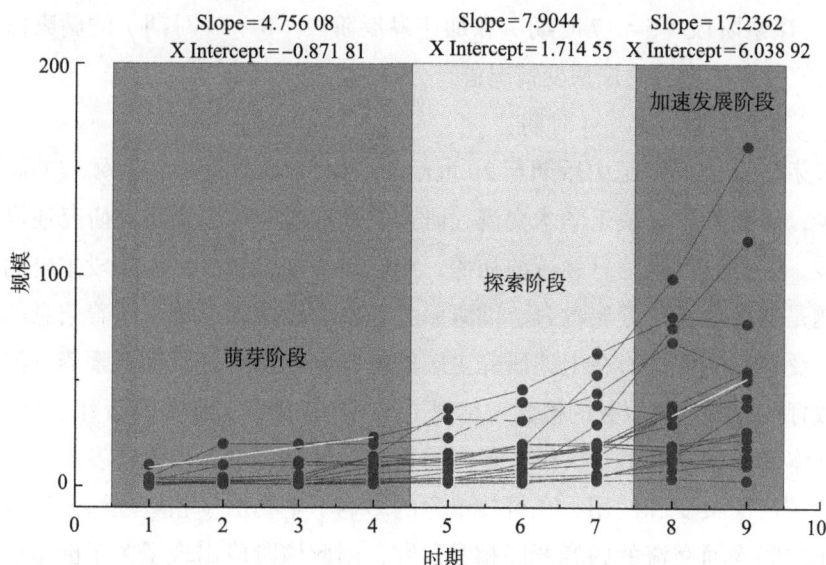

图 6-1　健康信息领域研究主题演化阶段划分图

图 6-1 中，点与点之间的连线表示健康信息领域研究主题扩张与收敛原始时间序列，白色线表示各个阶段的均值斜率，Slope、X Intercept 分别表示各个阶段的均值斜率和截距的计算结果。分析图 6-1 可知，根据模型构建结果划分的演化阶段符合健康信息领域研究主题扩张与收敛原始时间序列变化趋势，在一定程度上可以验证本书划分的演化阶段是可行、有效的。下面将根据健康信息领域研究主题演化阶段划分结果，对健康信息领域研究主题的萌芽、探索和加速发展 3 个演化阶段进行分析。

6.2.2　健康信息领域研究主题内容发展演化分析

根据上一步的健康信息领域研究主题演化阶段划分结果，结合前文相关研究成果（健康信息领域研究主题识别、模型构建和研究主题内容分析等），对健康信息领域各个演化阶段的研究主题内容的发展演变进行分析，为后续研究中的健康信息领域研究主题动态演化规律的总结、归纳（阶段性演化的一般规律）奠定基础。

接下来是结合健康信息领域研究主题的识别结果分别对萌芽阶段（1～4

时期）、探索阶段（5～7时期）和加速发展阶段（8～9时期）的健康信息领域研究主题的内容发展演变情况进行分析。

（1）萌芽阶段（1～4时期）

萌芽阶段（20世纪中后期至20世纪90年代）前期健康信息领域的研究成果少，研究者少且缺乏学术交流，研究主题数量少。因为相关研究还没正式开展，只是对健康信息领域的初探，所以研究主题较少。该阶段主要的研究主题是健康意识、健康教育、健康服务、患者健康信息等，随着信息的概念被广泛接受与使用，在上述研究主题的基础上提出了健康信息素养、健康信息教育及健康信息服务的概念，出现了图书馆健康信息服务等研究主题。

具体来说，随着第三次科技革命的兴起，信息技术得以快速发展，信息的概念被广泛接受和使用，在科技革命的影响下生物医学领域逐渐开始对涉及医患之间沟通交流的内容开展相关研究，因此该阶段出现了关于健康信息的概念，并逐渐受到研究人员的关注。西方国家率先发起科技革命，信息技术发展迅速，到20世纪中期已经积累了较为先进的技术与方法，因此该阶段的相关研究集中在欧美发达国家的生物医学领域，直到该阶段后期随着健康信息逐渐被普通公众接受，出现了更多关于健康信息的研究，扩展了健康信息领域。人类历史上有数次流行病的全球大流行，对于疾病的记载也备受重视，信息技术的发展带来了更为方便快捷的记录方式，促使健康信息相关的内容被记录、被研究。

萌芽阶段初期，研究人员基于医生与患者之间针对相关疾病的信息进行交流展开研究，因此该阶段健康信息领域的主要研究内容一般是针对如何治疗相关疾病，患者通过问诊获取健康信息实现自身健康。此外，由于该时期医疗水平和生活水平相对而言还比较落后，社会物资和医疗资源匮乏，人们发现疾病治疗的成本要远远高于通过宣传使重点人群有疾病预防意识的成本，因此人们开始大力宣传预防疾病大于治疗的意识，健康意识与健康教育由此萌芽。

到了萌芽阶段中期，国外健康教育取得良好成效，人们的健康意识逐渐增强，能够主动去寻求健康信息，逐渐形成健康服务的相关研究。同时随着学科之间的交叉融合，其他学科领域逐渐开展健康信息的研究，大大丰富了健康信息的内涵。国内的改革开放政策促使国外先进技术走入国门，经济水平快速发展，极大地提升了人们的生活水平，使人们的健康意识增强，国内对健康信息的研究得以逐渐开展。

萌芽阶段后期，部分管理科学研究人员逐渐关注健康信息的相关研究，尤其是图情领域学者，把涉及健康信息的研究对象由专业医学知识转向与健康、保健、养生、预防及治疗疾病相关的信息。在健康素养、健康意识、健康服务等相关研究基础上，研究人员逐渐针对健康信息素养和健康信息服务等内容进行研究，此外由于图书馆是健康信息主要来源之一（通过图书馆中的书籍、报刊资料等获取健康信息），图书馆健康信息服务工作逐渐展开，相关的研究也逐渐增多。

（2）探索阶段（5～7时期）

探索阶段（20世纪90年代到21世纪10年代初）健康信息领域的研究逐步开展，研究成果开始逐渐累积并逐年增加，研究成果出现的频率加快，研究成果引用增多，研究人员逐渐增多并涉及多领域的研究人员，研究人员之间的沟通交流逐渐增加，研究主题数量开始增加。该阶段新增的研究主题主要包括健康信息管理、信息服务体系、健康信息搜寻、健康信息传播等，下面将对上述研究主题的研究内容变化进行具体介绍。

关于健康信息管理及信息服务体系，随着技术的不断发展完善，以及学科领域之间的不断交融，健康信息的概念进一步扩散至其他领域，这些学科领域基于自身学科特点对健康信息的概念与内涵加以完善补充，扩大和丰富了健康信息的概念和内涵，健康信息的重点研究领域逐渐由生物医学领域扩展至管理科学领域，而涉及的研究人群也逐渐由各类疾病的患者和医生等转向普通公众，因此出现了消费者健康信息的概念。生物医学领域关于健康信息的研究也出现了新的内容，基于信息技术实现对就诊患者个人信息和就诊信息进行记录并保存，出现了健康信息管理的研究内容。此外，公众健康素养普遍提升，对健康信息的需求逐渐增多，在获取健康信息的基础上能够对信息加以简单辨别，健康信息素养的相关研究初步展开。健康信息服务内容逐渐由医疗服务转向"医疗＋信息"服务，提供健康信息服务的机构也不仅仅局限于医疗卫生机构，以公共图书馆为代表的社会公共机构在提供医学知识以外探索开展信息服务。基于公众对健康信息服务的要求更加细致、严格和专业，迫切需要能够提供健康信息的平台、系统等，由此平台与系统的建设被研究人员提上日程。互联网技术初步形成规模，人们逐渐开始借助网络搜寻或交流关于疾病、保健、养生的健康信息。

该阶段关于健康信息的研究逐步扩展和深化，与其他学科领域交叉融合，出现了新的研究内容，在人们查找和获取健康信息的过程中需与他人进行沟通交流，并与他人共享自己已掌握和了解的健康信息，这个过程包括健康信息查询、健康信息交流与健康信息共享 3 个方面的内容，研究人员对此也进行了初步探讨与研究，基于传播学相关概念与健康信息领域的不断交融发展出现了健康信息传播的研究主题。随着人们对健康的逐渐重视，基于医疗服务的健康需求已逐渐无法满足人们的需要，人们通过其他途径去获取、查找和利用健康信息，在健康信息搜集、健康信息检索、健康信息收集等概念的基础上，研究人员提出新的概念并开展相关研究，逐渐形成健康信息搜寻的研究主题。

该阶段国内在上述内容的研究上始终落后于国外，相关研究多集中于借鉴国外相关经验，探讨国内发展的策略等。国内相关研究起步晚，经济、技术和社会发展相对欧美发达国家而言具有一定差距，但在 2003 年后，国内在该阶段有一个小小的研究高潮，2003 年传染性非典型肺炎在国内暴发，极大地挑战了国内医疗卫生和疾控系统。在此后国内痛定思痛，自国家层面开始自上而下加强医疗卫生和疾控系统建设，关于健康信息的研究也开始增加，研究更新速度逐渐加快。

（3）加速发展阶段（8～9 时期）

加速发展阶段（21 世纪 10 年代后期至今）关于健康信息领域的研究成果持续增加，累积速度持续加快，研究成果间的引用快速增加，研究人员涉及领域进一步扩大，交流增加，研究主题数量快速增加，呈现爆发式增长状态。该阶段研究主题剧增，主要研究主题包括健康信息传播、信息质量评价、信息服务评价、新媒体信息技术、信息平台建设、区域卫生信息化、跨理论模型等。

随着互联网技术的普及和应用，学科间的融合进一步增强，健康信息的概念进一步向新闻学、传播学领域扩展深化，健康信息传播研究内容进一步丰富和完善，同时促进了健康信息交流与健康信息共享两个研究主题内容的不断深化。上述研究主题更加侧重于用户在健康信息传播中的地位和作用，基于用户角度开展广泛研究。此外，经济的快速发展使得物质生活水平不断提高，人们在物质生活得到不断满足的同时开始追求更高品质的生活，养生、保健意识得到空前提高，再加上现代人普遍文化程度较高，公众健康信息素养不断提升，对健康信息和健康服务的要求也越来越高，因此出现了对健康信息和健康服务评价的相关研究内容，健康信息质量评价及健康信息服务评价的相关研究逐渐开展，形成了健康信息质量评价和健康信息服务评价的研究主题。加之互联网技术的快速发展，网上健康信息数量呈井喷式增长，毫无专业医学背景的公众在海量数据中要获得有效的健康信息具有较大难度，对健康信息服务的需求愈发迫切，并且不再满足于线下，而是希望线上有更加方便快捷的方式，因此健康信息平台和系统的建设相关研究增加，逐渐形成健康信息平台建设和区域卫生信息化的研究主题。技术的发展使得"互联网＋"、物联网等技术方法与医疗健康紧密结合，相关研究也不断发展，新媒体信息技术的研究主题逐渐发展起来。

2019 年末，在全球暴发的新冠疫情的影响下，关于健康信息领域的研究呈现爆发趋势，促使整个领域快速步入稳定发展阶段。该阶段国内针对健康信息领域的研究同样呈现出快速增长态势，与欧美发达国家的差距越来越小，甚至在一定程度上有赶超发达国家的趋势，这与国家经济水平的不断发展有关，也与国家政策、体制、社会等因素密不可分。下面，将对健康信息领域研究主题演化阶段变迁的原因进行揭示，即分析健康信息领域研究主题内容发生演变的原因，为健康信息领域研究主题动态演化规律的总结、归纳奠定基础。

6.3 健康信息领域研究主题演化阶段变迁原因揭示

6.3.1 国家战略政策与法规引领

健康信息领域研究主题在演化过程中，关键演化阶段的变迁与国家战略政策、法规的联系密不可分。20 世纪 50—60 年代起，国外发达国家率先发布与"健康""医疗保障""医疗促进"等相关的政策，通过立法的形式将健康管理的概念与内涵进行明确，并推动健康事业、健康产业的快速发展。英国通过《国民健康服务法》确立国家卫生服务保障体系。美国提出要将健康管理纳入国家医疗保障计划，1971 年为健康维护组织提供立法依据，并于 1973 年正式通过了《健康维护组织法案》。随后德国等国家发布健康信息政策，建立健康信息管理组织。20 世纪 80 年代前后，亚洲国家逐渐开始在医疗卫生领域进行探索改革，相继开展全民健康运动，其中日本为应对老龄化加剧，在全国范围内开展中老年健康运动，将健康产业与养老产业作为健康事业最为重要的项目；印度的健康事业来源于医药产业，20 世纪 80 年代，印度实现医药产业转型，进一步将制药、医疗服务等向国际推出，积极开展区域合作；20 世纪 80 年代，中国启动医药卫生体制改革，针对国内医疗卫生机构、医药产业进行改革，促进国内公共卫生事业发展。基于上述政策背景，健康信息领域的发展进入萌芽期，该阶段的研究侧重于生物医学领域，研究主题规模逐渐扩大、数量逐渐增多。

20 世纪 90 年代后，欧美发达国家率先扩大本国内健康政策覆盖范围，提出将医疗系统、药品生产、医疗器械生产及健康服务管理等放于同等地位和水平，对于健康服务管理机构等进行统一管理，开展全民健康信息服务。其中，美国集成医疗、健康等为一体的健康信息服务产业，发布健康信息管理政策，加大政府财政支出，实现医疗机构、医疗服务企业、政府部门多方联动；中国公布《关于深化医药卫生体制改革的意见》，全面启动新一轮医改，并逐渐探索国内健康事业建设。在此背景下，健康信息领域进入探索阶段，围绕"健康信息"的探索逐渐展开，尤其是基于健康信息服务的研究呈现出大量增长的趋势。

21 世纪 10 年代以后，国外发达国家基于健康的政策已经趋于成熟，健康信息管理体系已然成型，处于进一步的修改与完善阶段。尤其欧美一些国家，已经有了较为完善的国家卫生服务体系（national health service system）。国内于 2012 年发布《中国的医疗卫生事业》白皮书，对 30 余年来国内医疗健康事业的发展进行总结回顾，并对未来的发展做出规划。2016 年后发布的《"健康中国2030"规划纲要》《"十三五"卫生与健康规划》《国务院关于实施健康中国行动的意见》《健康中国行动（2019—2030年）》《健康中国行动组织实施和考核方案》等一系列政策文件，大大促进了国内健康事业的发展。基于上述背景，健康信息领域进入加速发展阶段，健康信息服务、健康信息需求及健康信息素养等的研究内容及规模不断发展壮大。

6.3.2　社会环境因素驱动

社会环境因素涉及范围较广，一般而言主要包括经济、政治和具体社会事件等，下面将从这几个方面对健康信息领域的发展变化原因进行分析。

20世纪50年代，二战刚刚结束，经济亟须复苏，西方资本主义国家为了战后经济恢复，率先发起第三次科技革命。科学技术带来的经济效益十分明显，西方国家经济快速复苏并蓬勃发展，人们生活水平得以改善。此外，西方国家在现代医学的发展方面本就有积累，因此健康信息领域在欧美发达国家起源并得到迅速发展壮大。经济的不断发展促使健康信息领域的研究逐渐兴起，健康信息领域研究进入萌芽阶段。但此时中华人民共和国刚刚成立，百废待兴，经济实力与西方发达国家相差甚远，国内医疗卫生事业建设尚未得到重视与发展，因此关于健康信息领域的研究尚未起步。

20世纪末，世界经济持续稳定发展，人们物质生活水平得到极大的改善，西方发达国家凭借数十年积累的优势在健康信息领域持续占据主导地位。由于西方发达国家医疗事业发达，对健康信息领域的研究开展较早，已经逐渐形成较为完善的健康信息服务体系。受欧美国家文化和政治的影响，西方人更加注重健康，健康信息素养普遍较高，在一定程度上促进了健康信息服务的进一步完善和发展。改革开放后，中国经济得到快速发展，人民生活水平也逐渐提升，同时与国外交流增多，基于经济与西方文化的影响，人民健康信息素养得到提升，国家开始重视医疗卫生事业发展，尤其在2003年传染性非典型肺炎过后，国内更加注重公共卫生健康事业的发展，中国关于健康信息领域的研究由此开展并在数年内取得了一定的研究成果。基于上述背景，健康信息领域的研究范围进一步扩大，领域研究进入探索阶段。

2010年后，国外健康信息领域持续稳定发展，国内由于经济水平的不断提高，加之更具优势的中国特色社会主义制度，国内关于健康信息领域的研究进入快速发展阶段，与西方发达国家的差距逐渐缩小。尤其是 2019 年末到 2020 年初新冠疫情席卷全球的背景下，中国在应对突发公共卫生事件上，由于政治制度优势，在迅速遏制疫情、保障人民生命健康安全、稳定经济发展等方面具有十分明显的优势。国内外基于疫情开展的健康信息领域的相关研究主题迅速增加，研究成果和研究主题内容及规模呈现井喷趋势，并在健康信息领域发展阶段掀起一股高潮。健康信息领域的研究在社会热点事件的驱动下，研究内容与范围进一步扩大和发展，由此该领域研究进入了加速发展阶段。

6.3.3 信息技术推进

20 世纪 50 年代，第三次科技革命率先在西方国家兴起，科技革命带来了新的技术与工具，极大地改变了人们的生活方式和生活习惯，同时对健康信息领域的发展产生了重大影响。第三次科技革命中电子计算机的发展对健康信息领域产生的影响最为显著。20 世纪 60—90 年代，计算机技术数次革新，深刻改变了人们对健康信息的获取、利用、传播及管理的方式。健康信息最初来源于专业医护人员的口口相传，随着人们对健康信息需求的不断提升，书籍、报刊等纸质媒介逐渐成为最普遍的传播方式，而计算机技术的发展为人们获取、交流、共享健康信息提供了新的途径。尽管在该阶段网络获取、传播健康信息的方式尚未真正形成，但已有相关研究开始探索其可行性及必要性。此外，数据库技术在该阶段已有一定程度的发展，人们逐渐掌握基于计算机数据库对就诊患者的信息进行记录和存储的方法，这是对健康信息技术化管理的有效初探。基于上述背景，健康信息领域基于技术的相关研究逐渐开展，领域发展进入萌芽阶段。

20 世纪末到 21 世纪初，互联网技术逐渐兴起，加之人们生活水平的提高，健康信息素养逐渐提升，健康信息需求随之提升，书籍、报纸、杂志等资源已无法满足普通公众的健康信息需求，人与人之间的健康信息交流愈发频繁。互联网技术经过一定时期的积累逐渐在欧美发达国家得到一定的推广，人们逐渐掌握通过网络查找相关信息的方法，慢慢形成了一种新的信息获取方式。与此同时，数据库技术愈发成熟，医疗卫生机构基于数据库构建健康信息系统的研究逐渐开展，该系统的建设研究是健康信息管理发展中极为重要的环节，标志着碎片化的个人健康数据逐渐整合成具有连贯性及延续性的有研究价值和意义的健康信息。技术的进一步发展促使健康信息领域的研究范围与内容得到进一步拓展与深化，该领域发展进入探索阶段。

2010 年后，互联网科技革命及移动互联网时代到来，电子和信息技术普及应用，社交媒体和大众传媒发生重大变化。健康信息可以通过网络搜索、网络健康社区交流共享、社交媒体账号发布等多种形式获取，人们几乎彻底以网络电子资源取代纸质资源。随着移动互联网的快速发展，个人健康信息管理出现新的方式，部分针对特定用户群体的 APP 逐渐兴起，针对特定用户群体特征提供个性化、差异化健康信息定制服务，实现特色健康信息服务。基于健康信息平台建设的健康信息管理系统逐渐取代数据库健康信息管理系统，电子健康档案等的快速发展为实现区域卫生信息化提供了有效途径。基于此背景，在信息技术的推动下健康信息领域进入加速发展阶段。

6.3.4   学科交叉融合激发创新

20 世纪 50 年代前后，生物医学领域的不断发展促使健康管理的概念逐渐形成，基于此健康信息领域逐渐兴起。健康信息领域初始阶段以健康意识、健康素养、健康管理、健康产业等相关研究为主。20 世纪 60 年代后，学科之间交叉融合不断加剧，健康信息领域逐渐吸收管理科学的部分内容，"健康信息"的概念逐渐形成，对健康意识等概念进行了细化和完善。另外，传播学的相关概念与理论也被健康信息领域所吸纳，在健康信息交流及健康信息共享的基础上形成了健康信息传播的概念。健康信息领域萌芽阶段的相关概念研究揭示了围绕几个学科领域的探索与融合形成的具有健康信息领域特色的研究主题。

20 世纪末，系统科学兴起并对其他领域产生较大影响，尤其是对生物科学领域，系统科学的理论方法与生物科学相融合，逐渐形成一门新的学科——系统生物科学。系统论的原理及方法同样对健康信息领域产生了一定影响，健康信息管理出现了新的研究内容。在系统论视角下，健康信息管理作为一个系统，对健康信息的管理过程应当包括健康信息的收集、整理、组织、存储、利用及信息安全等方面，因此关于健康信息管理的研究出现了基于系统视角构建电子健康档案及健康信息管理平台的相关研究。20世纪末是健康信息管理领域的加速发展阶段，在该阶段健康信息管理的相关研究出现小高峰，这与系统科学与健康信息领域的不断融合有关，在此基础上健康信息领域进入探索阶段。

2010年后，健康信息领域的研究内容愈发广泛，健康信息素养、需求、行为等相关研究在继续广泛借鉴信息科学与传播学等的基础上，融合心理学、行为学等学科的相关理论、原理与方法，并以信息技术为基础，出现了健康信息技术等概念。健康信息技术指的是用于医疗保健信息、健康数据及通信和决策知识的存储、检索、共享和应用，并涉及计算机硬件和软件的一种信息处理应用，能够实现对用户健康素养、需求、行为等进行真实反映及评价。在加速发展阶段，健康信息领域广泛借鉴其他学科的技术和方法等，形成了本领域比较有特色的技术方法。

综上所述，政策、社会环境、技术及学科交叉等都是对健康信息领域发展变化起到重要作用的影响因素。政策层面，对健康信息领域的发展起到了指导作用；技术层面和学科发展层面，对健康信息领域的发展起到了促进作用；学科融合发展对健康信息领域的发展起到了丰富理论和方法的作用；社会环境因素对健康信息领域起到了完善的作用。健康信息领域至今不过六七十年的历史，但是国内外发展状况却大不相同，国内的发展与国外相比至少要落后20年。20年的发展差距却在2010年后的10余年逐渐拉近，一方面是基于国外优秀成果开展研究，"站在了巨人的肩膀上"；另一方面是与国内经济快速发展，以及优越的社会主义制度息息相关。此外，从技术角度看，近年来健康信息领域相关研究，国内外都呈现出浮于表面，无法真正落地的现状，一方面是因为研究人员过于追求科研成果，不注重实际；另一方面是因为随着技术发展到了一定程度与水平，概念的发展一般比实践先行，技术尚未完全成熟便被其他领域广泛借鉴，自然会导致相关研究无法落地的尴尬局面。因此，在健康信息领域快速发展的阶段尚需对相关信息科技加以甄别并妥善利用，稳步实现相关实践研究。

6.4 健康信息领域研究主题动态演化规律归纳总结

根据模型构建结果，对不同模型类别的健康信息领域研究主题内容进行了分析，并实现了对健康信息领域研究主题演化阶段划分、演化分析及阶段变迁原因的揭示。在上述研究结果基础上，结合内容分析结果，以演化阶段划分及演化阶段变迁原因作为立足点，将对健康信息领域研究主题的动态演化规律进行归纳、总结。通过前文的一系列相关研究结合健康信息领域研究主题聚类结果（图6-2），可以发现健康信息领域主要涉及5个方面的内容，分别是健康信息素养、健康信息需求、健康信息行为、健康信息服务及健康信息系统。因此，健康信息领域规律的总结将从这5个方面进行具体阐述。

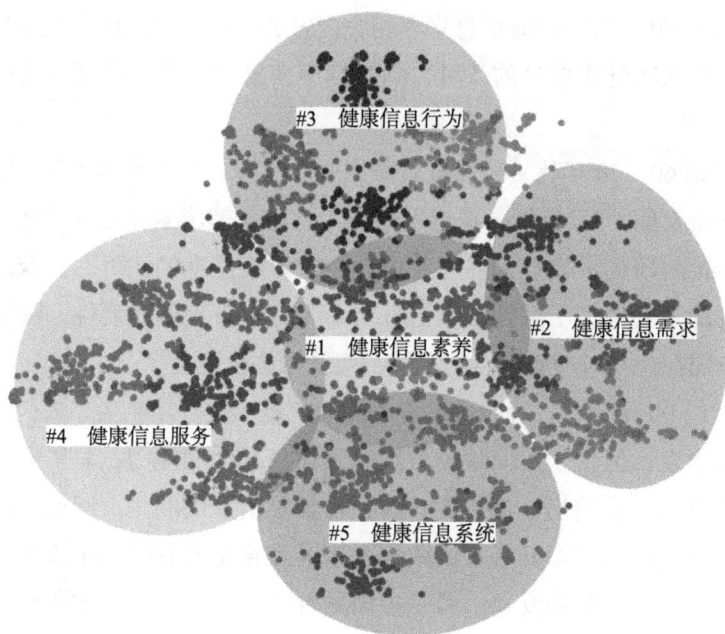

图6-2 健康信息领域研究主题聚类结果

6.4.1　健康信息素养演化规律

　　健康意识的觉醒是培养健康信息素养最基础的一步，公众对健康信息的认识到了一定程度自然而然会累积并促使健康信息素养的提升。健康信息素养区别于健康素养和信息素养。健康素养更加侧重于"健康"二字，人们会通过各种养生、健身等手段来保持自身的健康状态，极易受到他人、居住场所、社会等因素的影响，也就是说当身处比较看重健康的环境时，个人的健康素养会提升，反之则会下降；健康信息素养更加侧重于"健康信息"，侧重于对健康信息的检索、查找、收集与利用，虽然也是为健康服务，但是相比健康素养而言，对健康信息的利用才是重中之重；而信息素养则更加侧重于"信息"，信息的范围远远大于健康信息，健康信息是信息的一种，因此可以说健康信息素养是信息素养的一个子内容。健康信息素养的相关研究开始于20世纪60—70年代，健康信息素养相关内容的研究主题发展演化呈现出如下规律：由公众对健康信息的认可，到对健康信息的利用，再到对健康信息的评价。

　　20世纪60—70年代，公众健康意识刚刚觉醒，健康素养萌芽，随着信息技术的不断发展，"信息"的概念逐渐深入人心，健康素养逐渐演变为健康信息素养，该阶段健康信息素养主要体现在对健康信息的认可。公众逐渐发现健康信息的重要性，了解到健康信息对个人健康管理的必要性，健康信息素养主要体现在公众对健康信息的了解、接受与认可上。

　　20世纪90年代起，健康信息素养的研究范围进一步扩大，人们对健康信息的需求增多，但由于人们缺乏辨别健康信息真伪的能力，对于提升自身健康信息素养的要求迫切，希望能够掌握对健康信息的利用，因此健康信息素养教育的相关研究逐渐开展。健康信息素养教育主要包括两个方面：一方面是健康信息素养教育的受众；另一方面是健康信息素养教育的提供者。受众具体又可以分成专业医护人员和普通公众：专业医护人员所接受的健康信息素养教育应当是系统、完善的，在自身具备较高健康信息素养之后需要与健康信息素养较低的患者进行沟通，甚至要扮演教育患者的角色，这对专业医护人员而言任重道远，能否保证有时间和精力接受完整、系统的培训是一个极为棘手的问题，这就要求在培养专业医护人员的过程中要进行有效的健康信息素养教育，需要整个社会的努力和国家的政策支持；而普通公众的健康信息素养教育首先需要让公众意识到健康信息素养的重要性和必要性，尤其在疾病预防、慢性疾病管理等方面，针对公众最为关切的方面开展会使公众更容易接受并主动寻求健康信息素养教育。健康信息素养教育的提供者目前主要为图书馆，包括专业医学图书馆、公共图书馆和高校图书馆，具有很强的用户针对性，相对而言能够提供有效的健康信息素养教育。此外，针对普通用户中思维最为活跃的大学生群体，部分高校适当开展了健康信息素养教育，尤其是管理类专业表现尤为突出，从最易于接受的群体入手，慢慢提高整个社会群体的健康信息素养。

发展至今，健康信息素养已不再仅仅局限于对健康信息的利用，人们逐渐对健康信息及健康信息服务开展评价。健康信息质量评价包括健康信息评价和健康服务评价，健康信息评价是指用户对所获取信息、事实或资料的评价，而健康服务评价则一般是指对医疗机构所提供的治疗方式或服务水平的评价。

随着健康信息素养的不断提升，如何对健康信息素养开展评价的研究逐渐开展，出现了各种各样的健康信息素养评价工具。主要是各类量表及评价模型，其中量表根据功能可以分为功能性量表、交互式量表及批判性量表，而评价模型一般依据维度或层次建立相关评价指标并确定指标权重进行构建。关于量表的分类，功能性量表一般是用来对群体或个体的基本素养，包括对健康信息的认识、理解等方面进行评价；交互式量表相对而言更加侧重于与被测评对象的沟通与交流，更加关注个体对于健康信息的获取能力、搜寻能力、判断能力和使用能力，测评个体基于自身实际主动通过各种途径去获取健康信息，评价健康信息质量，利用健康信息实现自身的健康提升；批判性量表是在交互式量表基础上增加了批判性功能，引导测评对象对获取健康信息的过程进行反思，客观全面地对所获取的健康信息进行评价，关注个体如何利用健康信息进行理智思考，同时去发现目前的环境对于健康信息的产生、发展、传播、获取及利用等环节具有哪些积极意义和消极影响。评价模型的构建一般依赖于研究人员自身的专业素养，既包括对于健康管理的理解也包括对于信息管理的掌握程度，研究人员的专业素养极大地影响评价模型的质量，具有较强的主观性，为了确保评价模型的质量，相关研究人员针对这一问题进行探讨，通过引入专家咨询及定量研究方法加以改善，在一定程度上解决了主观性强的问题。健康信息素养评价工具经历了由简单到复杂、由低层次到高层次的发展变化，从关注个体的基本阅读及获取能力逐渐变为如何使用和客观评价，再到最终能够批判性地看待健康信息产生、发展、演变、传播的原理和机制，健康信息素养评价的内容愈加完善和丰富，将对公共卫生体系产生积极影响。

此外，除了对健康信息素养进行评价，健康信息素养的影响因素研究也相继开展，研究内容愈发丰富。总体看来，健康信息素养的影响因素主要分为两个方面，一方面是个人因素，另一方面是社会环境因素。个人因素主要包括年龄、性别、种族、教育背景、收入水平、职业、居住环境、个人能力等，而社会环境因素主要包括政治体制、医疗体系、教育体系、社会文化等。其中社会环境因素也会影响到个人因素，尤其在突发公共卫生事件下公众的健康信息素养水平能够得到十分具体的体现。新冠疫情背景下国内外民众对待新型冠状病毒感染和新型冠状病毒疫苗持有不同的，甚至截然相反的态度，这与社会环境具有十分密切的关系。国内的政治制度在"集中力量办大事"方面具有无与伦比的制度优势，引导公众培养健康的生活方式，提高公众的健康信息素养；公立医疗体系的优势，也能确保患者在疫情防控期间得到及时免费的医疗救治，同时能够合理安排医护资源分工合作，在治病救人的同时有余力对患者和普通群众进行健康信息教育以提高健康素养；文化背景的影响更为明显，中华民族向来拥有团结互助的优良传统，"一方有难，八方支援"的观念早已深入人心，在这样的社会文化背景下公众能够互相交流和共享健康信息，进而促使健康信息广泛传播。同时由于人口基数大，个体之间存在较大的差异，尤其在年龄、教育背景、文化程度、收入水平上各不相同，导致健康信息素养参差不齐，因此这些因素也成了健康信息素养水平的重要影响因素（表6-2）。

表 6-2　健康信息素养影响因素

影响因素	个人因素	社会环境因素
具体特征	年龄	政治体制
	性别	医疗体系
	种族	教育体系
	教育背景	社会文化
	收入水平	……
	职业	
	居住环境	
	个人能力	
	……	

　　此外，该阶段对健康信息素养的主要研究内容如图 6-3 所示。

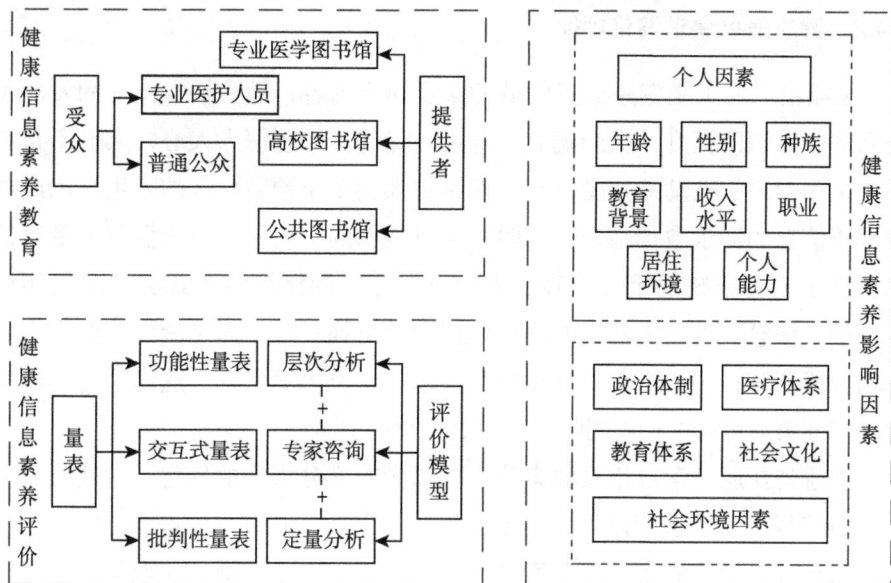

图 6-3　健康信息素养的主要研究内容

总体来说，健康信息素养体现在健康信息的利用上。在萌芽阶段，公众开始意识到健康信息在促进自身健康、发展公共卫生事业等方面具有重大作用，逐渐接受并认可健康信息的概念。在探索阶段，公众已对健康信息的重要性有了深刻的认识，如何利用健康信息并让其发挥最大价值逐渐成为研究的热点与重点。由于公众普遍缺乏对健康信息的甄别能力，需广泛开展健康信息素养教育研究，基于健康信息素养教育实现对健康信息的进一步认识与利用。而在加速发展阶段，随着公众健康素养的进一步提升，研究不再局限于对健康信息的利用，对健康信息的要求进一步提升，健康信息素养的研究内容进一步拓展，逐渐兴起对健康信息的评价。此外，由于公众健康信息素养水平不断提升，如何对其进行测度，以及影响因素包括哪些也逐渐受到研究人员的关注，健康信息素养的相关研究得到进一步的完善与发展。目前，健康信息素养所涉及的主要研究内容涵盖健康信息素养的教育、评价及影响因素等。

6.4.2 健康信息需求演化规律

健康信息需求是健康信息领域的重要研究内容，随着科学技术的发展及公众健康意识的提升，关于健康、养生、保健等观念深入人心，人们不再局限于生病后再去被动地接受治疗，而是更加侧重于预防疾病的发生，因此对于健康信息的需求愈加迫切。同时，信息技术的不断深化为人们获取健康信息提供了不可或缺的重要途径，人们可以通过网络接收各式各样的健康信息。健康信息需求研究的主要内容包括两个方面：一方面是健康信息需求调查与分析研究；另一方面是健康信息需求的影响因素研究。这两个方面的研究均与健康信息需求在不同阶段的发展变化有关。

普通公众通过学习相关健康信息可以预防部分疾病的发生，即使生病后也可以获得必要的医疗以外的其他健康信息支持，同时可以得到更多关于疾病预后调养等保健知识。专业医护人员对本领域专业知识的获取与扩充也是健康信息需求的一部分，除此之外，研究人员对涉及健康信息的事实、统计资料、统计数据等开展研究，相关的事实与数据同样是对健康信息的一种需求。因此，健康信息需求的主体主要分为 4 类：从事医疗职业的专业医护人员、需要专业医疗的各类患者、普通公众及相关研究人员。健康信息需求表现为 3 种类型：当公众自己或亲人罹患某种疾病时会自然而然地关注与疾病相关的某些信息，这种健康信息需求表现为主观被动型；而在社会公共卫生事件下，由于政府部门、媒体的宣传引起社会各界的关注，会促使整个社会群体对健康生活的认识和观念得到进一步提升，这种健康信息需求表现为客观被动型；此外，由于公众健康素养不断提升，部分人越来越追求更加健康的生活方式，对自己的健康状态更加关注，会根据自身的实际情况去寻求相关的健康信息，这部分人对健康信息的需求表现为主动型。健康信息需求相关内容的研究主题的发展演化呈现出如下规律：健康信息需求由专业集中性、单一被动性向多主体性、多层次性转变。下面将对各个时期的健康信息主体及健康需求表现的发展变化进行具体介绍。

20 世纪 80 年代，基于公众健康素养的不断提升，健康需求的概念逐渐形成。随着学科的不断融合发展，公众逐渐表现出对健康信息的需求，相关研究逐渐出现。健康信息领域与生物医疗领域有着密不可分的关系，该阶段对健康信息表现出强烈需求的是专业医护人员，随着经济的不断发展及生活水平的不断提高，人们在忙碌的工作中忽视了对健康的关注，各类疾病的出现频率也越来越高，专业医护人员除了本身的专业知识外也需要大量涉及疾病预防、治疗等的健康信息来提升自己的专业水平。此外，由于疾病原因，部分疾病患者及其家属，会向专业人员请教该疾病形成的原因，与治疗相关的方式、药物，以及预后护理等，对此类健康信息产生极大的需求。该阶段对于健康信息的需求主要是专业医护人员对本领域专业知识的获取与扩充，以及相关疾病的患者及其家属所需的必要的医疗以外的其他健康信息支持。所需健康信息类型在内容上表现为知识型，从来源上看表现为来自专业医护人员的专业知识，由于疾病所迫的被动型获取。因此，该阶段健康信息使用主体在健康信息需求上表现为专业集中性及单一被动性。

20 世纪 90 年代起，随着公众健康信息素养的提升，除专业医护人员和相关疾病患者之外的普通公众对健康信息的需求有所提升，尤其是部分特殊人群，如老年人、儿童、孕产妇、残疾人等，这些人群由于特殊的生理特点对健康信息的需求增强。此外，由于健康信息领域已经发展到了一定的程度，已有研究成果的积累，科研人员为实现科学研究对健康信息的需求明显。科技的发展促使信息技术不断与健康信息领域相融合，基于大众传媒的社会传播逐渐兴起，为健康信息的传播提供了新的途径，国家层面借助大众传媒开始大力宣传疾病预防等相关知识。该阶段末期关于健康信息的专业数据库逐渐兴起，满足了专业医护、科研人员及普通公众对专业健康信息的需求。该阶段，健康信息需求的主体增加了部分特殊的人群及相关科研人员，从健康信息的内容来看增加了数据资料型健康信息，从健康信息的来源来看增加了媒介传播型及专业数据型健康信息。社会环境的不断变化促使人们对健康信息需求的增加，人们接受健康信息的方式由单一被动型转变为主观、客观相结合的被动型。因此，该阶段健康信息使用主体在健康信息需求上表现为专业性与普适性相结合，以及主观与客观相结合的被动型。

发展至今，信息技术的进一步发展促使健康信息需求的相关研究有了更新的内容，由于整体健康信息素养的普遍提升，全体公众对健康信息的需求进一步加强，研究成果的不断累积促使相关研究快速增加，大众传媒、互联网技术的大发展更加拓宽了健康信息的来源，其具体发展与变化如下。

①该阶段健康信息需求的主体涵盖了健康信息需求的全部4类主体，而这4类主体，从健康信息需求的角度出发，不同主体所需的健康信息也有不同。按照健康信息的内容，可以将健康信息分为知识型、消息型和数据资料型。知识型即专业的医疗知识，主要面向专业医护人员、对医疗领域感兴趣的普通公众及有研究需求的科研人员；消息型是最普遍的健康信息类型，网络、报刊、书籍、电视节目等所涉及的养生、保健等内容都属于消息型健康信息，主要面向各类患者、普通公众及科研人员；而数据资料型指的是各类统计数据、统计资料，或者涉及健康的各类政策、法律法规、公文等，这类数据主要面向科研人员。按照健康信息的来源，可以将健康信息分为专业数据型、媒介传播型、人际传播型。专业数据型一般来源于各大数据库，如中文的万方数据库、外文的 PubMed 及各大医学图书馆数据库等，其主要面向医学的专业人员和科研人员，以及非医学的科研人员；媒介传播型包括网络和移动平台、电视节目等传播的健康信息，这类信息一般面向普通公众，主要由大众通过网络搜索引擎查找获得相关信息；人际传播型则是指依靠人与

人之间的人际关系网络，通过有组织的宣传科普活动，或者人与人之间的口口相传进行交流讨论实现健康信息的获取，这类信息同样面向普通公众（表6-3）。该阶段健康信息内容和来源得到极大的丰富与拓展，能够满足多主体的信息需求，由专业性与普适性相结合转变为多主体性。

表6-3　健康信息类型

分类标准	内容			来源		
类型	知识型	消息型	数据资料型	专业数据型	媒介传播型	人际传播型
面向主体	专业医护人员、普通公众、科研人员	患者、普通公众、科研人员	科研人员	医学的专业人员和科研人员、非医学的科研人员	普通公众	普通公众

②该阶段的健康信息需求涵盖了主观被动型、客观被动型及主动型3种类型。最典型的事件是新冠疫情下，新型冠状病毒感染患者及家属对新冠疫情的预防、治疗及预后信息尤其关注，也更加关注新冠特效药的研发等相关信息。为了让人们保持社交距离不要聚集，政府部门、卫生机构等开始提倡出行戴口罩、就餐使用公筷及分餐的就餐习惯，一系列的宣传促使公众去关注和了解戴口罩、分餐的益处，公众会更加关注疾病防护、疫情发展态势、药物研发及疫苗接种等，会更加主动地去寻求相关的健康信息以满足健康需求。因此，该阶段的健康信息需求由主观与客观相结合的被动型转变为被动型与主动型并存的多层次性。

总体来说，健康信息需求的发展变化体现在健康信息需求的特点上。在萌芽阶段，健康信息需求的主体多集中于与疾病相关的医生和患者，所需的健康信息类型偏向于专业医学的知识型，主要依赖人际传播，获取方式偏向主观被动型；而在探索阶段，健康信息需求的主体逐渐扩展到部分普通公众及科研工作人员，所需的健康信息内容由专业知识型逐渐向数据资料型转变，健康信息来源除医患之间的人际传播型及专业数据型以外，增加了媒介传播型，获取方式增加客观被动型；而在快速发展阶段，健康信息的主体涉及几乎整个社会的所有成员，涉及的健康信息类型全面，来源广泛，尤其是互联网技术的不断发展，使互联网网络资源成为最重要的组成部分，健康信息的需求也逐渐涉及主观被动型、客观被动型、主动型相结合的多层次性。健康信息需求研究所涉及的多主体性、多层次性及对主要内容的研究如图 6-4 所示。

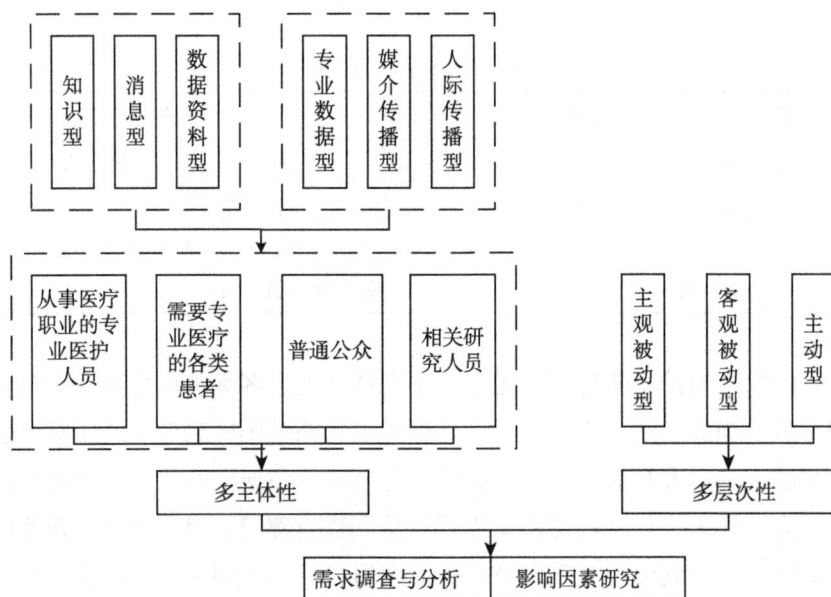

图 6-4　健康信息行为主要研究主题及内容

6.4.3　健康信息行为演化规律

公众的健康信息行为在 3 个阶段表现出不同特征，具体可以分为搜寻性健康信息行为、传播性健康信息行为、评价性健康信息行为，这与公众在各个阶段的健康信息素养和健康信息需求均有密切的联系。由于用户群体的不同，其信息素养、生活环境、自身实际情况均有所差异，会直接导致健康信息行为的不同。而用户群体根据不同的特征可以分成不同的类别，如可以根据用户年龄、性别、文化程度、地域等一系列标准进行区分；也可以根据在健康信息行为中的身份进行划分，可以分为医生、患者及普通公众。涉及不同用户群体的行为研究是比较重要的组成部分，该类研究具有鲜明的用户特征，一般具有较强的针对性和差异性，而在普适性方面有所欠缺。健康信息行为相关内容的研究主题发展演化呈现出如下规律：健康信息行为由搜寻性到传播性再到评价性演化。本书将在普遍群体共同拥有的特征视角下对各个阶段的健康信息行为特点进行总结。

20 世纪 80 年代，随着健康信息素养及健康信息需求相关研究成果的积累，对于公众健康信息行为的研究逐渐开展起来。该阶段公众的健康信息行为以搜寻行为为主，因此带有明显的搜寻特点。健康信息搜寻行为来源于健康信息检索行为、健康信息收集行为、健康信息采集行为等概念，主要包括搜寻动机、搜寻途径、影响搜寻的因素等方面。一般而言，该阶段的搜寻动机主要是基于用户的健康信息素养与健康信息需求，当自身或家人罹患疾病、专业医护人员需要扩展自身知识或业务能力，以及科研人员对健康信息有研究需求时，对健康信息的需求会有所提升，进而会产生健康信息搜寻行为；在搜寻途径上，患者主要是通过寻求专业医护人员的帮助，而专业医护人员主要是通过专业书籍、报刊等纸质文献资料；影响搜寻的因素，最为直观的就是用户群体自身的健康信息素养、专业技能等，同时会受环境的影响，周边用户的搜寻行为也会对自身行为产生一定的影响，此外政府机构卫生部门的政策等也会对用户的健康信息搜寻行为产生影响。

20 世纪 90 年代，由于公众健康信息素养的提升，普通公众对健康信息也有了需求，因此健康信息行为除了具有搜寻性，更加具有传播性。该阶段由于信息技术的不断发展，健康信息搜寻行为的搜寻途径有了新的内容，也更加促进了健康信息传播行为的发展。健康信息传播行为的研究对象可以分为内容、主体、媒介和效果。健康信息传播行为可以分为 2 种：一种是医患之间的健康信息交流，这种传播方式是最为有效的传播方式；另一种是普通公众之间的信息交流，可能是某些疾病的患者，也可能是一般人群，但具有没有专业医学背景的共同点。该阶段由于增加了普通公众，健康信息的传播更加广泛，因此在搜寻性健康信息行为的基础上增加了传播性的特点。

发展至今，随着人们健康信息素养的不断提升加之互联网技术的飞速发展，人们不再满足于只是获取和传播健康信息，而是更加侧重于对健康信息的利用及评价，因此该阶段健康信息行为更加具有评价性。健康信息搜寻行为及健康信息传播行为基于互联网技术的不断发展，普通公众的搜寻途径由线下逐渐转变为线上为主兼线下为辅的方式，各类数据库资源的建设逐渐完善，专业医护人员的搜寻途径在书籍等纸质资源的基础上增加了众多电子资源。而在传播方式上，线上健康社区的广泛建设，使健康信息的传播更加便捷，更增加了健康求助等新的内容。健康信息海量增加，在此背景下，公众对健康信息质量的要求开始提升，因此该阶段的健康信息行为更具评价性。

健康信息质量评价行为包括健康信息评价和健康服务评价，信息评价是指用户对所获取信息、事实或资料的评价，而服务评价一般是指用户对医疗机构所提供的治疗方式或服务水平的评价。可以看出这两种质量评价的用户存在明显的区别，前者可能更多的为普通公众，后者则更侧重于有专业医疗需要的各类患者。健康信息使用行为与健康信息评价行为密不可分，主要与用户对健康信息的信任度有关，而信任度存在两个方面：一方面是健康信息提供者；另一方面是健康信息获取途径。网络作为健康信息获取最便捷的途径，其使用度最为广泛，但却不是最受信任的途径，在线下就诊不方便时，公众只好退而求其次转向线上。一般而言，公众会更加信赖有资质、有认证的权威平台，但由于公众的健康信息素养参差不齐，在获取健康信息时极易上当受骗，这就要求开展整个社会层面的健康教育，可以看出，影响用户信任度的主要是易用性和有用性。因此，该阶段主要是围绕健康信息的评价开展的，由于公众健康信息素养的普遍提升，经搜寻、传播所得到的健康信息需由用户先进行甄别再使用，使用后会再次评价健康信息的质量。

总体来说，健康信息行为的特点主要体现在面对健康信息的行为上。在萌芽阶段，健康信息的研究刚刚开展，人们刚刚建立起健康信息素养，对健康信息的要求仅仅是相关疾病的患者及家属能够满足自身和亲人疾病的治疗和预防，一般而言会去寻求专业医护人员的专业建议，最多通过书籍、报纸等查询疾病相关的医学知识，因此该阶段的健康信息行为表现出明显的搜寻性；而在探索阶段，普通公众逐渐意识到健康信息的重要性，由于自身处于健康状态没有必要去寻求专业人员的建议，普通公众间就部分疾病、养生保健等信息开展交流与共享，促使了健康信息的传播，因此该阶段的健康信息行为更具传播性；而到了加速发展阶段，由于技术的不断发展，健康信息数量呈现出井喷趋势，而公众的健康信息素养大幅提升，因此在该阶段公众出于对自身健康的考虑，对待健康信息的态度愈发严谨，在利用健康信息进行健康决策之前会通过一定的方式对所获取的健康信息进行评价，然后再决定是否接受该信息，甚至在利用完成后，也会再次对该健康信息做出评价，因此该阶段的健康信息行为具有强烈的评价性。健康信息行为主要研究内容及特点变化如图 6-5 所示。

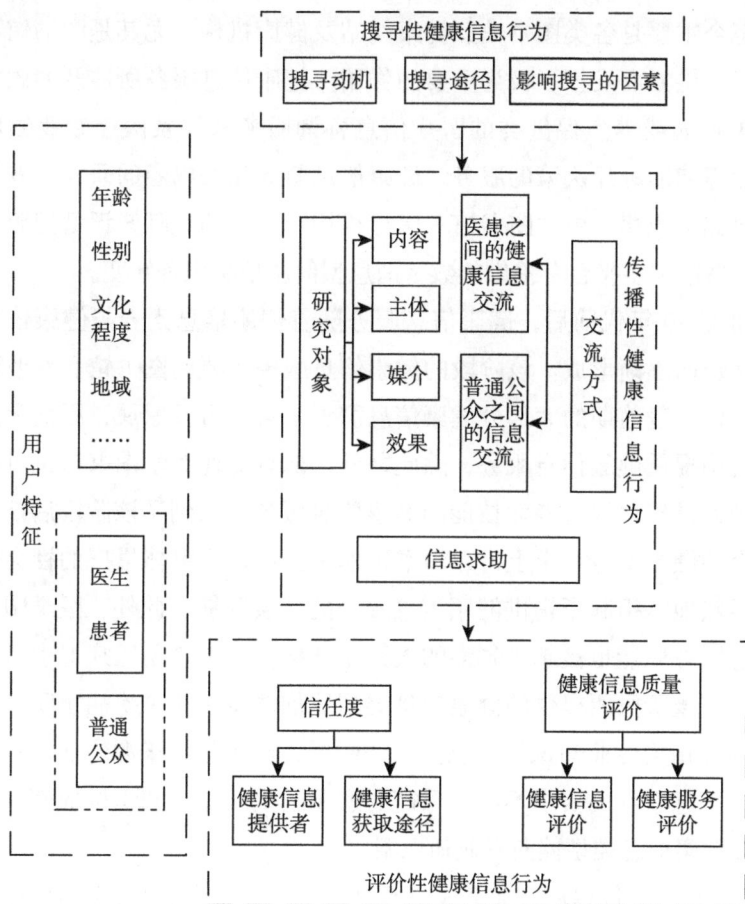

图 6-5　健康信息行为主要研究内容及特点变化

6.4.4　健康信息服务演化规律

随着社会的经济发展，公众的健康意识逐渐增强，公众对于健康信息的需求也逐渐增多，而在信息技术飞速发展的客观环境下，信息技术、互联网技术和传媒化技术的迅速发展为健康信息服务提供了有效的技术支持，通过将离散在网络空间和社会生活中的健康信息整合、处理、存储并传播给公众，满足公众对于健康信息的需求，提供相应的健康信息服务，促进社会公共卫生事业的发展。健康信息服务的研究对象分为两类：一类是服务受众，分别面向普通公众和专业医护人员；另一类是健康信息服务的提供者，从发展初期至今主要是各类图书馆、健康网站及健康机构，尤其是图书馆在健康信息服务提供方面发挥了极为重要的作用。健康信息服务所涉及的内容主要包括相关疾病或养生保健类的医疗信息咨询服务和涉及医疗专业领域的用药、治疗等辅助医疗决策的服务。健康信息服务相关内容的研究主题发展演变呈现出如下规律：由"图书馆＋医疗机构"提供的文献知识型健康信息服务向"图书馆＋多平台"提供的数字消息型健康信息服务转变。

20世纪70年代前后，健康信息服务随着健康信息素养与健康信息需求的不断增长而逐渐形成。该阶段的健康信息服务主要由图书馆和专业医疗机构提供。该阶段前期的大部分健康信息需求来自患者及家属，因此大多由专业医疗机构提供健康信息服务，除此之外，部分专业医学图书馆也可以面向专业医护人员提供提升专业技能的健康信息服务；而到了该阶段后期，由于普通公众的健康信息需求上升，图书馆作为面向社会群体最广的社会服务机构自然而然地承担起了提供健康信息服务的社会职能，此外，医学图书馆的健康信息服务职能也被越来越多的人知晓和接受。无论是医疗卫生机构还是图书馆，在该阶段所提供的健康信息类型更加侧重于相关疾病预防、治疗及预后护理等相关专业知识型信息。在该阶段，健康信息来源专业、权威，对公众健康信息素养的要求不高，只需要遵照医嘱或专业知识按部就班操作即可，因此健康信息类型偏向专业知识型。

20世纪90年代以后，尤其发展至2010年左右，信息技术的快速发展深刻影响着人们的生活方式，加之经济水平的不断提升，公众健康信息需求极速上升，对健康信息的要求不再仅仅是针对相关疾病，更加注重养生、保健等信息。医疗卫生机构在此阶段依旧是提供专业的医疗服务，而图书馆的健康信息服务职能则大大提升。图书馆在健康信息服务中起到了举足轻重的作用，图书馆具体可以分为 3 类：医学图书馆、公共图书馆、高校图书馆（尤其医学院校图书馆）。这 3 类图书馆都是承担提供健康信息服务的主要机构，只是侧重点有所不同。医学图书馆侧重于提供专业的医学知识，主要面向专业医护人员及医学院校师生；公共图书馆主要提供一般性健康信息，主要面向公众；而高校图书馆既能提供专业医学知识又能提供一般的常识性健康信息，主要面向在校学生。上文提到图书馆是健康信息服务的重要来源之一，对于图书馆开展健康信息服务的研究也在国内外广泛开展，研究成果也是十分丰富。而其中公共图书馆又是 3 类图书馆中面向社会群体最为广泛的，因此相关研究也积累最多，涉及诸多相关领域的理论，形成了具有特色的分析框架。公共图书馆健康信息服务总体分析框架及所涉及的理论分别如图 6-6、图 6-7 所示。

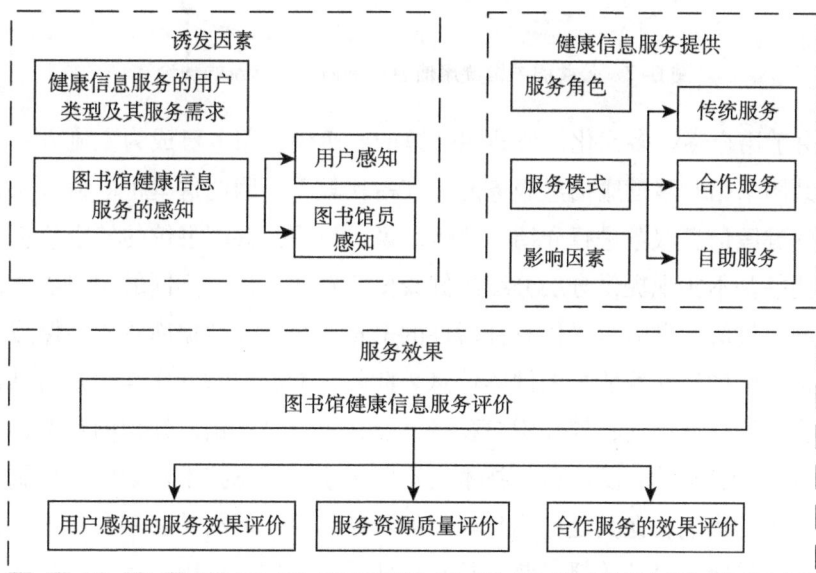

图 6-6 公共图书馆健康信息服务总体分析框架[①]

[①] 张静仪，张敏 . 国外公共图书馆健康信息服务研究述评 [J]. 图书情报知识，2018（2）：14-23.

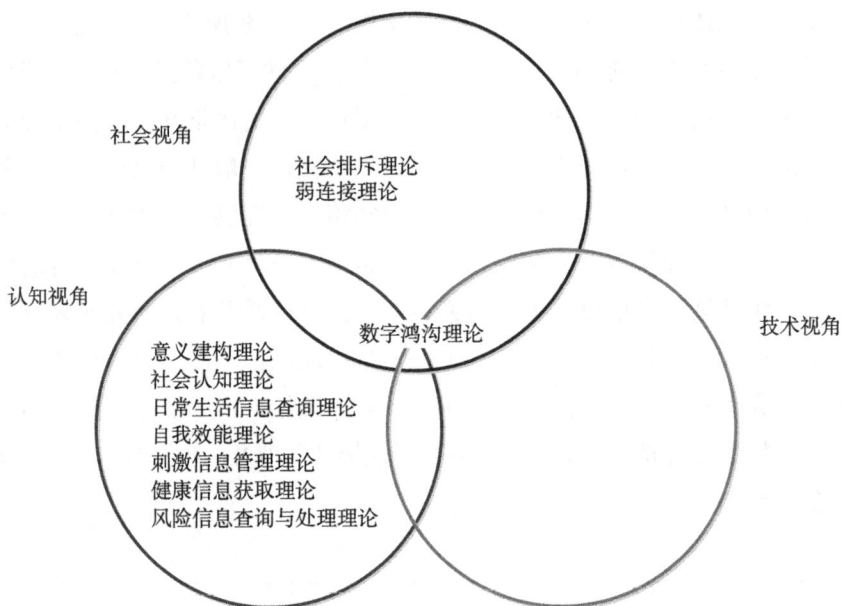

社会视角

认知视角

技术视角

社会排斥理论
弱连接理论

数字鸿沟理论

意义建构理论
社会认知理论
日常生活信息查询理论
自我效能理论
刺激信息管理理论
健康信息获取理论
风险信息查询与处理理论

图 6-7　公共图书馆健康信息服务研究所涉及的理论[①]

由于用户逐渐多元化，公共图书馆的健康信息服务已成为主流方式，围绕公共图书馆开展健康信息服务的研究占比较重，因此这里将单独对公共图书馆的健康信息服务进行介绍。总体来说，目前公共图书馆的健康信息服务已经能够基本实现提供分层分级的健康信息资源，针对不同的用户群体，以及不同的健康信息需求提供有针对性的书籍、报刊及数据库资源，保障不同群体最大限度地获取所需的健康信息。此外，能够定时开展与健康信息相关的讲座、论坛等活动，鼓励用户积极参与，进行健康信息知识的科普，提高用户健康信息素养。随着科学技术的不断进步，信息技术对健康信息服务产生了巨大的影响，尤其是社会化媒体的不断发展，网络社交平台的影响力逐渐增大，健康信息的传播、获取越来越依赖互联网。但由于信息质量参差不齐，并且互联网中个体差异性较大、素养不一，这就造成部分用户缺乏对信息的鉴别能力。为了改变这种情况，亟须专业人才的介入指导，在此背景下

---

① 张静仪，张敏.国外公共图书馆健康信息服务研究述评[J].图书情报知识，2018（2）：14-23.

公共图书馆也逐渐开展移动电子健康信息服务，相较于传统服务模式，移动电子健康信息服务具有便捷高效的特点，与用户之间的交互性较强，能够将用户反馈的一系列问题及时解决。同时需要考虑特殊群体，如老年人，老年人对于移动终端的接受程度普遍较低，但又是健康信息需求较高的一个特殊群体，技术和观念障碍导致其无法享受到这部分快捷高效的健康信息服务，针对类似的问题还需要进一步讨论。

另外，该阶段的健康信息服务不仅仅依赖于图书馆和医疗机构，基于互联网技术的不断发展，相关健康信息服务平台也逐渐开展，由于健康信息海量增长，对健康信息服务的质量评价就此开展，尤其是基于平台的健康信息服务评价，因此健康信息服务的评价一般从健康信息质量、提供健康信息服务平台的质量和健康信息服务水平等角度出发开展研究。健康信息的质量包括可获得性、易获得性、价值性、有效性等方面，这些因素也间接影响着提供健康信息服务平台或机构的质量；影响提供健康信息服务平台质量的因素有平台结构、平台感知有用性、平台感知易用性、平台感知交互性和平台的影响力。健康信息的质量和提供健康信息服务平台的质量直接影响健康信息服务水平，健康信息服务侧重于用户体验和情景感知，需要尽可能地针对用户需求提供个性化健康信息服务，制定多样化、有特色的服务策略，而移动互联网技术的不断发展为个性化健康信息服务提供了有效的技术支撑。健康信息服务质量评价指标如表 6-4 所示。

表 6-4 健康信息服务评价指标

评价指标	指标名称	具体描述
基于健康信息内容的直接指标	可获得性	是否能够获取健康信息
	易获得性	是否能够比较容易地获取健康信息
	价值性	是否能够解决自身存在的问题
	有效性	健康信息是否在有效时间范围内
	准确性	是否准确无误
	完整性	是否完整

续表

评价指标	指标名称	具体描述
基于健康信息平台的间接指标	平台结构	平台结构是否合理
	平台感知有用性	平台所提供内容是否有用
	平台感知易用性	平台操作是否简单易懂，数据获取是否简单
	平台感知交互性	平台是否具有良好交互功能
	平台的影响力	平台的知名度和影响力是否足够权威

在该阶段，健康信息来源复杂，信息质量不一，对公众的健康信息素养提出较高的要求，公众需加以甄别才能进行利用。健康信息服务的提供主体是图书馆与众多网络平台等，所提供的健康信息类型偏向于数字消息型。

总体来说，健康信息服务由单一的健康医疗服务转向健康信息服务，健康信息服务的来源与途径越来越多，所涉及的研究内容也越来越广泛，尤其是在面向多健康信息利用主体上更加具有层次性以满足公众日益增长的健康信息需求。但如今所提供的健康信息内容的专业性欠佳，尽管有相关评价研究，但对于公众而言辨别与判断并不是十分简单的事，更需要相关部门的监管，最起码使"数字消息型"的健康信息在准确度上得到保证。

6.4.5 健康信息系统演化规律

健康信息系统在不同的阶段有不同的含义，在发展初期，健康信息系统主要是基于理论概念的框架设计，主要是提出对健康信息管理的方式与方法，并逐渐开始探索基于数据库的健康信息系统构建，各单位自行组织具有分散性；而随着信息技术的不断发展，健康信息系统则成为基于信息技术的平台设计，由于其方便快捷，极大地促进了诊疗效率，在医院卫生系统、区域卫生系统及社区诊所等广泛应用，能够有效实现电子健康档案的建设，同时由区域进行统一建设，具有集成性。无论是哪种概念上的健康信息系统，其主要作用都是通过整合医疗资源、共享健康信息，及时有效地了解公众的健康状态并进行及时干预和通过宣讲开展健康教育，提高公众的健康信息素养。健康信息系统相关内容的研究主题发展演化呈现出如下规律：由框架设计到平台设计的健康信息系统变化。

20世纪70年代起，健康信息的不断丰富促使人们逐渐开展以管理健康信息为目的的健康信息系统建设。该阶段的健康信息系统建设主要是提出整合医疗资源和部分疾病相关的健康信息的信息管理方式，是一种概念结构。一般是由中央、地区、地方或职能单位牵头进行组织，要求医疗卫生机构将来源于本单位的医疗信息进行资源整合，构建以患者为中心的健康信息系统概念框架，主要涉及患者、疾病、病历等方面。后来基于数据库的健康信息管理系统，由各医疗机构各自建设本单位的患者健康信息数据库并进行收集、存储和管理。同时，该阶段已经注意到个人健康信息的数据保护问题，健康信息管理系统必须经过精心设计和实施，保证正确使用这些数据并正确保存、制定相关法律法规政策等，要求涉及个人健康信息的相关单位遵守职业道德。

此外，该阶段也有对健康信息管理系统的评价，由于多是基于理论概念的框架设计，部分基于数据库的健康信息管理系统也仅仅提供健康信息存储，因此评价也多是对当前健康信息管理政策、机构运行及框架设计的合理性进行的评价。同时对理论框架所涉及的相关技术方法的优缺点进行讨论，并针对不足提出技术方案。由于该阶段对健康信息的认识尚不是十分到位，加之信息技术落后，因此更加偏向于理论探索。

20世纪末21世纪初，信息技术的不断发展与完善促使健康信息系统建设由概念转向实践，主要涉及系统模式、分析与设计、应用与评价、监控管理、隐私保护等方面。建立完善的健康信息系统一般有如下步骤：第一，机构需建立健康信息平台，并依托平台建立公众保健及就诊健康信息档案，可以通过姓名、年龄、性别和手机号等进行身份确认，根据公众个人的基本情况设置符合医疗规范的个性化健康信息档案；第二，整合网络资源，构建特色机构数据库，依托平台向公众开放，平台内容需经过严格审核，避免出现问题，另外需定期定时更新，主动向用户推送；第三，需有完善的沟通咨询机制，提供具有用户特异性和差异性的健康信息服务，设置及时沟通机制，提供联系诊疗服务；第四，个性化线上随访服务，依据公众自身的实际情况可自由选择是否需要专业人士的进一步随访；第五，隐私保护，由于涉及用户的个人信息，加强管理避免信息泄露也是系统必须考虑和解决的重要问题。上述是普适性健康信息建设步骤，具体应该按照机构自身的性质加以改变和完善。随着物联网概念的兴起，健康信息系统建设的范围越来越大，逐渐由机构扩展到城市、区域及世界范围，这就要求更为严谨的顶层设计和更为扎实的底层建筑，新技术的发展必将持续影响健康信息系统的概念和建设。

健康信息系统建设完成后，用户是否愿意持续性使用是评价系统优劣的重要指标。从用户角度看，影响健康信息系统持续性使用的因素包括用户体验、用户满意度及外部环境因素。用户体验是指系统的有用性是否被认可，易用性是否能够得到保障；用户满意度则是用户对系统所提供的健康信息服务是否满意，是否解决了用户自身的实际问题，如果再次遇见问题是否愿意继续使用该系统；外部环境因素是由于公众都有从众心理，公众间的口口相传往往比宣传更有效果。从系统供应者角度来看，更加侧重于系统的质量、系统提供服务的质量、用户满意度、系统利用率等。系统的质量是供应者最为关注的问题，质量的好坏是直接影响后续其他一系列服务的因素；系统提供服务的质量是保留老用户、吸引新用户的重要影响因素；用户满意度因人而异，是提供个性化健康信息服务的重要参考指标；系统利用率是直接影响供应者是否愿意持续经营的重要参考指标。

此外，除了针对机构的健康信息管理系统，也有部分针对用户的个人健康信息系统，这类系统的建设研究目前处于探索阶段。一般而言，个人健康信息系统可以针对每位用户开展私人定制，可以有效促进健康信息服务的质量、效率，以及形式的多样化，同时对个人健康信息进行记录，监测用户的身体状态，出现问题及时预警，使用户尽早发现自身存在的异常情况并尽早就医，保障用户的健康。这类系统的设想与初衷十分人性化，但在长期使用中往往因为更新不及时，无法持续提供专业性建议，使得用户流失。用户之间的健康信息素养本就具有巨大差异，对于健康信息系统的理解与接受程度也有较大不同，个体差异较大，一个简单的个人健康系统必然无法满足差异如此之大的用户群体，因此在追求技术实现的同时需进行严谨的分层设计，了解不同层次的健康信息需求，才能更好地提供健康信息服务。

该阶段的健康信息系统建设主要研究主题及内容如图 6-8 所示。

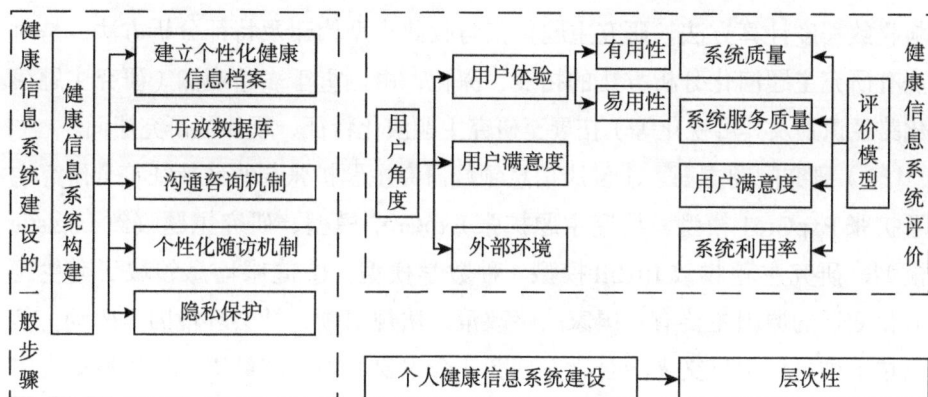

图 6-8 健康信息系统建设主要研究主题及内容

总体来说，健康信息系统的建设经历了由理论研究向实践建设的转变，同时在涵盖范围上实现了由单一分散性的各部门、机构向多部门、跨地区的集成性转变。

6.5 讨论

本书为了科学、有效地把握健康信息领域研究主题的发展演化情况，以健康信息领域期刊论文中的研究主题为研究对象，从领域知识增长过程中的研究主题扩张与收敛现象切入，利用本书设计的研究方法，构建了健康信息领域研究主题扩张与收敛模型并分析了其基本特征，在此基础上，通过分析不同阶段研究主题内容变化情况及其变化原因，总结、归纳了健康信息领域研究主题的动态演化规律。

由于本书围绕研究问题，设计了新的研究方法流程，进行了健康信息领域研究主题扩张与收敛特征及动态演化规律研究，因此本书从研究方法和研究问题两个方面进行结论的归纳总结。

1）研究方法方面。本书设计的研究方法是可行、有效的，能够解决本书的研究问题、实现研究目标，可以揭示健康信息领域研究主题扩张与收敛特征，归纳出健康信息领域研究主题动态演化规律。本书提出的研究主题扩张与收敛程度计算方法、研究主题扩张与收敛模型构建及特征分析方法，是对现有研究主题演化分析方法的拓展、深化，由侧重于表象观测（研究主题演化路径识别及其可视化等）拓展至研究主题演化特征、规律的研究层面。

2）研究问题方面。①健康信息领域研究主题扩张与收敛特征符合研究主题扩张 ExpGro1 模型、研究主题扩张 ExpGro2 模型、研究主题收敛 Logistic 模型、研究主题收敛 BiHill 模型 4 种数学模型。②健康信息领域研究主题演化变迁的原因主要有：国家战略政策、法规引领，社会环境因素驱动，信息技术推进，学科交叉融合激发创新 4 个主要原因。③健康信息领域研究主题的发展演化过程呈现出的明显动态演化规律主要有：由对健康信息的认可到利用再到评价的健康信息素养变化，由专业集中性、单一被动性到多主体性、多层次性的健康信息需求变化，由搜寻性到传播性再到评价性的健康信息行为演变，由"图书馆＋医疗机构"到"图书馆＋多平台"的健康信息服务变化，由框架设计到平台设计的健康信息系统变化等。

6.6　本章小结

本章首先根据第 5 章的研究结果，基于扩张型（扩张 ExpGro1 模型）、波动扩张型（扩张 ExpGro2 模型）、收敛型（收敛 Logistic 模型）、波动收敛型（收敛 BiHill 模型）4 种典型的研究主题扩张与收敛模型对健康信息领域研究主题进行具体分析。其次根据模型构建结果，基于生命周期理论对健康信息领域的发展阶段进行划分，目前健康信息领域经历了萌芽阶段、探索阶段和加速发展阶段，根据阶段划分结果对研究主题的发展变化进行分析，并对不同演化阶段研究主题发生变化的原因（政策、技术、社会环境等）进行分析。最后总结、归纳了健康信息领域研究主题的动态演化规律。

7 总结与展望

随着社交媒体的快速发展和公众对健康信息的重视，健康信息领域研究主题不断涌现、更新和变化，基于研究主题演化分析的层面对领域研究现状、研究趋势进行系统、全面、客观的分析以实现对整个领域的宏观了解十分重要。目前，针对科技文献研究主题演化分析的相关方法多侧重于单一文本内容或引文网络进行测度，迫切需要一种更全面的研究方法将二者融合。本书提出将内部文本与外部引文相结合的研究主题扩张与收敛程度计算方法、研究主题扩张与收敛模型构建及特征分析方法，对健康信息领域50余年的研究主题变化进行系统分析，实现了对整个领域的宏观分析揭示，并总结了健康信息领域研究主题的动态发展规律。

7.1 研究总结

本书进行的主要研究工作及所取得的研究成果如下。

①梳理了"社交媒体""健康信息""研究主题""主题演化""知识网络"的概念，基于已有的相关研究对本书研究的关键概念进行了界定，对健康信息领域、知识增长、知识扩散、知识演化和研究主题演化相关研究进行了系统梳理、归纳，并从时间序列分析理论、生命周期理论、引文分析基本理论及内容分析基本理论等角度分析了本书研究的理论基础和依据。

②针对所涉及的概念进行界定，基于已有研究成果对健康信息领域的研究现状进行分析总结，并从4个方面进行具体介绍，包括健康信息管理与服务、健康信息素养与教育、健康信息保护与信息技术影响及健康信息交流与传播。明确目前领域所存在的定义、概念及内涵混杂，过于依赖信息技术导致部分基于信息技术的研究过于空洞，缺乏整个领域在宏观层面的探索的一系列不足的改善措施。关于目前主题演化研究相关内容的调研，主要从知识

和主题两个层面进行介绍，明确目前主题演化研究聚焦于微观视角下的科学文献引用关系，未将外部引文、内部文本和研究主题演化三者结合起来分析，缺少对领域研究主题演化规律的深入揭示等并进行解决。

③对健康信息领域进行简要说明，指出健康信息领域的研究对公共卫生健康事业、医疗决策支持，以及情报学研究范式的丰富、完善都具有十分重要的作用。然后对本书研究所需要的健康信息领域研究数据的收集获取步骤进行具体介绍，具体包括健康信息领域文本数据的获取、处理，以及健康信息领域引文数据的抓取及处理。提出了后续主要研究的系统性研究框架，主要包括：健康信息领域研究主题扩张与收敛程度计算研究；健康信息领域研究主题扩张与收敛模型构建及特征研究；健康信息领域研究主题动态演化规律研究。具体来说，该框架首先基于网络表示学习和 LDA 主题模型从外部引文和内部文本两个层面进行了健康信息领域研究主题扩张与收敛特征计算；然后，以时间序列为逻辑线索，对健康信息领域研究主题扩张与收敛现象进行描述，进而实现对扩张与收敛特征的总结；最后，基于研究主题扩张与收敛特征对健康信息领域的动态演化规律进行总结。通过该研究框架可以揭示健康信息领域研究主题扩张与收敛特征，并能够以定量化、自动化、可视化的方式揭示健康信息领域发展规律。

④首先对健康信息领域的研究数据集（文本数据和引文数据）进行研究处理，然后以之为基础，分别从内部文本和外部引文两个方面进行健康信息领域研究主题扩张与收敛特征计算。具体来说，在 LDA 主题模型主题识别结果基础上，基于语义组块抽取技术提升研究主题语义信息价值，进而从内部文本层面测度研究主题扩张与收敛程度；在健康信息领域引文网络构建结果基础上，利用 Node2vec 算法模型对各个时期的引文网络进行特征提取并表示为高维向量，然后通过 t-SNE 算法将引文网络节点向量进行降维，并根据欧氏距离测度同一研究主题内部引文网络节点最远距离，进而实现从外部引文进行研究主题扩张与收敛程度计算。通过上述研究，得到基于内部文本和外部引文两个方面的健康信息领域研究主题扩张与收敛程度计算结果。

⑤首先在健康信息领域相邻时期的研究主题关联计算基础上，将基于内部文本和外部引文的研究主题扩张与收敛时间序列数据进行融合，得到完整

反映健康信息领域研究主题扩张与收敛程度时序变化的时间序列数据；然后探索利用科学、严谨的数学模型对研究主题扩张与收敛时序变化数据进行跟踪建模；最后总结、归纳健康信息领域研究主题扩张与收敛时序演变特征。进而得到研究成果：健康信息领域研究主题扩张与收敛过程呈现出一定的规律性特征。例如，健康信息传播研究主题扩张特征作为具体研究内容受到健康、医疗和卫生类热点事件驱动；患者健康信息研究主题呈现出的扩张特征主要有研究中的关注重点由数据转向患者本身；健康信息管理研究主题呈现出的收敛特征主要有数据与技术一直是该研究主题重点核心的特征（研究范式逐渐稳定）；健康决策研究主题呈现出的收敛特征主要有个人健康决策和公共健康决策并重。

⑥根据第 5 章的研究结果（4 种典型的研究主题扩张与收敛模型）对健康信息领域研究主题进行内容分析，然后根据模型构建结果，基于生命周期理论对健康信息领域的发展阶段进行划分。目前，健康信息领域经历了萌芽阶段、探索阶段和加速发展阶段，并根据阶段划分对研究主题的发展变化进行分析，并对不同演化阶段研究主题产生变化的原因（政策、技术、社会环境和学科交叉等）进行分析。最后总结、归纳了健康信息领域的动态演化规律。

7.2　研究中的不足与未来工作

由于技术水平和时间有限，加之对健康信息领域的了解和认识有限，本书存在以下问题。

①基于 LDA 主题模型的健康信息领域主题识别结果可解读性有待提高。以关键词等单一词汇并不能很好地揭示（或表达）论文的研究主题与语义内容，本书在 LDA 主题模型主题识别结果的基础上，利用语义组块抽取技术对研究主题识别结果进行标注，在一定程度上提升了研究主题识别结果的准确性和可解读性，但是该方法效率不高，难以推广。因此，如何提高健康信息领域研究主题识别结果的可解读性有待进一步研究。在后续的研究中，将探索利用深度学习框架，结合词向量等算法模型实现对期刊论文的深度语义分析，高效、准确地进行语义知识的表示、抽取，从而提高健康信息领域研究

主题识别结果的可解读性。

②基于健康信息领域研究主题的文本相似度进行相邻时期研究主题关联构建可能会丢失部分连接。虽然计算相邻时期研究主题文本相似度是判断两个研究主题是否存在关联关系最直接、有效的方法，但是有的研究主题之间文本内容重复率不高却可能存在隐含的语义关联，因此单纯利用研究主题文本相似度来构建关联关系可能会丢失部分真实联系，这在一定程度上会降低研究结果的准确性。在后续的研究中，将尝试从多个角度、多个特征进行相邻时期研究主题关联构建，如可以通过期刊论文关键词共现、作者共现及引用关系等多元关联关系实现相邻时期研究主题的关联构建，以保证研究主题关联构建结果的准确性、完整性。

③本书研究发现的健康信息领域研究主题动态演化规律的准确性、有效性还需要进一步验证。健康信息领域正处于快速发展阶段，其研究主题演变频繁，本书总结出的规律可能只适用于特定一段时间内，在未来一段时间后可能规律变得不再适用。在后续的研究中，将尝试深入挖掘、揭示健康信息领域研究主题演变过程中更加本质的规律性变化。

附　录

附录1　健康信息领域引文数据抓取Python代码

```
// 加载工具包
import requests,math,os,threading,argparse
import pandas as pd
import numpy as np
from queue import Queue
from argparse import RawTextHelpFormatter
//eUtils 的子工具 Elink，通过该接口工具获取引文数据，关键步骤
elink = "https://eutils.ncbi.nlm.nih.gov/entrez/eutils/elink.fcgi?"
// 定义关键功能函数，遍历读取 PMID 并利用 Elink 工具获取参考文献
def getReferencePmid(pmidList,apiKey):
    referenceSearchResult = []
    for i in range(math.ceil(len(pmidList)/5000)):
        print('Searching the reference PMID')
        print('%d PMID are being searched\n'%len(pmidList))
        reference_postData = {
          'dbfrom'    : 'pubmed',
          'linkname'  : 'pubmed_pubmed_refs','id'      :
pmidList[15000*i:15000*(i+1)],
                                    'api_key'   : apiKey,
                                    'retmode'   : 'json',
                                    }
        # timeout was set to 30 seconds
        condition = 0
        while condition ==0:
            try:
```

```
                    referenceSearchResult = referenceSearchResult +
eval(requests.post(elink,data=reference_postData,timeout=30).text)['linksets']
                    condition = 1
            except:
                    print('Request timed out Error')
    return referenceSearchResult
def getCitedPmid(pmidList,apiKey):
    print('Searching the cited PMCID')
    print('%d PMID are being searched\n'%len(pmidList))
    citedSearchResult = []
    # the post request to get cited PMCID , no more than 10000 pmid in one post
request are needed.
    for i in range(math.ceil(len(pmidList)/10000)):
        cited_postData = {
                            'dbfrom'     : 'pubmed',
                            'linkname'   : 'pubmed_pmc_refs',
                            'id'         : pmidList[10000*i:10000*(i+1)],
                            'api_key'    : apiKey,
                            'retmode'    : 'json',
                            }
        # timeout 30s
        condition = 0
        while condition ==0:
            try:
                    citedSearchResult = citedSearchResult +
eval(requests.post(elink,data=cited_postData,timeout=30).text)['linksets']
                    condition = 1
            except:
                    print('Request timed out Error')
    return citedSearchResult
// 保存引文抓取结果至本地
outputData.to_csv('PMID_reference.txt',sep='\t',index = False)
```

附录2　基于LDA主题模型的健康信息领域研究主题识别Python代码

```
# 加载工具包
import numpy as np
import pandas as pd
import string
import random
import re
import pprint
import math
from time import time
import nltk
nltk.download('stopwords')
nltk.download('wordnet')
from nltk.corpus import stopwords
from nltk.tokenize import RegexpTokenizer
from nltk.stem import WordNetLemmatizer
from sklearn.feature_extraction.text import CountVectorizer, TfidfVectorizer
from sklearn.decomposition import NMF, LatentDirichletAllocation
from gensim import corpora, models
from gensim.models.coherencemodel import CoherenceModel
# 读取 csv 文件
papers_df = pd.read_csv("health information.csv")
# 查看文件数量与格式
print("Number of papers to analyze: " + str(papers_df.shape[0]))
papers_df.head(n=10)
papers_filtered = papers_df
title_lc = [title.lower() for title in papers_filtered.title]
paper_text_lc = [paper_text.lower() for paper_text in papers_filtered.paper_
text]
years = [years for years in papers_filtered.years]
```

```
# 预处理功能定义，包括去除停助词、数字等数据清洗功能
def num_and_short_word_preprocessor(tokens):
    no_numbers = re.sub('(\d)+', '', tokens.lower())
    no_short_words = re.sub(r'\b\w{1,2}\b', '', no_numbers)
    return no_short_words
def create_stop_words():
    stops = set(stopwords.words("english"))s
all_letters_numbers = string.digits + string.ascii_letters
    stops = stops.union(list(all_letters_numbers))
    return stops
def custom_tokenizer(doc):
    word_tokenizer = RegexpTokenizer(r'\w+')
    tokens = word_tokenizer.tokenize(doc)
    wnl = WordNetLemmatizer()
    singular_tokens = [wnl.lemmatize(i) for i in tokens]
    return singular_tokens
def preprocess_corpora(corpora):
    no_num_short_word_corpora = [num_and_short_word_preprocessor
(sentence) for sentence in corpora]
    stemmed_corpora = [custom_tokenizer(doc) for doc in no_num_short_
word_corpora]
    processed_corpora = []
    for doc in stemmed_corpora:
    processed_corpora.append([word for word in doc if not word in stop_words]
    return processed_corpora
# 定义基于一致性分数的主题数量确定功能
def test_lda_parameters(dictionary, corpus, texts, limit, start=5, step=5):
  coherence_values = []
  model_list = []
 for num_topics in range(start, limit, step):
 model = models.ldamodel.LdaModel(corpus, num_topics=num_topics, id2word =
```

```
dictionary, passes=100,alpha=50.0/1.0*np.ones((num_topics)), eta=0.1,
random_state=9999)
model_list.append(model)
coherencemodel = CoherenceModel(model=model, texts=texts, dictionary=dictionary,
coherence='c_v')
coherence_values.append(coherencemodel.get_coherence())
return model_list, coherence_values
# 基于 LDA 主题模型进行主题识别
processed_corpora = preprocess_corpora(paper_text_lc)
dictionary = corpora.Dictionary(processed_corpora)
corpus = [dictionary.doc2bow(doc) for doc in processed_corpora]
t0 = time()
lda = models.ldamodel.LdaModel(corpus, num_topics=num_topics,
                               id2word = dictionary,
passes=100,alpha=20.0/1.0*np.ones((num_topics)),
                               eta=0.1, random_state=9999)
print("done in %0.3fs." % (time() -t0))
# 浏览主题识别结果
from pprint import *
pprint(lda.show_topics(formatted=False))
```

参考文献

[1] AHMED A，XING E P. Dynamic non-parametric mixture models and the recurrent Chinese restaurant process: with applications to evolutionary clustering[C]// Proceedings of the SIAM International Conference on Data Mining，Atlanta，Georgia. USA: SIAM，2008: 219-230.

[2] AIGNER W，MIKSCH S，SCHUMANN H，et al. Visualization of time-oriented data [M]. London: Springer，2011.

[3] ALCOLEA A，GÓMEZ J E，POZO D F，et al. Health information services using VEMMI technology[J]. Studies in health technology and informatics，1996，34: 700-704.

[4] BARABÁSI A L，ALBERT R. Emergence of scaling in random networks[J]. Science，1999，286（5439）: 509-512.

[5] BARRÓN Y，KERN M L，DHOPESHWARKAR V R，et al. Health information exchange and ambulatory quality of care[J]. Applied clinical informatics，2017，3（2）: 197-209.

[6] BECKMANN M J. Economic models of knowledge networks[M]. Berlin: Springer，1995: 159-174.

[7] BELKIN N J. The cognitive viewpoint in information science[J]. Journal of information science,1990，16（1）: 11-15.

[8] BLEI D M，LAFFERTY J. Dynamic topic models[C]//Proceedings of the 23rd International Conference on Machine Learning. NewYork: ACM，2006: 113-120.

[9] BLEI D M，NG A Y，JORDAN M I. Latent Dirichlet allocation[J]. Journal of machine learning research，2003（3）: 993-1022.

[10] BLEI D M. Probabilistic topic models[J]. Communications of the ACM，2012，55（4）: 77-84.

[11] BORNMANN L, DANIEL H D. What do citation counts measure? A review of studies on citing behavior[J]. Journal of documentation, 2008, 64 (1): 45-80.

[12] BOX G, JENKINS G. Time series analysis, forecasting and control[M]. Hoboken: Wiley, 1990.

[13] BRENNECKE J, RANK O N. The interplay between formal project memberships and informational advice seeking in knowledge-intensive firms: a multilevel network approach[J]. Social networks, 2016, 44 (1): 307-318.

[14] BRODIE M, FLOURNOY R E, ALTMAN D E, et al. Health information, the internet, and the digital divide[J]. Health affairs, 2000, 19 (6): 255.

[15] BURGER A. Science citation index[M]. Philadelphia: Institute for Scientific Information, 1961.

[16] MCCAIN K. Mapping authors in intellectual space: a technical overview[J]. Journal of the American Society for Information Science, 1990, 41 (6): 433-443.

[17] CHANG S J, YANG E J, LEE K E, et al. Internet health information education for older adults: a pilot study[J]. Geriatric nursing, 2020, 10 (2): 99-104.

[18] CHEONG I R. Protection of privacy of personal health information: the Australian standard approach[J]. Topics in health information management, 1996, 16 (4): 49-55.

[19] CHOI B C, 김명숙, 백현미. Patent citation network analysis as a measure of technical knowledge diffusion in Korea: focusing on ICT[J]. Asia-Pacific journal of business venturing and entrepreneurship, 2015, 10 (1): 143-151.

[20] COLE C. Operationalizing the notion of information as a subjective construct[J]. Journal of the American Society for Information Science, 1994, 45 (7): 465-476.

[21] COURSEY K, MIHALCEA R. Topic identification using Wikipedia graph centrality[C]// CHELBA C, KANTOR P, ROARK B. Proceedings of Human Language Technologies: the 2009 Annual Conference of the North American Chapter of the Association for Computational Linguistics, Companion Volume: Short Papers. Stroudsburg: Association for Computational Linguistics, 2009: 117-120.

[22] CROSS D A, LIN S C, JULIA A M. Assessing payer perspectives on health

information exchange[J]. Journal of the American Medical Informatics Association, 2016（2）: 297-303.

[23] DAUD A, LI J, ZHOU L, et al. Knowledge discovery through directed probabilistic topic models: a survey[J]. Frontiers of computer science in China, 2010, 4（2）: 280-301.

[24] DIESNER J, CARLEY K M. Revealing social structure from texts[J]. Causal mapping for research in information technology, 2004, 81（3）: 65-72.

[25] DMITRY P. Identifying the pathways for meaning circulation using text network analysis[EB/OL]. [2020-10-16]. http://noduslabs.com/publications/Pathways-MeaningText-Network-Analysis.pdf.

[26] EDBERG D, O'MARA L, WENDEL J. Finding value while planning a statewide health information exchange[C]//Hawaii International Conference on System Sciences. IEEE, 2014, 3: 2778-2887.

[27] ELSHAMY W S. Continuous-time infinite dynamic topic models[D]. Manhattan: Kansas State University, 2013.

[28] FANG Y, ROUSSEAU R. Lattices in citation networks: an investigation into the structure of citation graph[J]. Scientometrics, 2001, 50（2）: 273-287.

[29] FORD N. Modeling cognitive processes in information seeking: from Popper to Pask[J]. Journal of the American Society for Information Science and Technology, 2004, 55（9）: 769-782.

[30] GARFIEL E. Citation index for science[J]. Science, 1955, 122（3159）: 108-111.

[31] GARFIELD E. Citation analysis as a tool in journal evaluation[J]. Science, 1972, 178（4060）: 471-479.

[32] MEGANM M G. The determinants of international knowledge diffusion as measured by patent citations[J]. Expert systems with applications, 2004, 87（1）: 121-126.

[33] GENG Z Y, ZHANG L, GU X. Impact of progressive knowledge searching path on innovation network evolution[C]//Strategy in Emerging Markets Management, Finance and Sustainable Development-Proceedings of 2013 International Conference on Strategic Management. Chengdu: Chengdu University of TCM, 2013, 130-133.

[34] GERDSRI N, KONGTHON A, VATANANAN S R. Mapping the knowledge evolution and network of technology roadmapping（TRM）[J]. Portland International Conference on Management of Engineering & Technology, 2008, 7: 2115-2133.

[35] GRIFFITHS T L, STEYVERS M. Finding scientific topics[J]. Proceedings of the National Academy of Sciences of the United States of America, 2004, 101（S1）: 5228-5235.

[36] GROVER A, LESKOVEC J. Node2vec: Scalable feature learning for networks[C]// Proceeding of the 22nd ACM SIGKDD International Conference on Knowledge Discovery and Data Mining. New York: ACM, 2016: 855-864.

[37] HAINES M, HORROCKS G. Health information literacy and higher education: the King's College London approach[J]. Library review, 2004, 55（1）: 8-19.

[38] HAKANEN T. Co-creating integrated solutions within business networks: the KAM team as knowledge integrator [J]. Industrial marketing management, 2014, 43（7）: 1195-1203.

[39] HAMID H A A, RAHMAN S M M, HOSSAIN M S, et al. A security model for preserving the privacy of medical big data in a healthcare cloud using a fog computing facility with pairing-based cryptography[J]. IEEE access, 2017, 5: 22313-22328.

[40] HAMILTON J. Time series analysis[M]. Princeton: Princeton University Press, 1994.

[41] HARUNA H, MTOROKI M, GERENDASY D D, et al. Health libraries and information services in Tanzania: a strategic assessment[J]. Annals of global health, 2016, 82（5）: 912.

[42] ZHU H, MA J. Knowledge diffusion in complex networks by considering time-varying information channels[J]. Physica A: statistical mechanics and its applications, 2018, 494: 225-235.

[43] HOLSAPPLE C W, SINGH M. The knowledge chain model: activities for competitiveness[J]. Expert systems with applications, 2001, 20（1）: 77-98.

[44] HUMPHREY C, KISELEVA O, SCHLEICHER T. A time-series analysis of the scale of coercive journal self-citation and its effect on impact factors and journal

rankings[J]. Social science electronic publishing, 2019, 28（2）: 335-369.

[45] HYE J, JEONG, NAM H, et al. A study on the institution of a personal health information protection law-with the focus on the personal information control right[J]. Korean journal of medicine and law, 2008, 16（2）: 99-121.

[46] INGWERSEN P, JÄRVELIN K. The turn: integration of information seeking and retrieval in context [M]. Dordrecht: Springer, 2005.

[47] INGWERSEN P. Cognitive perspectives of information retrieval interaction: elements of a cognitive IR theory[J]. Journal of documentation, 1996, 52（1）: 3-50.

[48] IVANITSKAYA L, O'BOYLE I, CASEY A M. Health information literacy and competencies of information age students: results from the interactive online research readiness self-assessment（RRSA）[J]. Journal of medical internet research, 2006, 8（2）: e6.

[49] KAS M, CARLEY K M, CARLEY L R. Trends in science networks: understanding structures and statistics of scientific networks[J]. Social network analysis and mining, 2012, 2（2）: 169-187.

[50] KONTOSTATHIS A, GALITSKY L M, POTTENGER W M, et al. A survey of emerging trend in textual data mining[M]. New York: Springer Verlag, 2004.

[51] KREMS J A, DUNBAR R I M. Cliquesize and network characteristics in hyperlink cinema [J]. Human nature, 2013, 24（4）: 414-429.

[52] KRISHNA S, BALAS A E, BOREN A S, et al. Building support for health information technologies[J]. Studies in health technology and informatics, 2003, 92: 103-108.

[53] LEYDESDORFF L, COZZENS S, PETER V D B. Tracking areas of strategic importance using scientometric journal mappings[J]. Research policy, 1994, 23（2）: 217-229.

[54] LEYDESDORFF L. Statistics for the dynamic analysis of scientometric data: the evolution of the sciences in terms of trajectories and regimes[J]. Scientometrics, 2013, 96（3）: 731-741.

[55] LI J Q, SHAW M J. Protection of health information in data mining[J]. International

journal of healthcare technology and management, 2004, 6（2）: 210-222.

[56] LIU P, LEI L, WEI H, et al. HLDA based text clustering[C]//International Conference on Cloud Computing and Intelligent Systems. Washington: IEEE Computer Society, 2013: 1465-1469.

[57] LIU Y X, RONALD R.Knowledge diffusion through publications and citations: a case study using fields as unit of diffusion[J]. Journal of the American Society for Information Science and Technology, 2009, 61（2）: 340-351.

[58] LIU Y. Topic-link LDA: joint models of topic and author community[C]//ICML'09 Proceedings of 26th Annual International Conference on Machine Learning. New York: ACM, 2009: 665-672.

[59] LONGO D R. Understanding health information, communication, and information seeking of patients and consumers: a comprehensive and integrated model[J]. Health expectations, 2010, 8（3）: 189-194.

[60] MALIOUTOV I, BARZILAY R. Minimum cut model for spoken lecture segmentation[C]// CARPUAT M, DUH K. Proceedings of the 21st International Conference on Computational Linguistics and the 44th Annual Meeting of the Association for Computational Linguistics. Stroudsburg: Association for Computational Linguistics, 2006: 25-32.

[61] MARC O J, LORI E, JANET M. Communities' readiness for health information exchange: the national landscape in 2004[J]. Journal of the American Medical Informatics Association, 2006（2）: 107-112.

[62] MARSCHOLLEK M, MIX S, WOLF K H, et al. ICT-based health information services for elderly people: past experiences, current trends, and future strategies[J]. Medical informatics and the Internet in medicine, 2007, 32（4）: 251-261.

[63] MBOERA L E G, RUMISHA S F, SENKORO K P, et al. Knowledge and health information communication in Tanzania[J]. East Afr J Public Health, 2007, 4（1）: 33-39.

[64] MCCRAY A T. Promoting health literacy[J]. American journal of nursing, 2001, 101（2）: 152-163.

[65] MCEVILY S K，CHAKRAVARTHY B. The persistence of knowledge based advance：an empirical test for product performance and technological knowledge[J]. Strategic management journal，2002，23（4）：285-305.

[66] MELLIT A，PAVAN A M，BENGHANEM M. Least squares support vector machine for short-term prediction of meteorological time series [J]. Theoretical applied climatology，2013，111（1）：297-307.

[67] MELLO M M，ADLER-MILSTEIN J，DING K L，et al. Legal barriers to the growth of health information exchange:boulders or pebbles?[J]. Milbank quarterly，2018，96（1）：110-143.

[68] MOORSEL G V. Do you mini-med school? Leveraging library resources to improve internet consumer health information literacy[J]. Medical reference services quarterly，2001，20（4）：27-37.

[69] MOUGEL P N，RIGOTTI C，PLANTEVIT M，et al. Finding maximal homogeneous clique sets [J]. Knowledge and information systems，2014，39（3）：579-608.

[70] National Network/Library of Medicine.Consumer health information：a workshop for librarians providing health information to the public[EB/OL]. [2019-09-11]. http://nnlm.gov/ train/chi/ mws.htm.

[71] NEWMAN D，ASUNCION A U，SMYTH P，et al. Distributed inference for latent Dirichlet allocation[C]//Neural Information Processing Systems. NewYork：ACM，2007：1081-1088.

[72] NOYONS E C M，RAAN A F J V. Monitoring scientific developments from a dynamic perspective：self-organized structuring to map neural network research[J]. Journal of the American Society for Information Science，1998，49（1）：68–81.

[73] ORFANIDIS L. Data quality issues in electronic health records：an adaptation framework for the Greek health system[J]. Health informatics journal，2004，10（1）：23-36.

[74] OZYER T，ROKNE J，WAGNER G，et al. The influence of technology on social network analysis and mining[M]. New York：Springer Verlag，2013.

[75] PATEL E, KEOGH E, LIN J, et al. Mining motifs in massive time series databases[C]// Proceedings of IEEE International Conference on Data Mining. Washington, D.C.: IEEE Computer Society, 2002: 942.

[76] PHELPS C, HEIDL R, WADHWA A. Knowledge, networks, and knowledge networks: a review and research agenda[J]. Journal of management, 2012, 38 (4): 1115- 1166.

[77] PIRAS E M, ZANUTTO A. Emotions and personal health information management: some implications for design[J]. Studies in health technology and informatics, 2011, 169: 63-67.

[78] PLATER S, SEELEY E, DIXON L A. Two routes to privacy protection: a comparison of health information legislation in Canada and the United States[J]. Journal of women health, 1998, 7 (6): 665-672.

[79] PLEASANT A, MCKINNEY J, RIKARD R V. Health literacy measurement: a proposed research agenda[J]. Journal of health communication, 2011, 163 (1): 11-21.

[80] POL J V D, RAMESHKOUMAR J P, VIRAPIN D, et al. The co-evolution of knowledge and collaboration networks: the role of the technology life-cycle[J]. Scientometrics: an international journal for all quantitative aspects of the science of science policy, 2018, 114 (1): 307-323.

[81] PONZI L J. The intellectual structure and interdisciplinary breadth of knowledge management: a bibliometric study of its early stage of development[J]. Scientometrics, 2002, 55 (2): 259-272.

[82] POPPER K R. The logic of scientific discovery[J]. Yinshan academic journal, 2005, 12 (11): 53-54.

[83] POPPING R. Knowledge graphs and network text analysis[J]. Social science information, 2003, 42 (1): 91-108

[84] LEASURE R A, DELISE D, CLIFTON C S, et al. Health information literacy: hardwiring behavior through multilevels of instruction and application[J]. Dimensions of critical care nursing, 2009, 28 (6): 276-282.

[85] ROBINS S C，RIGBY M J. Electronic health records as a key to objective health care needs assessment beyond the hospital boundary[J]. Medinfo，1995，8（1）：285-289.

[86] ROSEN-ZVI M，GRIFFITHS T，STEYVERS M，et al. The author-topic model for authors and documents[C]//Proceedings of the 20th Conference on Uncertainty in Artificial Intelligence. Barcelona：AUAI Press，2004：487-494.

[87] SESE J，SEKI M，FUKUZAKI M. Mining networks with shared items[C] // Proceedings of the 19th ACM International Conference on Information and Knowledge Management. Toronto：CIKM 2010，2010：1681-1684.

[88] SHAPIRO J S，KANNRY J，LIPTON M，et al. Approaches to patient health information exchange and their impact on emergency medicine[J]. Annals of emergency medicine，2006，48（4）：426-432.

[89] SILTALA L，JETSU L，HACKMAN T，et al. Time series analysis：researchers' work from University of Helsinki focuses on time series analysis（time-series analysis of long-term photometry of BM canum venaticorum）[J]. Journal of engineering，2017：1428.

[90] SMALL H G，GREENLEE E. Citation context analysis of a co-citation cluster：recombinant DNA[J]. Scientometrics，1980，2（4）：277-301.

[91] SMALL H G. Cited documents as concept symbols[J]. Social studies of science，1978，8（3）：327-340.

[92] SMALL H. Tracking and predicting growth areas in science[J]. Scientometrics，2006，68（3）：595-610.

[93] SOLLA PRICE D J. A general theory of bibliometric and other cumulative advantage processes[J]. Journal of the American Society for Information Science，1976，27（5）：292-306.

[94] PRICE D J D S. Networks of scientific papers[J]. Science，1965，149（3683）：510-515.

[95] SONG Y S，LEE M Y，JUN Y H，et al. Revision of the measurement tool for patients' health information[J]. Protection awareness，2016，22（3）：206-216.

[96] STOKES-BUZZELLI S, PELTZER-JONES J M, MARTIN G B, et al. Use of health information technology to manage frequently presenting emergency department patients[J]. The western journal of emergency medicine, 2010, 11（4）: 348-353.

[97] STVILIA B, MON L, YI Y J. A model for online consumer health information quality[J]. Journal of the American Society for Information Science and Technology, 2009, 60（9）: 1781-1791.

[98] SWAN J, NEWELL S, SCARBROUGH H, et al. Knowledge management and innovation: networks and networking[J]. Journal of knowledge management, 1999, 3（4）: 262-275.

[99] TUR E M, AZAGRA-CARO J M. The coevolution of endogenous knowledge networks and knowledge creation[J]. Journal of economic behavior & organization, 2018, 145（JAN.）: 424-434.

[100] TZANIS G. Biological and medical big data mining[J]. International journal of knowledge discovery in bioinformatics, 2014, 4（1）: 42-56.

[101] WANG M, LAU C, MATSEN III A F, et al. Personal health information management system and its application in referral management[J]. IEEE transactions on information technology in biomedicine, 2004, 8（3）: 287-297.

[102] WANG Y, BAI H J, STANTON M, et al. PLDA: parallel latent Dirichlet allocation for large-scale applications[C]//Proceedings of the 5th International Conference on Algorithmic Aspects in Information and Management. San Francisco: AAIM, 2009: 301-314.

[103] YAN E. Research dynamics, impact, and dissemination: a topic-level analysis[J]. Journal of the Association for Information Science and Technology, 2015, 66（11）: 2357-2372.

[104] YU D J, PAN T X. Tracing knowledge diffusion of TOPSIS: a historical perspective from citation network[J]. Expert systems with applications, 2020, 168: 1-12.

[105] YU G, WANG M Y, YU D R. Characterizing knowledge diffusion of nanoscience & nanotechnology by citation analysis[J]. Scientometrics, 2010, 84（1）: 81-97.

[106] ZHANG Y C, LI X, AZIZ-ALAOUI A M, et al. Knowledge diffusion in complex

networks[J]. Concurrency and computation：practice and experience，2017，29（3）：1-13.

[107] ZHAO Z，FENG S，QIANG W，et al. Topic oriented community detection through social objects and link analysis in social networks[J]. Knowledge-based systems，2012，26（1）：164-173.

[108] ZUBCSEK P P，CHOWDHURY I，KATONA Z. Information communities：the network structure of communication[J]. Social science electronic publishing，2011，38（1）：50-62.

[109] 百度百科. 演化 [EB/OL].[2020-01-12].https://baike.baidu.com/item/%E6%BC%94%E5%8C%96/262291.

[110] 克拉克. 高等教育系统 [M]. 杭州：杭州大学出版社，1994.

[111] 克拉克. 高等教育新论：多学科的研究 [M]. 杭州：浙江教育出版社，1994.

[112] 陈果，赵以昕. 多因素驱动下的领域知识网络演化模型：跟风、守旧与创新 [J]. 情报学报，2020，39（1）：1-11.

[113] 陈敏，李道苹. 如何构建以区域为中心的电子健康档案 [J]. 中国医院院长，2008（11）：50-53.

[114] 陈旭，卢珊，向菲. 基于用户体验的健康信息服务 [J]. 中华医学图书情报杂志，2013，22（10）：23-27.

[115] 程坤，兰小筠. 国外网络用户健康信息服务研究进展及启示 [J]. 中华医学图书情报杂志，2009，18（1）：59-62，70.

[116] 戴瑞文. 我国"互联网＋医疗健康"发展存在的问题与建议 [J]. 计算机产品与流通，2020（7）：139.

[117] 邓胜利，付少雄. 公众健康信息素养促进中的图书馆参与：驱动因素、国外实践及思考 [J]. 图书情报知识，2018（2）：5-13.

[118] 邓燕，严娜，李宏轩. 知识自组织、知识创新与知识创新体系 [J]. 图书情报工作，2001（9）：25-28.

[119] 董建成，周董，胡新平，等. 电子健康档案的标准体系框架研究 [J]. 中华医院管理杂志，2007（8）：555-558.

[120] 付少雄，邓胜利，陈晓宇. 国外健康信息素养研究现状与发展动态述评 [J]. 信

息资源管理学报，2016，6（3）：5-14，33.

[121] 傅波，唐婧.基于居民电子健康档案的区域卫生信息平台的研究[J].计算机光盘软件与应用，2012（1）：11-12.

[122] 韩妹.中老年人对网络健康信息的使用与满足研究[D].北京：中国传媒大学，2008.

[123] 郝云宏，李文博.国外知识网络的研究及其新进展[J].浙江工商大学学报，2007（6）：70-75.

[124] 胡晓云.突发公共卫生事件与健康信息传播[C]//第一届中国健康传播大会论文集.北京：清华大学国际传播研究中心，2006，5：193-197.

[125] 黄冠英.台湾大学生网络健康信息使用调查[D].台湾：国立中山大学医务管理研究所，2006.

[126] 季跃华.基于生命周期理论的建筑企业成长战略研究[D].成都：西南交通大学，2005.

[127] 金晓玲，冯慧慧，周中允.微信朋友圈中健康信息传播行为研究[J].管理科学，2017，30（1）：73-82.

[128] 靖继鹏，马费成，张向.情报科学理论[M].北京：科学出版社，2009.

[129] 兰富强，杨雪梅，沈丽宁，等.虚拟社区患者健康信息交流基本要素和模式探讨[J].医学与社会，2016，29（12）：8-10，13.

[130] 李纲，巴志超，徐健.知识吸收机制对知识增长绩效的影响研究[J].图书情报工作，2017，61（11）：5-12.

[131] 李纲，巴志超.科研合作超网络下的知识扩散演化模型研究[J].情报学报，2017，36（3）：58-68.

[132] 李海林，郭崇慧.时间序列数据挖掘中特征表示与相似性度量研究综述[J].计算机应用研究，2013，30（5）：1285-1291.

[133] 李晶.美国图书情报学院开展健康信息教育的现状、特色与启示[J].现代情报，2018，38（9）：108-112.

[134] 李琳，李雪琴，刘红丽，等.论大数据时代医学院校学生健康信息素养的内涵及培养策略[J].中国中医药图书情报杂志，2017，41（4）：4-7.

[135] 李宇佳，张向先.学术虚拟社区知识增长的关键影响因素识别：基于融知发酵

理论视角 [J]. 情报杂志，2016，35（10）：160-165，189.

[136] 李月琳，蔡文娟. 国外健康信息搜寻行为研究综述 [J]. 图书情报工作，2012，56（19）：128-132.

[137] 刘帅，谢笑，谢阳群，等. 个人健康信息管理研究初探 [J]. 现代情报，2014，34（9）：43-50.

[138] 刘帅. 在线医疗工具用户个人健康信息保护机制构建 [J]. 中国市场，2020（1）：194，196.

[139] 刘向，马费成. 科学知识网络的演化与动力：基于科学引证网络的分析 [J]. 管理科学学报，2012，15（1）：87-94.

[140] 刘瑛，何爱珊. QQ 群健康信息传播的劝服过程研究 [J]. 新闻大学，2011（3）：84-89.

[141] 刘咏梅，李梦宇，谢阳群. MEC 理论视角下老年用户在线医疗健康信息服务使用价值研究 [J]. 图书情报工作，2020，64（19）：71-79.

[142] 刘自强，王效岳，白如江. 多维主题演化分析模型构建与实证研究 [J]. 情报理论与实践，2017，40（3）：92-98.

[143] 刘自强，许海云，岳丽欣，等. 面向研究前沿预测的主题扩散演化滞后效应研究 [J]. 情报学报，2018，37（10）：979-988.

[144] 罗芳琼，吴春梅. 时间序列分析的理论与应用综述 [J]. 柳州师专学报，2009，24（3）：113-117.

[145] 罗双玲，张文琪，夏昊翔. 基于半积累引文网络社区发现的学科领域主题演化分析：以"合作演化"领域为例 [J]. 情报学报，2017，36（1）：100-110.

[146] 雷迭斯多夫. 科学计量学的挑战：科学交流的发展、测度和自组织 [M]. 北京：科学技术文献出版社，2003.

[147] 吕孟涛，李道苹，吴静，等. 电子健康档案现状分析与展望 [J]. 医学与社会，2006（7）：60-61，65.

[148] 吕姿之. 健康教育与健康促进 [M]. 北京：北京医科大学出版社，1998.

[149] 马文仁，郭石明. 基于生命周期理论的大学学科组织发展研究：以我校教育经济与管理学科为例 [J]. 浙江工业大学学报（社会科学版），2011，10（3）：290-295.

[150] 马勇. 知识网络演化的关联关系层次特征研究 [J]. 信息化建设, 2019 (8): 61-62.

[151] 米光明, 王官仁. 健康传播学原理与实践 [M]. 长沙: 湖南科学技术出版社, 1996.

[152] 裴志刚. 波普尔科学知识增长模式研究 [D]. 武汉: 武汉理工大学, 2007.

[153] 戚陆越, 吴升. 时间序列数据可视化研究综述 [J]. 微型机与应用, 2015, 34 (12): 7-10.

[154] 邱均平, 李小涛. 基于引文网络挖掘和时序分析的知识扩散研究 [J]. 情报理论与实践, 2014, 37 (7): 5-10.

[155] 邱均平, 邹菲. 关于内容分析法的研究 [J]. 中国图书馆学报, 2004 (2): 14-19.

[156] 沈丽宁. 国外健康信息服务现状扫描及启示 [J]. 医学信息学杂志, 2010, 31 (6): 38-40, 51.

[157] 生命周期理论 [EB/OL]. [2019-10-08]. https://wiki.mbalib.com/wiki/%E7%94%9F%E5%91%BD%E5%91%A8%E6%9C%9F%E7%90%86%E8%AE%BA.

[158] 时间序列 [EB/OL]. [2020-01-16]. https://baike.so.com/doc/6192108-6405360.html.

[159] 宋立荣, 齐娜, 张群. 网络健康信息传播的信息质量问题思考 [J]. 医学信息学杂志, 2014, 35 (10): 8-12.

[160] 苏慧红. 图书馆为老年读者提供健康信息服务的策略探索 [J]. 牡丹江教育学院学报, 2014 (1): 126-127.

[161] 孙瑞英, 毕强. 内容分析法在图书情报领域的研究现状及应用趋势分析 [J]. 情报科学, 2005 (1): 148-152.

[162] 汤易兵, 黄祖庆, 张宝友. 基于引文网络的知识扩散和整合研究: 以供应链研究为例 [J]. 情报杂志, 2012, 31 (1): 119-122.

[163] 童峰, 张小红, 刘金华. 大数据时代个人健康医疗信息的立法保护 [J]. 情报资料工作, 2020, 41 (3): 105-112.

[164] 万昊, 谭宗颖, 朱相丽, 等. 科学知识增长过程中系统自组织创生模式研究 [J]. 图书情报工作, 2015, 59 (24): 93-101.

[165] 万昊. 科学知识规模增长模式研究: 基于数学建模和仿真论证 [D]. 北京: 中国科学院大学, 2017.

[166] 万君，顾新.基于超循环理论的知识网络演化机理研究 [J].情报科学，2010，28（8）：1229-1232，1257.

[167] 王春秀，冉美丽.学科主题演化定量分析的理论基础探析 [J].现代情报，2008（6）：48-50.

[168] 王辅之，罗爱静，孙伟伟，等.基于 AHP-RBF 神经网络的居民健康信息素养评价模型研究 [J].医学信息学杂志，2013，34（7）：14-18.

[169] 王根生，胡冬冬.基于生命周期理论的自媒体环境下医疗突发事件舆情演化研究 [J].内蒙古农业大学学报（社会科学版），2018，20（6）：83-90.

[170] 王莉亚.基于离群数据的主题演化规律分析 [J].情报杂志，2013，32（6）：59-63.

[171] 王莉亚.主题演化研究进展 [J].情报探索，2014（4）：29-32.

[172] 王亮.基于 SCI 引文网络的知识扩散研究 [D].哈尔滨：哈尔滨工业大学，2014.

[173] 王美萃，闫瑞华.基于复杂网络视角的组织内非正式网络知识扩散研究 [J].人文杂志，2014（5）：45-49.

[174] 王效岳，刘自强，白如江，等.基于基金项目数据的研究前沿主题探测方法 [J].图书情报工作，2017，61（13）：87-98.

[175] 王曰芬，傅柱，陈必坤.基于 LDA 主题模型的科学文献主题识别：全局和学科两个视角的对比分析 [J].情报理论与实践，2016，39（7）：121-126，101.

[176] 王铮，马翠芳，王露，等.知识网络动态与政策控制（Ⅰ）：模型的建立 [J].科研管理，2001，22（3）：126-133.

[177] 王中勤.基于维基语义聚类的微博舆情主题演化模型研究 [D].武汉：武汉大学，2017.

[178] 王卓，王宏起，李玥.基于引文网络的不同研究领域融合对主题演化影响研究 [J].情报理论与实践，2019，42（9）：104-110.

[179] 隗玲，许海云，胡正银，等.学科主题演化路径的多模式识别与预测：一个情报学学科主题演化案例 [J].图书情报工作，2016，60（13）：71-81.

[180] 魏来，姬玉.面向社会公众的健康信息素养教育内容框架构建 [J].数字图书馆论坛，2020（5）：23-29.

[181] 文庭孝，刘晓英.科学知识增长及其评价研究 [J].图书与情报，2008（4）：12-

17，79.

[182] 共产党员网.习近平：提高保障和改善民生水平，加强和创新社会治理[EB/OL].[2019-02-01].http://www.12371.cn/2017/10/18/ARTI1508297844870827.shtml.

[183] 向前，钟世彬，徐海华，等.区块链技术在个人电子健康信息管理中的应用[J].产业科技创新，2020，2（6）：38-40.

[184] 肖永英，何兰满.国外公共图书馆健康信息服务研究进展[J].图书馆建设，2012（2）：54-58，61.

[185] 熊昕.面向社区的健康信息管理与服务系统研究[D].广州：华南理工大学，2010.

[186] 徐彪.网络环境下互助式健康信息交流行为及其影响因素研究[D].武汉：华中科技大学，2016.

[187] 徐汉青，滕广青，栾宇，等.知识网络演化中的结构稳定性与知识涌现[J].图书与情报，2019（1）：53-62.

[188] 许海云，武华维，罗瑞，等.基于多元关系融合的科技文本主题识别方法研究[J].中国图书馆学报，2019，45（1）：82-94

[189] 杨海民，潘志松，白玮.时间序列预测方法综述[J].计算机科学，2019，46（1）：21-28.

[190] 杨梦晴，朱庆华.在线健康社区用户个人健康信息管理行为特征研究[J].图书情报工作，2020，64（1）：105-112.

[191] 姚宏霞，傅荣，吴莎.互联网群体协作的知识网络演化：基于SECI模型的扩展[J].情报杂志，2009，28（1）：59-62.

[192] 姚志珍，周兰姝.健康信息素养测评工具的研究进展[J].中国全科医学，2018，21（4）：491-496.

[193] 叶春蕾，冷伏海.基于共词分析的学科主题演化方法改进研究[J].情报理论与实践，2012，35（3）：79-82.

[194] 袁成菊，余昌胤，张年，等.我国互联网＋医疗研究热点的文献计量学分析[J].中国卫生信息管理杂志，2020，17（2）：237-241.

[195] 苑彬成，方曙，刘清，等.国内外引文分析研究进展综述[J].情报科学，2010，28（1）：147-153.

[196] 岳丽欣，周晓英，陈旖旎. 基于 ARIMA 模型的信息构建研究主题趋势预测研究 [J]. 图书情报知识，2019（5）：54-63，72.

[197] 岳增慧，许海云. 学科引证网络知识扩散特征研究 [J]. 情报学报，2019，38（1）：5-16.

[198] 张斌，李亚婷. 知识网络演化模型研究述评 [J]. 中国图书馆学报，2016，42（5）：85-101.

[199] 张发亮，谭宗颖，王燕萍. 科研机构研究主题的测度：以我国情报学领域为例 [J]. 图书情报工作，2014，58（8）：85-90.

[200] 张静，李宇阳. 中国个人健康信息保护现状及相关权利归属的探讨 [J]. 卫生软科学，2014，28（9）：577-580.

[201] 张静仪，张敏. 国外公共图书馆健康信息服务研究述评 [J]. 图书情报知识，2018（2）：14-23.

[202] 张益铭，徐晓钟，王智庆. 支持向量机与时间序列预测综述 [J]. 计算机应用与软件，2010，27（12）：127-129，157.

[203] 国务院.《"十三五"卫生与健康规划》印发 [EB/OL]. [2019-10-09]. http://www.gov.cn/xinwen/2017-01/11/content_5158674.htm.

[204] 国务院. 国务院办公厅印发《健康中国行动组织实施和考核方案》[EB/OL]. [2019-09-09]. http://www.gov.cn/xinwen/2019-07/15/content_5409585.htm.

[205] 国务院. 国务院关于实施健康中国行动的意见 [EB/OL]. [2019-09-09]. https://www.gov.cn/gongbao/content/2019/content_5416157.htm.

[206] 国务院. 健康中国行动（2019—2030 年）[EB/OL]. [2019-10-09]. https://www.gov.cn/xinwen/2019-07/15/content_5409694.htm.

[207] 国务院. 中共中央 国务院印发《"健康中国 2030"规划纲要》[EB/OL]. [2019-02-01].http://www.gov.cn/xinwen/2016-10/25/content_5124174.htm.

[208] 周兰芳. 英国教育人类学期刊《民族志与教育》2006 年至 2015 年研究主题的述评与分析 [J]. 民族教育研究，2017，28（5）：97-104.

[209] 周梦颖，金涛，何延哲. 个人健康信息保护标准综述 [J]. 信息技术与标准化，2017（3）：50-54.

[210] 周谦豪，姚占雷，许鑫. 图书馆健康信息素养教育的调研与分析 [J]. 图书馆学

研究，2020（10）：77-86.

[211] 周晓英，宋丹，张秀梅. 健康素养与健康信息传播利用的国家战略研究 [J]. 图书与情报，2015（4）：2-10.

[212] 周晓英. 情报学进展系列论文之五：知识网络、知识链接和知识服务研究 [J]. 情报资料工作，2010（2）：5-10.

[213] 朱玉兰，唐伦刚. 大学生健康信息素养教育刍议 [J]. 医学信息学杂志，2013，34（7）：93-95.

[214] 祝清松，冷伏海. 基于引文主路径文献共被引的主题演化分析 [J]. 情报学报，2014，33（5）：498-506.

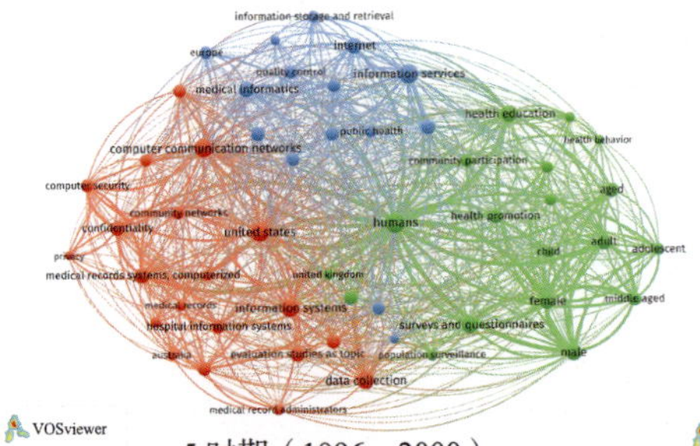

5 时期（1996—2000）

（a）

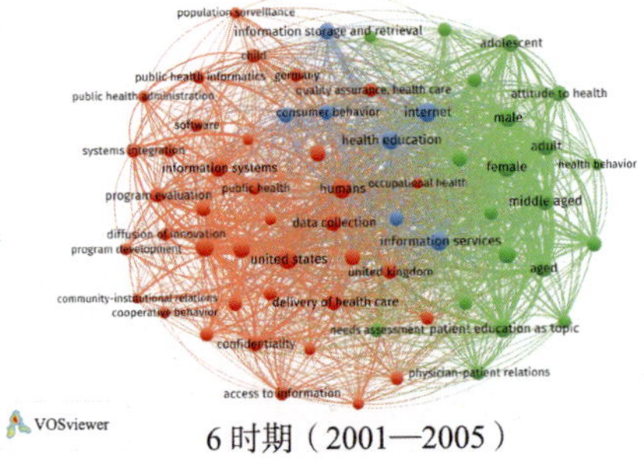

6 时期（2001—2005）

（b）

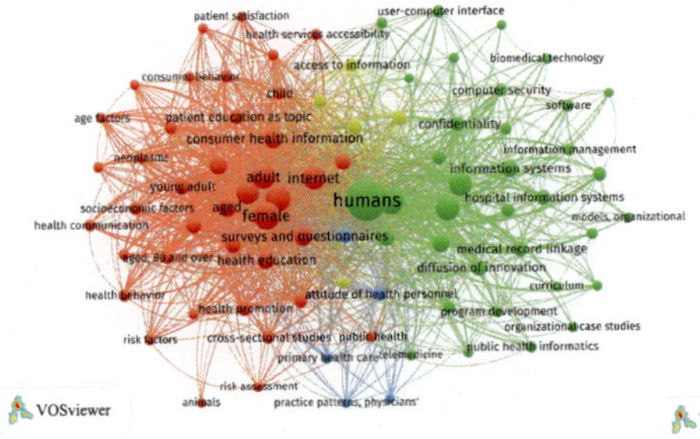

7 时期（2006—2010）

（c）

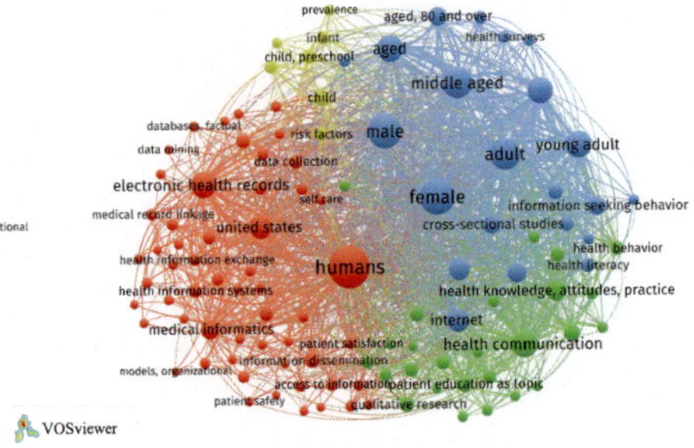

8 时期（2011—2015）

（d）

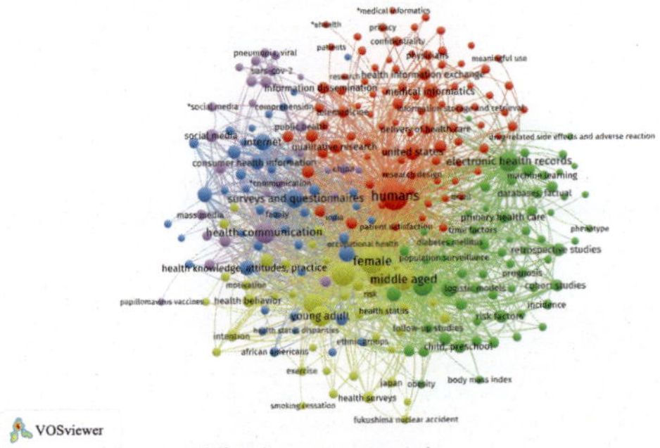

9 时期（2016—2020）

（e）

图 4-6　基于 VOSviewer 的健康信息领域研究主题图谱（5 ～ 9 时期）

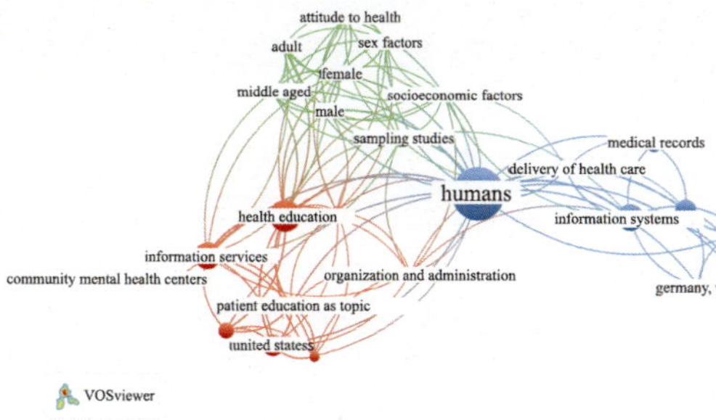

1 时期（1974—1980）
（a）

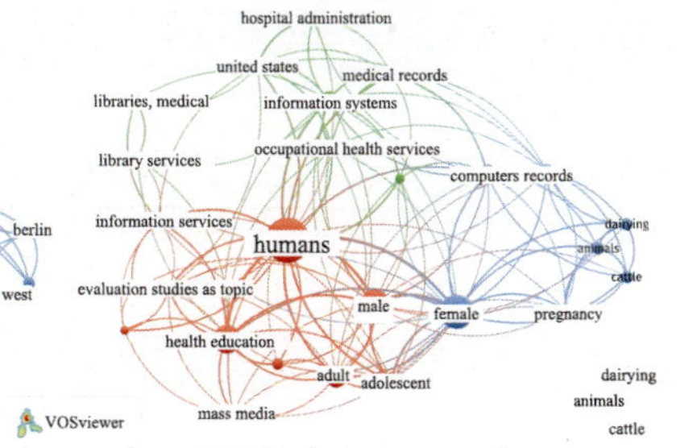

2 时期 （1981—1985）
（b）

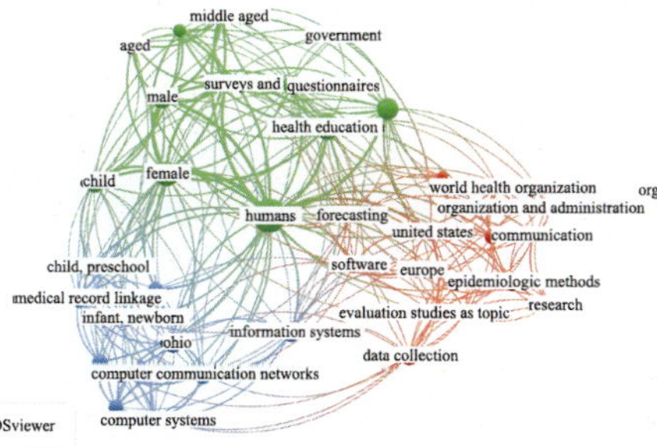

3 时期（1986—1990）
（c）

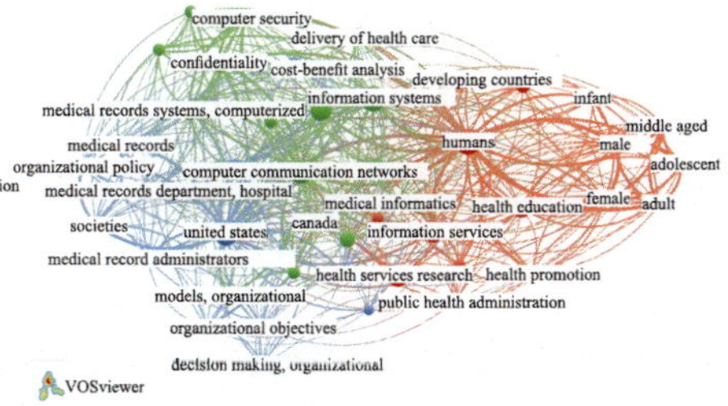

4 时期（1991—1995）
（d）

图 4-5　基于 VOSviewer 的健康信息领域研究主题图谱（1 时期～ 4 时期）

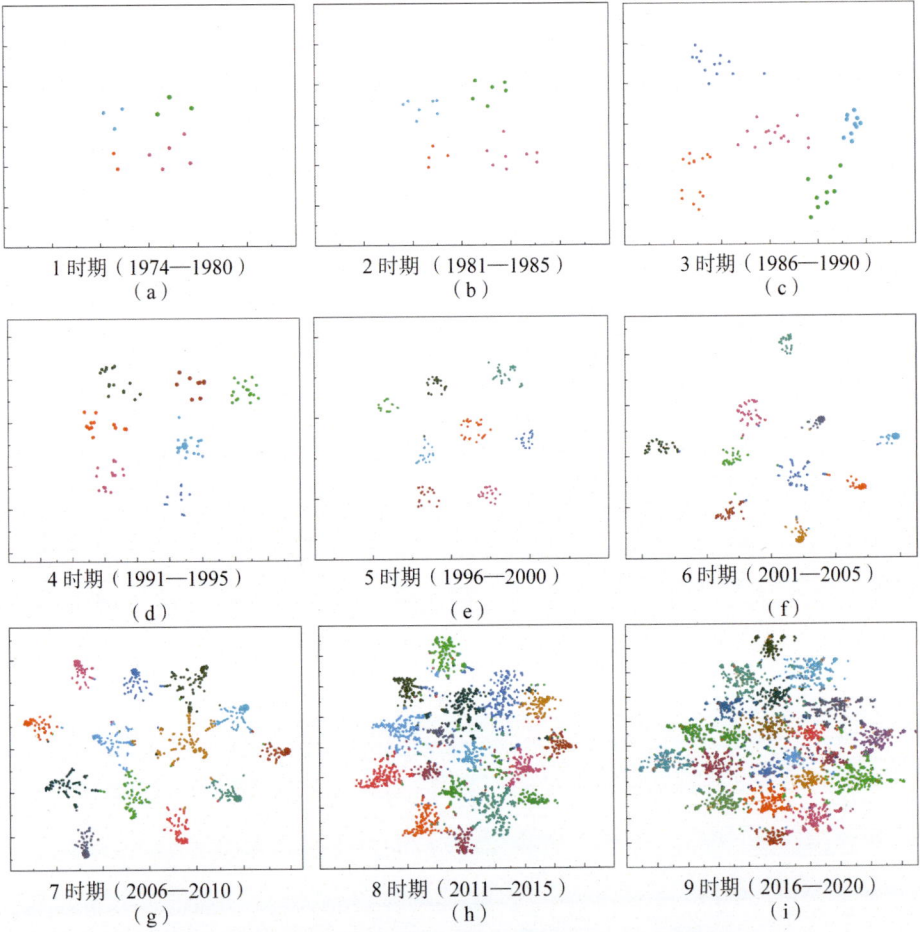

图 4-3　各个时期健康信息领域引文网络 t-SNE 降维结果

图 4-2 健康信息领域直引文网络构建（1~9时期）

(i) 9时期（2016—2020）
(h) 8时期（2011—2015）
(g) 7时期（2006—2010）

(f) 6时期（2001—2005）
(e) 5时期（1996—2000）
(d) 4时期（1991—1995）

(c) 3时期（1986—1990）
(b) 2时期（1981—1985）
(a) 1时期（1974—1980）

图 3-13 引文件点向量计算基本思路

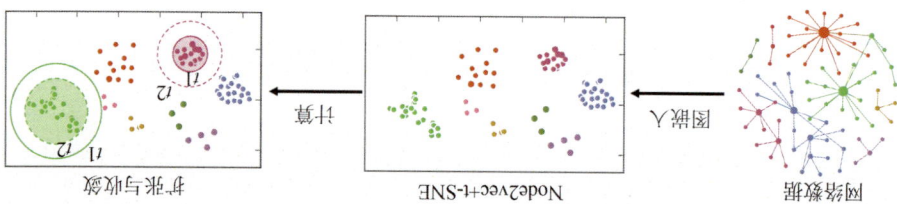

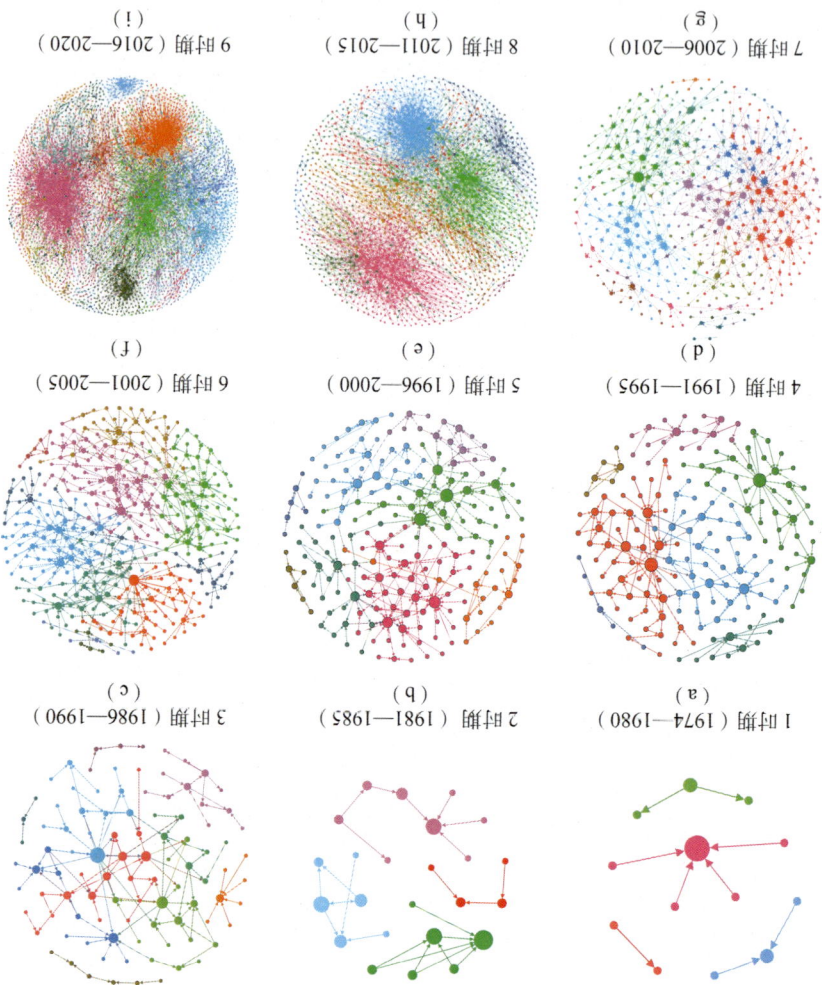

网络数据

Node2vec+t-SNE

分类与收敛

输入图

计算